beck'sche reihe

Das Wissen um die Verbrechen, wie sie von Deutschen an Polen in Auschwitz, Majdanek, Treblinka, Warschau und vielen anderen Orten begangen wurden, hat es Historikern beider Seiten nicht leicht gemacht, das zu betrachten und zu untersuchen, was davor, daneben und danach war. Dieses Buch befaßt sich in der Hauptsache damit. Es versucht, unterschiedliche Standpunkte wiederzugeben und Verständnis für Auffassungen zu wecken, die bisher strikt abgelehnt wurden. Seit der politischen Wende in Polen haben sich auch polnische Historiker an die Themen „Vertreibung“ und „Minderheit“ herangetastet. Ihre Untersuchungen wurden in diesem Buch mit zu Rate gezogen.

Thomas Urban, geboren 1954 in Leipzig, Romanist und Slawist, ist seit 1988 Osteuropa-Korrespondent der „Süddeutschen Zeitung“ (Warschau, Moskau). Übersetzungen aus dem Russischen und Polnischen (u. a. Vladimir Nabokov, Andrzej Szczypiorski). 1994 erschien unter dem Titel „Niemcy w Polsce“ in Oppeln (Opole) die polnische Ausgabe des vorliegenden Bandes. Weitere Buchveröffentlichungen im C. H.Beck-Verlag: „Polen“ (1998), „Von Krakau bis Danzig – Eine Reise durch die deutsch-polnische Geschichte“ (2000); außerdem: „Vladimir Nabokov – Blaue Abende in Berlin“ (1999)

Thomas Urban

Deutsche in Polen

Geschichte und Gegenwart
einer Minderheit

Verlag C.H.Beck

Mit 3 Karten

Für meine Eltern,
deutsche Breslauer,
und meine Frau Ewa,
eine polnische Breslauerin

Die Deutsche Bibliothek – CIP-Einheitsaufnahme

Urban, Thomas:
Deutsche in Polen : Geschichte und Gegenwart einer Minderheit / Thomas Urban. – Orig.-Ausg. – 4., erweiterte und aktualisierte Aufl. – München : Beck, 2000
(Beck'sche Reihe ; 1012)
ISBN 3 406 45982 X
NE: GT

Originalausgabe
ISBN 3 406 45982 X

4., erweiterte und aktualisierte Auflage. 2000
Umschlagentwurf: +malsy, Bremen

Satz: Fotosatz Otto Gutfreund GmbH, Darmstadt
Druck und Bindung: C.H.Beck'sche Buchdruckerei, Nördlingen
Printed in Germany

www.beck.de

Inhalt

Die Verwendung der deutschen Ortsnamen richtet sich nach dem Sprachgebrauch der Deutschen Presse-Agentur und der großen Tageszeitungen. Sie entspricht auch dem deutsch-polnischen Nachbarschaftsvertrag. Eine politische Aussage ist damit nicht verbunden.

Vorwort zur 1. Auflage

„Auf dem Wochenmarkt bei uns kannst du hören, daß viele alte Leute deutsch untereinander reden." Mit diesen Worten lud mich vor ein paar Jahren eine Studentin der Breslauer Universität zu einem Ausflug in ihr Heimatstädtchen ein, nach Głogówek in der oberschlesischen Woiwodschaft Oppeln. Ich wollte ihr nicht so recht glauben. Schließlich hatte ich erlebt, daß sich in der schlesischen Metropole Breslau gerade zwei Dutzend alte Leutchen zur deutschsprachigen Sonntagsmesse einfanden, die der Franziskanerpater Gerhard Leisner las, wohlgemerkt als von der Kurie beauftragter Seelsorger der Deutschen. Breslau ist heute eine polnische Stadt.

Im 130 Kilometer südöstlich gelegenen Głogówek, das bis Ende des Zweiten Weltkrieges offiziell Oberglogau hieß, liegen die Dinge allerdings anders. Die Studienkollegin von der Breslauer Universität hatte nicht übertrieben: In der Tat reden viele der älteren Oberglogauer ein einwandfreies Deutsch. Es ist kein Zufall, daß die Polen in Oberschlesien das Städtchen „Klein-Berlin" nennen. Głogówek/Oberglogau – so soll es nach dem Willen des Gemeinderats auf den Ortstafeln heißen – ist eine der Hochburgen der deutschen Minderheit, deren Existenz bis zum Ende der Parteiherrschaft 1989 in Polen amtlicherseits geleugnet wurde.

Diese politische Wende bedeutete grundsätzlich das Ende der von der Arbeiterpartei kontrollierten Zensur in Presse, Publizistik und Wissenschaft. Mit dem Ende der Zensur waren die Voraussetzungen fur eine neue Betrachtung der Beziehungen zwischen Deutschen und Polen geschaffen, keineswegs eine völlig neue Betrachtung – schließlich hatten polnische Oppositionelle in der weitgefächerten Untergrundliteratur längst ein anderes Deutschland-Bild gezeichnet als die Parteipropaganda, die dringend auf ein Feindbild im Westen angewiesen war, um die Anbindung an die Sowjetunion zu rechtfertigen.

Der Blick auf die deutsch-polnischen Beziehungen war in den letzten Jahrzehnten nur möglich durch das Spektrum der Erfahrungen des Zweiten Weltkriegs. Die Stichworte „Auschwitz" und „Warschauer Aufstand" stehen für Verbrechen ohne Beispiel in der Geschichte, wie sie von Deutschen an Polen begangen wurden.

Mit dem Wissen um diese verbrecherische Politik, die zu den schwärzesten Kapiteln in der Geschichte der Deutschen gehört, war es alles andere als einfach, sich mit einem Thema zu befassen, für das dieses beherrschende Täter-Opfer-Schema nicht gilt. Es kann kein Zweifel daran bestehen, daß das Wissen um Auschwitz, Majdanek, Treblinka, Warschau und viele andere Orte es Historikern beider Seiten nicht leicht gemacht hat, das zu betrachten und zu untersuchen, was davor, daneben und danach war.

Dieses Buch befaßt sich in der Hauptsache mit bestimmten Aspekten des Davor und des Danach. Es ist daher durchaus dazu geeignet, Widerspruch hervorzurufen und alte Wunden aufzureißen. Denn es versucht, unterschiedliche Standpunkte wiederzugeben. Manche Fragen darin werden bewußt offengelassen. Im günstigsten Fall erwächst daraus bei einem Teil der Leser Verständnis für Auffassungen, die bisher strikt abgelehnt wurden. Dazu gehört auch eine Auseinandersetzung mit Reizwörtern wie „Fünfte Kolonne" und „Vertreibung". Das Buch schließt daher eine Untersuchung der Aktivität des Bundes der Vertriebenen bei der deutschen Minderheit in Polen ausdrücklich ein; denn diese Organisation hat für heftige Emotionen im deutsch-polnischen Verhältnis gesorgt. Dabei kann indes nicht übersehen werden, daß sich neben den Spätaussiedlern hauptsächlich die Vertriebenen für Polen interessieren. Zumindest geht dies aus einer Studie des staatlichen Komitees für Tourismus hervor, nach der rund 90 Prozent der Gäste aus Deutschland zu zwei Kategorien gehören: Verwandtenbesuch und Nostalgie-Tourismus. Die Mehrheit der Deutschen interessiert sich überhaupt nicht oder nur sehr begrenzt für die Nachbarn im Osten.

Hingegen verfolgt man in Polen mit allergrößter Aufmerksamkeit die Entwicklungen im wiedervereinigten Deutschland.

Vor allem die Übergriffe Rechtsradikaler auf Ausländer finden ein weites Echo. Daß nationalistische Gruppen in der Bundesrepublik die Revision der Oder-Neiße-Grenze immer mehr zu ihrem Thema machen und außerdem versuchen, bei der Minderheit in Schlesien Fuß zu fassen, beunruhigt die polnische Öffentlichkeit zutiefst.

Dieser längst überwunden geglaubte Nationalismus ist auch Folge einer unzureichenden Aufarbeitung der Vergangenheit. Vor allem gilt dies für die ehemalige DDR. Doch auch die polnische Gesellschaft hat, wohlgemerkt unter gänzlich anderen Vorzeichen, wegen des von Moskau aufgezwungenen Systems Defizite in der Vergangenheitsbewältigung. Die Geschichtsbetrachtung hat in den deutsch-polnischen Beziehungen längst ein eigenes Gewicht bekommen. Die in Polen publizierenden Historiker unterlagen bis zur Wende von 1989 im Gegensatz zu ihren bundesdeutschen Kollegen einem politischen Diktat. Ein Beispiel dafür bieten die deutsch-polnischen Schulbuchempfehlungen – ganz ohne Zweifel war die Delegation aus der Bundesrepublik damals vom Willen zur Aussöhnung geleitet, während man polnischerseits in erster Linie Direktiven des Zentralkomitees der Arbeiterpartei umzusetzen hatte. Heute erscheinen die Empfehlungen, die sich bis zur politischen Wende in Polen bestenfalls ansatzweise im Schulalltag niederschlugen, in manchen Punkten diskussionswürdig.

Seit der politischen Wende haben sich polnische Historiker nur vorsichtig an die bisherigen Tabu-Themen „Vertreibung“ und „Minderheit“ herangetastet. Doch vieles ist im Fluß. In den beiden früheren Festungen der parteikonformen Betrachtung der Beziehungen zwischen Polen und Deutschen, dem Schlesischen Institut *(Instytut Śląski)* in Oppeln und dem Westinstitut *(Instytut Zachodni)* in Posen, hat man die ideologischen Scheuklappen abgestreift. Man weicht auch nicht mehr Kontakten mit den Landsmannschaften im Bund der Vertriebenen aus – eine Entwicklung, die vor wenigen Jahren völlig unmöglich gewesen wäre. In diesem Sinne stützen sich einige Kapitel des vorliegenden Buches auch auf Untersuchungen, die Wissenschaftler dieser beiden Institute in jüngster Zeit vorgenommen haben.

Ebenso haben sich darin viele Gespräche niedergeschlagen, die ich mit Repatrianten aus Ostpolen, zu denen die Familie meiner Frau gehört, geführt habe. Die Repatrianten mußten gegen ihren Willen ihre Heimat verlassen – ein in Deutschland, auch bei den Vertriebenen, wenig bekanntes Kapitel der jüngeren Geschichte.

Wertvolle Anregungen und Einsichten verdanke ich ferner Politikern und Diplomaten aus beiden Ländern. An erster Stelle seien die beiden Botschafter genannt, die während der schwierigen Neuordnung der Beziehungen zwischen beiden Ländern Anfang der 90er Jahre ihre Regierungen beim Nachbarn vertreten haben: für Polen Janusz Reiter, für die Bundesrepublik Deutschland Günter Knackstedt. Beide hatten in dieser Zeit, die geprägt war von Mißverständnissen und auch Mißtrauen, oft genug Gelegenheit, Wogen der Aufregung zu glätten – auch im jeweils eigenen Lager. Schließlich gehört mein Dank dem Breslauer Franziskanerpater Gerhard Leisner, der als Seelsorger der Minderheit in Niederschlesien seit vielen Jahren einen leisen, aber energischen Beitrag zur deutsch-polnischen Verständigung leistet.

Warschau, im Spätherbst 1992

Vorwort zur 4. Auflage

Die polnische Ausgabe des vorliegenden Bandes hat ein starkes, überwiegend positives Echo gefunden. Seitdem haben polnische Historiker rund zwei Dutzend Bücher und Hunderte von Aufsätzen nicht nur zur deutschen Minderheit, sondern auch zur Vertreibung der Deutschen aus den Gebieten östlich von Oder und Neiße verfaßt. Dabei hat sich gezeigt, daß die Gegensätze zwischen deutscher und polnischer Geschichtsschreibung weitgehend überwunden sind, was sich allerdings nicht in den polnischen Schulbüchern niederschlägt. Auch können beide Themen in der Politik nach wie vor starke Emotionen wecken.

Warschau, im Spätsommer 2000

I. Deutsch-polnische Streitfragen

„Eine deutsche Insel im polnischen Meer" nannte ein Regionalpolitiker die knapp zwei Dutzend zusammenhängenden Gemeinden im Oppelner Land in Oberschlesien, in denen die deutsche Minderheit die Bürgermeister stellt. Im Mai 1990 zogen die Vertreter der Deutschen Freundschaftskreise (DFK) in die Rathäuser im Ostteil der Woiwodschaft Oppeln ein. In jeder dieser Gemeinden hatten mindestens drei Viertel der Wahlberechtigten für die deutsche Liste gestimmt. Hingegen blieben die DFK-Kandidaten im Westteil der Woiwodschaft chancenlos.

Eine Grenze geht also mitten durch das landwirtschaftlich geprägte Oppelner Land (Karte S. 240). Die von Nordosten nach Südwesten verlaufende Linie kam nicht zufällig zustande – sie ist fast identisch mit einer anderen Grenze, die knapp sechs Jahrzehnte vor den Kommunalwahlen von 1990 ebenfalls Deutsche und Polen polarisiert hatte: Sie begrenzte das Abstimmungsgebiet in Oberschlesien. Im März 1921 hatten die Menschen östlich dieser Grenze zu entscheiden, ob ihre Heimat in Zukunft zu Polen gehören oder beim Deutschen Reich verbleiben sollte. Die Regierung des wiedergegründeten polnischen Staates hatte ganz Oberschlesien bis zu dieser Grenze mit dem Argument beansprucht, daß dort hauptsächlich Polen lebten. Das Ergebnis des Referendums widerlegte diese These: In ganz Oberschlesien stimmten nur 40,4 Prozent der Wahlberechtigten für den Anschluß an Polen. Die Einwohner der Gemeinden, die heute einen deutschen Bürgermeister haben, hatten durchschnittlich sogar zu drei Vierteln gegen Polen optiert.

Diese Rückschau in die Geschichte ist unvermeidlich, will man das Entstehen und die Existenz der heutigen deutschen Minderheit aufschlüsseln. So muß die Frage beantwortet werden, warum westlich der Grenze, die 1921 das Abstimmungsgebiet markierte, nach dem Zweiten Weltkrieg die alteingesessene deutsche Bevölkerung fast völlig vertrieben wurde, östlich aber ein Teil der Einwohner bleiben durfte. Inwieweit hängen das Referendum nach dem Ersten und die Vertreibung nach dem Zweiten Weltkrieg mit der Existenz der deutschen Minderheit von heute zusammen? Daraus ergibt sich auch die Frage nach der Staatsangehörigkeit der Menschen, die sich zur deutschen Minderheit bekennen – ein Punkt, der zwischen der deutschen und der polnischen Regierung heftig umstritten war, bei dem sich aber eine Annäherung abzeichnet.

1. Deutsche oder Autochthone?

Vor der politischen Wende des Jahres 1989 waren die Standpunkte klar festgelegt: Nach Angaben des Bundes der Vertriebenen (BdV) lebten östlich von Oder und Neiße in den Grenzen des Deutschen Reiches von 1937 rund 1,1 Millionen Deutsche, nach Angaben des Deutschen Roten Kreuzes rund 200000, das Schlesische Institut in Oppeln kam auf 5000, beim Innenministerium in Warschau waren 2500 registriert, laut dem offiziellen Jahrbuch des Zentralen Statistikamtes gab es überhaupt keine Deutsche in Polen. Seitdem aber Anfang der 90er Jahre sich in mehr als einem Dutzend Woiwodschaften die Deutschen Freundschaftskreise gebildet und mehr als 300000 Mitglieder aufgenommen haben, möchte sich niemand mehr so schnell auf eine Zahl festlegen.

Für viele polnische Publizisten und Politiker handelt es sich bei den Aktivisten der DFK allerdings nicht um Deutsche, sondern um Autochthone, Angehörige der alteingesessenen, polnischen Bevölkerung, die im Laufe der Jahrhunderte zwangsgermanisiert worden sei. Zum Beleg für diese These werden vor allem zwei Argumente angeführt: die Familiennamen und die slawischen Dialekte, die zumindest bis vor dem Krieg in den betreffenden Regionen, also in Oberschlesien und in Masuren, von einem Großteil der Landbevölkerung gesprochen wurden.

Slawische Familiennamen in Schlesien und Ostpreußen wären demnach Indikator dafür, daß ihre Träger polnischer Abstammung sind. So wurde in einer Festschrift zum 40. Jahrestag der Errichtung der polnischen Verwaltung in den Oder-Neiße-Gebieten eine Seite aus einem Breslauer Telefonbuch der 30er Jahre abgebildet, auf der es fast nur polnisch klingende Familiennamen gab. Der Text dazu besagte, daß es sich bei den meisten Einwohnern schon vor dem Krieg eigentlich um Polen gehandelt habe. Bei der Volkszählung von 1925 hatten sich aber 99 Prozent der Breslauer als Deutsche bezeichnet. Mit dem gleichen Anspruch wie die Verfasser der Breslauer Festschrift hatte der Führer der Nationaldemokraten in Polen, Roman Dmowski, nach dem Ersten Weltkrieg argumentiert, daß das Gros der Bevölkerung von Danzig im Grunde polnisch sei, die Danziger seien allerdings oberflächlich germanisiert worden. Gegner dieser These führen an, daß der Familienname nichts über die nationale Identität aussage. So habe ein Großteil der preußischen Elite in Wissenschaft, Kunst, Militär slawische Familiennamen getragen.

Auch die Sprachenthese ist überaus umstritten. Einer Untersuchung der Verhältnisse in Oberschlesien muß eine genaue Begriffsbestimmung vorausgehen. Im deutschen Sprachgebrauch sind *Schlesier* die Bewohner der ehemaligen Provinz Schlesien, die im Nordwesten durch die Kreise Hoyerswerda (heute im Bundesland Sachsen) und Grünberg (polnisch: Zielona Góra) und im Südosten durch das Industrierevier um Kattowitz (Katowice) begrenzt wurde. Die Provinz gliederte sich in Nieder- und Oberschlesien. Hingegen bezieht sich das polnische Wort für *Schlesien (Śląsk)* nur auf das Gebiet, das die Deutschen Oberschlesien nennen; es umfaßt die heutigen Woiwodschaften Oppeln (Opolskie) und Schlesien (Śląskie). Das polnische Wort für *Schlesier, Ślązak* (ausgesprochen: *Schlonsak*), bezieht sich nur auf die bodenstämmige Bevölkerung Oberschlesiens, die einen „Wasserpolnisch" genannten Dialekt sprach. In diesem Sinne hatte sich das Schlesische Institut in Oppeln vor allem mit dieser Bevölkerungsgruppe zu befassen; zu seinen Hauptaufgaben gehörte es, den Nachweis zu erbringen, daß diese Oberschlesier Teil der polnischen Nation seien. Die Bezeichnung „Wasserpolacken" für die bodenständige slawische Bevölkerung rührt wohl daher, daß sie über die Flüsse zu den Städten der deutschen Siedler kamen. „Wasserpolnisch", in der Fachliteratur gelegentlich auch *Schlonsakisch* genannt, auf polnisch *gwara*, geht sprachgeschichtlich auf das Altpolnische zurück. Die von Region zu Region anders gefärbte Sprache nahm viele Wörter aus böhmischen, mährischen und deutschen Dialekten auf. Ein Pole aus dem Osten oder Norden des Landes versteht sie nicht. Ähnliches gilt für das Masurische, das sich auch erheblich vom Hochpolnischen unterscheidet. Hier handelt es sich ebenfalls ursprünglich um eine Variante des Altpolnischen, die sich aber über mehrere Jahrhunderte hinweg eigenständig weiterentwickelte und auch viele deutsche Wörter absorbierte.

Nach dem Verständnis vieler Polen waren diese Oberschlesier und die Masuren ihre Landsleute. Gleiches galt auch für andere kleine slawische Völker, die im Deutschen Reich siedelten, vor allem die Kaschuben in Pommern und die Sorben in der Lausitz, die sächsisches, brandenburgisches und niederschlesisches Gebiet umfaßt. Demnach zählte die polnische Minderheit im Deutschen Reich während der Zwischenkriegszeit rund 1,5 Millionen Menschen. Konsequenterweise wurden diese 1,5 Millionen nach dem Zweiten Weltkrieg als „zum Mutterland zurückgekehrte Polen" betrachtet, die auch nicht vertrieben werden sollten. In diesem Sinne forderten mehrere politische Gruppierungen nach dem Krieg auch den Anschluß der überwiegend westlich von Oder und Neiße liegenden Lausitz an Polen.[1]

Von deutschen Wissenschaftlern werden die ethnischen Verhältnisse in Oberschlesien, Pommern und Masuren, wie sie bis zum Zweiten Weltkrieg bestanden, anders beurteilt. Sie haben den Begriff des „schwebenden Volkstums" geprägt. Demnach hat sich im deutsch-polnischen Grenzraum bis in das 20. Jahrhundert hinein ein Assimilierungsprozeß abgespielt. Bevölkerungsgruppen slawischer, teilweise auch baltischer Abstammung sind mit der deutschen Bevölkerungsmehrheit verschmolzen. Mit dem Begriff umschreiben sie die Identitätsunsicherheit dieser Gruppen, die aus dem Gegensatz zwischen ihren polnischen sprachlich-kulturellen Traditionen und der jahrhundertelangen Zugehörigkeit zu deutsch dominierten Gesellschaften herrührt.

Daß ein Großteil der Autochthonen sich durchaus mit dem deutschen Staat identifizierte, belegt ihr Wahlverhalten. So gaben bei der Volkszählung von 1925 im insgesamt 1,4 Millionen Menschen zählenden deutschen Teil von Oberschlesien lediglich 155000 von ihnen Polnisch als Muttersprache an, 387000 waren zweisprachig. Dabei hatten die für die Volkszählung verantwortlichen Beamten den Begriff Polnisch nicht näher definiert, es fiel also auch Wasserpolnisch darunter. Die des Wasserpolnischen oder des Polnischen kundigen Oberschlesier machten demnach knapp 40 Prozent der Bevölkerung aus. Bei der Volksabstimmung über die politische Zukunft Oberschlesiens hatten in diesem Gebiet, das deutsch bleiben sollte, aber gerade 29 Prozent für Polen optiert. Bei den Reichstagswahlen von 1930 stimmten ganze sieben Prozent für polnische Kandidaten.

Für die polnischen Behörden mögen nach dem Zweiten Weltkrieg die Zahlen des Referendums von 1921 der Grund gewesen sein, den Menschen in dem Abstimmungsgebiet die Möglichkeit zu geben, sich zum Polentum zu bekennen und als loyale Staatsbürger zu bewähren. Die Zahl derjenigen, die nicht aus ihrer Heimat vertrieben wurden, ging indes weit über die Zahl der Befürworter eines Anschlusses Oberschlesiens an Polen hinaus.

Nach Auffassung mancher deutscher Autoren identifizierte sich ein nicht unerheblicher Teil der zweisprachigen Oberschlesier mit den sozialen Werten der Mehrheit, sie sprachen daher von „polnischen Preußen“. Ein Beispiel dafür gibt die Gestalt eines Straßenbahnfahrers im letzten Band der oberschlesischen Familiensaga („Erde und Feuer“) des aus Gleiwitz stammenden deutschen Schriftstellers Horst Bienek ab. Obwohl sich die Rote Armee schon Gleiwitz nähert, fährt der Straßenbahnfahrer weiter auf seiner Strecke. „Man muß seine *powinność* bis zuletzt tun“, sagt er in Bieneks Roman (*powinność* heißt *Pflicht*). Doch ist die Literatur auch voller Beispiele, daß die wasserpolnisch sprechenden Oberschlesier von den deutschen Reichsbürgern eher arrogant und herablassend betrachtet wurden. So waren sie der Gegenstand der seinerzeit sehr populären „Antek und

Franzek"-Witze. Ob diese Menschen mit ihrem preußischen Pflichtgefühl sich wegen der vielfältigen Art von Diskriminierung im Deutschen Reich auch wirklich als gleichberechtigte Deutsche fühlten, muß dahingestellt bleiben.

Ebenso ist schwer abzuschätzen, ob bei der Wahl zwischen der deutschen und der polnischen Option ein eigenes „schlesisches Bewußtsein" fortbestehen konnte. Versuche, Parteien oder Vereine auf der Grundlage der „schlesischen (im Sinne von *schlonsakischen*) Kultur" zu bilden, hatten wenig Erfolg.

Kurioserweise sind einige Kinder von Aktivisten der polnischen Minderheit im Deutschen Reich zu Aktivisten der deutschen Minderheit in Polen geworden, wobei es sich eher um Einzelfälle handeln dürfte. Das unklare Selbstverständnis zwischen zwei Kulturen, aber auch der Anspruch auf die deutsche Staatsbürgerschaft nach dem deutschen Grundgesetz machen diesen Rollenwechsel innerhalb zweier Generationen möglich. Es kann kein Zweifel daran bestehen, daß bei vielen der Autochthonen die wirtschaftliche Attraktivität der Bundesrepublik eine große Rolle spielte, nach dem in Oberschlesien weitverbreiteten Motto: „Das Vaterland ist dort, wo die Wurst hängt." Dies gilt namentlich für die jüngere Generation, die kaum Beziehungen zur deutschen Kultur hat. Für sie entstand die spöttisch gemeinte Bezeichnung „Volkswagen-Deutsche". Doch gerade bei jungen Menschen, die nur mit rudimentären Deutschkenntnissen als Deutschstämmige in die Bundesrepublik kommen, ist dort oft eine Art Überidentifizierung mit Deutschland auszumachen: Sie vertreten deutschnationale Positionen und lehnen Polen, somit auch ihre polnische Vergangenheit, ab.

Eindeutiger gestaltet sich das individuelle Schicksal vieler Vertreter der älteren Generation. Wie die Wahlergebnisse während der Weimarer Republik belegen, betrachteten sich viele – vielleicht die meisten – der Menschen, die nach dem Zweiten Weltkrieg als Polen „verifiziert" wurden, sehr wohl als Deutsche. Andernfalls hätten sie beispielsweise die Polnisch-Katholische Volkspartei gewählt.

Die Entstehung der Deutschen Freundschaftskreise kann daher kaum allein auf materielle Motive zurückgeführt werden.

Denn ihre Gründer wollen ja in ihrer zu Polen gehörenden Heimat bleiben, sie können also nicht in den Genuß sozialer Leistungen aus der Bundesrepublik kommen. Vielmehr belegen Befragungen, daß für die Vertreter der älteren Generation, die größtenteils noch einwandfrei deutsch sprechen, die soziale Rehabilitierung der wichtigste Grund für ihr Engagement ist. Sie wollen Genugtuung für die Repressalien erfahren, die sie als Reichsbürger oder auch als Schlonsaken erduldeten.

Die Senatorin Dorota Simonides, eine polnische Oberschlesierin, sah hinter dem massenhaften Bekenntnis zum Deutschtum vor allem eine Reaktion auf die kommunistische Repressionspolitik: „Die polnischen Kommunisten haben innerhalb von vier Jahrzehnten das geschafft, was den Preußen in zwei Jahrhunderten nicht gelungen ist: die Oberschlesier zu Deutschen zu machen." Zweifelsohne trifft diese Einschätzung für einen beträchtlichen Teil der Menschen in der Region zu. Ob sie sich allerdings als Polen gefühlt haben, steht auf einem anderen Blatt. Immerhin steht fest, daß nicht wenige Vertreter, möglicherweise mehr als die Hälfte, dieser älteren Generation zu Hause wasserpolnisch gesprochen und polnisch gebetet haben.

Doch wurden nach dem Weltkrieg auch Bürger des Deutschen Reiches als Polen „verifiziert", die nur über sehr rudimentäre Polnischkenntnisse verfügten. Dieser Klassifizierung lag der Gedanke zugrunde, daß die Regierung um so lauter den Anspruch auf die Oder-Neiße-Gebiete begründen konnte, je größer die Zahl der bereits vor dem Krieg dort lebenden Polen war. Darüber hinaus blieben nach offiziellen polnischen Angaben mehrere zehntausend Deutsche, die die Verifizierung ablehnten, im Lande, weil sie als Spezialisten in der Industrie gebraucht wurden. Nach deutschen Berechnungen lag ihre Zahl sogar weit über 100000. Dieser Personengruppe wurde pauschal 1951 die polnische Staatsangehörigkeit zuerkannt, ohne daß sie je auf die deutsche verzichtet hätte. Letzteres galt auch für manche der zweisprachigen Oberschlesier.

Daß in Oberschlesien heute noch weniger klare Grenzen zwischen Deutschen und Polen gezogen werden können als in der ersten Hälfte des Jahrhunderts, belegen die persönlichen Verhältnisse von zwei führenden Vertretern der deutschen Minderheit: Heinrich Kroll, seit 1991 ununterbrochen Sejm-Abgeordneter, ist mit einer Polin verheiratet, deren Familie aus der Lemberger Gegend stammt, und redet zu Hause nur polnisch. Ebenso stellte für Georg Brylka, den ersten Vorsitzenden des Zentralrates der Deutschen in Polen, das Pendeln zwischen den beiden Ländern den Alltag dar; der eine Sohn hat eine polnische Frau, der andere eine deutschstämmige, seine Tochter aber lebt in der Bundesrepublik.

Zusammenfassend läßt sich feststellen, daß es bei den Personen, die sich heute zur deutschen Minderheit in Polen bekennen, durchaus viele Deutsche im Sinne einer kulturellen Zugehörigkeit zum deutschen Volk gibt, doch eher bei der älteren Generation. Daneben gibt es Personengruppen, die zwischen beiden Kulturen standen und sich eher als Oberschlesier *(Ślązak)* fühlten oder die sich als deutsche beziehungsweise als polnische Oberschlesier betrachteten. Schließlich läßt sich ebenso für einen Teil der als Deutsche anerkannten Spätaussiedler wie für manche DFK-Mitglieder sagen, daß ihre Deutschstämmigkeit zweifelhaft ist. Eine klare Abgrenzung ist aber nicht möglich, weil die Angehörigen dieser ohnehin nicht eindeutig zu trennenden Gruppen längst vielfach miteinander versippt und verschwägert sind, wobei zunehmend auch Polen, deren Familien erst nach dem Zweiten Weltkrieg nach Oberschlesien kamen, integriert wurden. Eine Unterscheidung nach äußeren Merkmalen ist sowieso unmöglich: Fast alle Einwohner Oberschlesiens haben polnische Familiennamen, reden im Alltag polnisch und sind katholisch. Entscheidend ist heute, daß sich mehr als 300000 Erwachsene als deutsche Minderheit organisiert haben.

2. Dauerkonflikt wegen der Staatsangehörigkeit

„Deutscher im Sinne dieses Grundgesetzes ist vorbehaltlich anderer gesetzlicher Regelung, wer die deutsche Staatsangehörigkeit besitzt oder als Flüchtling oder Vertriebener deutscher Volkszugehörigkeit oder als dessen Ehegatte oder Abkömmling in dem Gebiete des Deutschen Reiches nach dem Stande vom 31. Dezember 1937 Aufnahme gefunden hat." So lautet Artikel 116 Absatz 1 des Grundgesetzes der Bundesrepublik Deutschland. Innerhalb der Grenzen von 1937 – auf diese Jahreszahl bezogen sich die Alliierten in der Potsdamer Konferenz, um das Münchener Abkommen von 1938 nicht anzuerkennen – liegen auch die Gebiete östlich von Oder und Neiße, die nach dem Zweiten Weltkrieg unter polnische Hoheit kamen. Demnach haben die damals in ihrer Heimat Zurückgebliebenen den Anspruch auf die deutsche Staatsangehörigkeit, auch wenn ihnen die polnische verliehen wurde, etwa per Sammeleinbürgerung mit einem Gesetzesakt von 1951. Zu diesen Zurückgebliebenen gehörte vor allem die autochthone Bevölkerung, nach polnischem Verständnis handelte es sich dabei um Polen.

Bis zum Jahre 1950 hatten die polnischen Behörden die Verifizierung der Zurückgebliebenen abgeschlossen. Wer nicht die Anerkennung als Pole erlangte, wurde enteignet und ausgewiesen. Eine Ausnahme stellten deutsche Facharbeiter und Industriespezialisten dar, die vor allem in Niederschlesien gezielt zurückgehalten worden waren. Sie verließen bis Ende der 50er Jahre fast vollzählig das Land in Richtung Westen, ein Teil ließ sich in der DDR nieder. Doch die kommunistische Führung ließ auch weiterhin Menschen ausreisen, bei denen es sich den offiziellen Deklarationen zufolge um Polen handelte. Die Ausreisegenehmigungen, die meist nur unter schwierigen Umständen und nach Behördenschikanen zu erlangen waren, wurden dargestellt als „Maßnahmen zur Familienzusammenführung".

Die Motive der Führung in Warschau mögen vielfältiger Art gewesen sein: In den 50er Jahren, als es noch keine diplomatischen Beziehungen zwischen Polen und der Bundesrepublik gab, mag man bestrebt gewesen sein, sich eines möglichen Unruhepotentials bei der Schaffung des angestrebten „national homogenen Polen" zu entledigen. Von den 70er Jahren an spielten auch andere Motive eine Rolle: Zunächst brauchte die KP-Führung um Edward Gierek Kredite, daher einigte sie sich mit der Bonner Regierung unter Bundeskanzler Helmut Schmidt auf das Ausreiseprotokoll von 1975. Später glaubte man möglicherweise auch, auf diese Weise die verdeckte Arbeitslosigkeit mildern zu können. Außerdem hatte man in der Endzeit des sozialistischen Regimes erkannt, daß die Spätaussiedler auf Besuchsreisen Devisen ins Land bringen.

Von 1950 bis 1989 ließen die Behörden mehr als 1,2 Millionen Menschen als Deutsche oder deren Familienangehörige ausreisen. 1989, im Jahr der politischen Wende, erreichte die Ausreisewelle einen absoluten Spitzenwert: Eine Viertelmillion polnischer Staatsbürger zog nach Westen. Dabei hatte der Anteil derjenigen, die die deutsche Sprache beherrschten, stetig abgenommen. Die deutschen Behörden mußten also immer mehr Mittel für Sprachkurse und sonstige Eingliederungshilfen aufwenden. In den Genuß der staatlichen Förderung kamen auch die polnischen Familienangehörigen, deren Anteil immer größer wurde. Doch auch immer mehr anerkannte Deutschstämmige sprachen kaum oder gar nicht deutsch. Ihr „aktives Bekenntnis zum Deutschtum", wie es eigentlich eine Anerkennung voraussetzte, wurde von den deutschen Behörden eher beiläufig oder überhaupt nicht überprüft. Vielmehr reichte es formal meist aus, wenn die Vorfahren vor 1914 oder wenigstens der Großvater Deutsche waren. Polnische Kommentatoren nannten diese Praxis der deutschen Behörden in Anspielung an die Nazizeit den Paragraphen vom „arischen Großvater".

Umfragen zufolge stieg in der Bundesrepublik der Unmut über die „polnischen Zuwanderer", unter denen seit der Verhängung des Kriegsrechts im Dezember 1981 auch viele Aktivisten der Gewerkschaft Solidarität waren. Die deutschen Behörden haben keine Zahlen darüber veröffentlicht, wie hoch der Anteil der polnischen Familienangehörigen war. Für die 80er Jahre wird er von Fachleuten auf die Hälfte bis zwei Drittel der 630000 Aussiedler dieses Zeitraums geschätzt.

Hinzu kam seit der Verhängung des Kriegsrechts eine Welle von polnischen Staatsbürgern, die wegen der politischen Lage in der Bundesrepublik geduldet wurden. Schätzungen über die Größe dieser von den Behörden eher lückenhaft erfaßten Personengruppe bewegen sich zwischen 500000 und einer Million. Manche Polen, die keine andere Möglichkeit zur Emigration hatten, beschafften sich gefälschte Papiere, die professionelle Banden auf dem schwarzen Markt anboten. Zweifelsohne gelang es einer gewissen Anzahl von ihnen, auf diese Weise als Deutsche anerkannt zu werden.

Auch echte Dokumente wechselten zu Höchstpreisen den Besitzer. Die mit ihnen ausgestatteten „falschen" Deutschen werden im polnischen Volksmund „Helmut" genannt – wohl eine Anspielung auf den Bundeskanzler Helmut Schmidt, der 1975 eine Zusage für die Ausreise von 125 000 Personen erreichte.

In der deutschen Presse erschienen in der zweiten Hälfte der 80er Jahre zunehmend Berichte über die polnischen Staatsangehörigen, die nach dem Bundesvertriebenengesetz als Deutsche anerkannt oder als politisch Verfolgte toleriert wurden. Dabei wurde herausgestellt, daß viele Angehörige dieser beiden Personengruppen ständig zwischen der Bundesrepublik und Polen, dem „Vertreiber- und Verfolgerland", pendelten, um Geschäfte zu machen. In dieser Zeit erschienen in polnischen Zeitungen unter der Rubrik „Heiratswünsche" Annoncen, in denen der – meist weibliche – Inserent damit warb, daß ihm eine P. O.-Nummer zugeteilt worden sei. Die P. O.-Nummer bedeutete, daß die deutschen Behörden dem Antragsteller nach einer Überprüfung der Familiendokumente bescheinigt hatten, daß er deutscher Abstammung sei. Daraus ergaben sich allerlei praktische Vorteile: Man bekam meist problemlos ein Dauervisum für die Bundesrepublik ebenso wie eine Arbeitserlaubnis. Außerdem hatten die Inhaber einer P. O.-Nummer auch gute Chancen, die Genehmigung zur Übersiedlung zu bekommen. In der Bundesrepublik haben Spätaussiedler Anrecht auf erkleckliche finanzielle Hilfen, wie Kredite zur Gründung einer neuen beruflichen Existenz. Auf diese Weise, so vermuten deutsche wie polnische Behördenvertreter, wurde manch eine Scheinehe geschlossen, die dem polnischen Ehepartner auch erlaubte, legal in der Bundesrepublik zu leben und zu arbeiten. Zu den Aussiedlern gehörten überdurchschnittlich viele Mediziner, so daß in manchen Städten Oberschlesiens die ärztliche Versorgung der Bevölkerung in Gefahr geriet.[2]

Einen nicht unbeträchtlichen Teil der Aussiedler machten auch Personen aus, die während der deutschen Besatzung im

Zweiten Weltkrieg in die Volksliste 3 eingetragen wurden. Gerade die Berufung der bundesdeutschen Behörden auf rechtliche Kategorien der Nationalsozialisten ist in polnischen Augen der Stein des Anstoßes. Der Erlaß des Reichsministers des Inneren vom 13. März 1941 legte die Kategorien der Deutschen Volksliste fest, die vor allem die Einwohner der annektierten polnischen Gebiete – der Reichsgaue Danzig-Westpreußen und Wartheland sowie des Ostteils von Oberschlesien – betraf. Es wurden Listen mit insgesamt 2424026 Namen bekannt, weitere dürften noch in polnischen Archiven liegen:

– Liste 1 erfaßte die Volksdeutschen, „die sich vor Kriegsausbruch aktiv zum Deutschtum bekannten" (388640 Personen).

– In die Liste 2 waren die nichtaktiven Volksdeutschen einzutragen, „die sich ihr Deutschtum aber nachweislich bewahrt hatten" (463863 Personen).

– Liste 3 bezog sich auf „deutschstämmige Personen, die Bindungen zum Polentum eingegangen waren, bei denen aber die Voraussetzungen gegeben waren, sie wieder zum Deutschtum zurückzuführen". Ihnen wurde die Staatsangehörigkeit „auf Widerruf" zugestanden. Doch konnten sie sich bewähren, etwa in der Wehrmacht (1510315 Personen).

– Auf Liste 4 wurden schließlich die Namen der Deutschen gesetzt, „die völlig im Polentum aufgegangen waren und sich deutschfeindlich betätigt hatten" (62208 Personen).[3]

Die Personen, die auf den Volkslisten 1 und 2 eingetragen waren, bekamen einen blauen Ausweis, die der Volksliste 3 einen grünen. Die „Deutschfeindlichkeit" der vierten Kategorie wurde durch die Farbe rot herausgestrichen.

Bis zum Jahr 1989 hatten die Personen auf der Volksliste 3 und ihre Nachkommen wenig Probleme, als Deutsche im Sinne des Grundgesetzes anerkannt zu werden. Nachdem das novellierte Aussiedleraufnahmegesetz im Juli 1990 in Kraft getreten war, änderte sich diese Situation. Die Bonner Politik lief seit der Öffnung der Berliner Mauer und der sich abzeichnenden deutschen Wiedervereinigung auf eine Begrenzung der Aussiedlerzahlen hinaus, nicht zuletzt auch mit Rücksicht auf die Stimmung in der Bevölkerung. Zuvor hatte namentlich das Innenministerium dem Zustrom der Aussiedler aus den Oder-Neiße-Gebieten keinen Riegel vorgeschoben; im Gegenteil, man sah offensichtlich gerade die jungen Aussiedler gern, weil sie dazu beitrugen, die Alterspyramide auszugleichen. Überdies galten sie als hochmotivierte Arbeitskräfte, die sich schnell an bundesdeutsche Verhältnisse anpaßten, antisozialistisch eingestellt waren und somit davor gefeit, links zu wählen.

Mit dem novellierten Gesetz wurde die Einbürgerung erheblich erschwert. Zum einen waren die diplomatischen Vertretungen nun angewiesen, die Deutschkenntnisse der Antragsteller zu überprüfen. Zum anderen mußten sie glaubhaft machen, daß sie tatsächlich wegen ihres „Bekenntnisses zum Deutschtum" Nachteile hatten hinnehmen müssen. Schließlich war die Entscheidung des Bundesverwaltungsamtes in Köln über die Zuerkennung der deutschen Staatsangehörigkeit am Heimatort, also in Polen, abzuwarten. Somit entfielen die finanziellen Hilfen, in deren Genuß jeder Neuankömmling in der Bundesrepublik kam.

Vor allem hatte der Personenkreis, der sich bislang auf die Volksliste 3 berufen konnte, kaum noch Chancen, die Anerkennung als Deutscher im Sinne des Grundgesetzes zu erreichen. Ohnehin wurde die Volksliste 3 von vielen polnischen wie deutschen Historikern als rechtliches Instrument der Nationalsozialisten begriffen, das ein Deutschtum dort vortäuschen sollte, wo es nur schwach ausgeprägt oder überhaupt nicht vorhanden war. Die Aussiedlerzahlen gingen somit drastisch zurück. War im Umbruchjahr 1989 eine Viertelmillion gekommen, so waren es zwei Jahre später nur noch 40000. Eine Rolle spielte dabei auch, daß Warschau und Bonn sich auf ein neues Rentenabkommen nach dem „Prinzip des Leistungsexports" verständigten. Demnach kommen polnische Staatsbürger, die in die Bundesrepublik übersiedeln, nicht mehr in den Genuß von Renten nach deutschen Maßstäben. Gründe für den Rückgang der Aussiedlerzahlen stellten schließlich auch die Anerkennung der Minderheit in Polen sowie die Aufhebung der Visumspflicht für Deutschland Ende 1990 dar.

Gleichzeitig wurden die Forderungen aus den Reihen der Deutschen Freundschaftskreise nach doppelter Staatsangehörigkeit leiser – diese sieht die deutsche Verfassung nicht vor, die polnische hat sie bis Anfang der neunziger Jahre gar verboten. Mitglieder des Zentralrates der Deutschen Gesellschaft in Polen erklärten aber bald, ihnen genüge der Status quo. Nach Angaben der deutschen Behörden verfügen bis zu 170000 Personen, vor allem in Oberschlesien, über die Reisepässe beider Staaten. Sie haben damit de facto die doppelte Staatsangehörigkeit. Legal ist dies nicht, doch beide Regierungen tolerierten bislang diesen Zustand, wenn auch polnischerseits mit wachsendem Unwillen. Denn er führte zu Unzufriedenheit in der polnischen Bevölkerung, die nicht die Möglichkeit hatte, auf diese Weise vom Wirtschaftsgefälle zwischen beiden Ländern zu profitieren: Man arbeitet in der Bundesrepublik – sogar ganz legal – oder empfängt Sozialhilfe und andere Beihilfen. Diese Summen werden dann größtenteils in Polen investiert, wo der Durchschnittslohn zehnmal niedriger als in der deutschen Wirtschaft ist.

3. Polnische Minderheit in der Bundesrepublik?

Der Exodus aus Oberschlesien sowie die Welle von polnischen Immigranten, die bis 1989 politische Unterdrückung in ihrer Heimat geltend machten, warfen eine gänzlich neue Frage auf: Gibt es nun eine polnische Minderheit in der Bundesrepublik? Knüpfen die Immigranten an die Tradition der Ruhrpolen an, die seit Anfang des Jahrhunderts zu Zehntausenden in das Industriegebiet gekommen waren und von denen ein großer Teil noch in der zweiten Generation, viele auch in der dritten Generation dem Polentum verbunden blieben? Man erinnert sich, daß etwa in den 30er Jahren gut die Hälfte der Spieler des deutschen Fußballmeisters Schalke polnische Familiennamen trug. Doch steht ebenso außer Zweifel, daß die meisten von ihnen kein Polnisch mehr sprachen. Vielmehr fühlten sie sich offenkundig als deutsche Reichsbürger und dokumentierten dies auch in vielen Einsätzen für die Nationalmannschaft.

Nach dem Zweiten Weltkrieg blieben mehrere zehntausend Angehörige des prowestlichen Widerstands in Westdeutschland.

Zur „Polonia", wie der Dachverband der Auslandspolen heißt, stießen seit Anfang der 70er Jahre die polnischen Angehörigen von Spätaussiedlern. Um diese kümmerte sich besonders die polnische Auslandsspionage; namentlich die nationalistische Organisation „Zgoda" (Eintracht) galt als stark vom kommunistisch kontrollierten Geheimdienst unterwandert.

Anfang der 90er Jahre lag die Zahl der polnischen Familienangehörigen der deutschstämmigen Spätaussiedler und der unter dem Kriegsrecht in die Bundesrepublik gekommenen Polen bei weit mehr als einer Million. Manche Schätzungen gehen bis zu zwei Millionen. Allerdings waren Anfang 1995 von den deutschen Behörden nur rund 273 000 ständig in der Bundesrepublik lebende Polen registriert. Polnische Politiker und Publizisten gehen also davon aus, daß die Mehrheit der Spätaussiedler sich als Polen betrachtet, eine Einschätzung, die deutsche Soziologen nicht teilen.

Diese große Anzahl von Landsleuten veranlaßte die Regierung in Warschau bei den Verhandlungen über den Nachbarschaftsvertrag 1990, auch die Forderung nach der Anerkennung einer polnischen Minderheit in der Bundesrepublik zu erheben. Die Regierung in Bonn wies dieses Ansinnen zurück: Zum einen handle es sich um keine historisch gewachsene Minderheit, die in einem fest umrissenen Siedlungsgebiet lebe, sondern vielmehr um Immigranten, die in der ganzen Bundesrepublik verstreut lebten. Zum anderen hätten die Angehörigen von Deutschstämmigen mit der Übersiedlung auch für den gesellschaftlichen Rahmen in der Bundesrepublik optiert. Schließlich seien die als angeblich politisch Verfolgte gekommenen Polen toleriert. Dies sei ein besonderes Entgegenkommen der Bundesregierung. Denn die Führung in Warschau erlaube Bundesbürgern keineswegs, sich ohne weiteres in Polen niederzulassen. Die polnischen Behörden beschieden derartige Anträge ablehnend, auch weil in der Bevölkerung die Parole „Die Deutschen kaufen Schlesien wieder auf" nach wie vor ein weites Echo findet.

Daß Polen in der Bundesrepublik rechtlich nicht anders behandelt werden als andere Ausländer, sie somit in ihrem Gastland wesentlich mehr Rechte haben als Ausländer in Polen, wird in Warschau allerdings oft übersehen. So stellte Staatspräsident Lech Wałęsa bei seinem Besuch in Bonn im Frühjahr 1992 vor dem Auswärtigen Ausschuß die Frage, warum im Bundestag keine Abgeordneten „der polnischen Minderheit" vertreten seien. Hingegen gebe es im Sejm in Warschau eine deutsche Parlamentariergruppe. Der polnische Präsident mußte sich belehren lassen, daß es deutschen Staatsbürgern polnischer Abstammung sehr wohl freistehe, eine eigene Partei zu gründen und somit auch Kandidaten für den Bundestag aufzustellen.

Untersuchungen von soziologischen Instituten in der Bundesrepublik belegen indes, daß die Masse der jüngeren Polen bestrebt ist, sich sehr schnell in die deutsche Gesellschaft zu integrieren. Soziologen nehmen an, daß dieser Übergang wie schon bei den Ruhrpolen eine Frage von maximal zwei Generationen ist.[4] Polnische Publizisten widersprechen dieser Analyse nicht.

Den Polen in Deutschland waren seit dem Bestehen der Bundesrepublik keine Hindernisse beim Aufbau eigener Verbände und Vereine in den Weg gelegt worden. 16 ihrer größten Organisationen schlossen sich im März 1992 auf einer großen Festveranstaltung in Dortmund zum „Kongreß der Deutschen Polonia" zusammen. Zum Vorsitzenden dieses Dachverbandes wurde der katholische Priester Jerzy Sobkowiak gewählt. Sobkowiak wurde nicht müde, in der polnischen Presse auf die angebliche Benachteiligung seiner Landsleute in der Bundesrepublik hinzuweisen. Schon an der Spitze des 1922 gegründeten Verbandes der Polen in Deutschland standen mehrere Priester. Die katholische Kirche ist somit Träger des Polentums im Ausland. Allerdings, so klagen polnische Soziologen, nimmt mit der zunehmenden Eingliederung in die stark materiell geprägte westliche Konsumgesellschaft die Bindung an die Kirche und somit an das Polentum ab.

II. Vorgeschichte

Zum Verständnis der heutigen Lage der deutschen Minderheit in Polen ist eine genaue Betrachtung der Vorgeschichte unerläßlich. In den letzten Jahren ist dazu eine Fülle von Publikationen erschienen, darunter eine Reihe von Sammelbänden, an denen sowohl deutsche als auch polnische Autoren beteiligt waren. Noch vor einem Jahrzehnt wäre diese Zusammenarbeit undenkbar gewesen. Deutsche Historiker stellten früher einseitig die Leistungen deutscher Siedler bei der Kolonisierung weiter Landstriche in Mittelosteuropa heraus, ebenso einseitig sprachen ihre polnischen Berufskollegen von Landraub und „Drang nach Osten".

Die polnischen Vertreter der Zunft hielten diese Linie, angereichert durch pseudowissenschaftliche Kategorien des Marxismus-Leninismus, bis zur Wende des Jahres 1989 durch – oft gezwungenermaßen, da die Zensur nur wenig Freiräume ließ. Deutsche Historiker standen gegenüber Polen vor einem besonderen Problem: Nach Auschwitz, Treblinka und dem Warschauer Aufstand vermieden sie es weitgehend, die an düsteren Momenten reiche Geschichte Polens zwischen dem Ersten und dem Zweiten Weltkrieg zu erforschen. Hinzu kam, daß die Vertreibung in den Augen der „Achtundsechziger-Generation" als gerechte Strafe für die deutschen Kriegsverbrechen galt. Bei den deutsch-polnischen Schulbuchgesprächen der 70er Jahre, in denen sich die Parteiabhängigkeit der polnischen Delegation zeigte, gaben manche deutschen Professoren „um des lieben Friedens willen" bei manchem Streit um Formulierungen nach. So wurde in den Empfehlungen die Vertreibung unterschlagen.[1]

Ebenso umstritten wie das Tabu-Thema Vertreibung war bislang die These von den „wiedergewonnenen Gebieten". Gemeint sind die deutschen Ostgebiete, die 1945 unter polnische Hoheit kamen und deren Zugehörigkeit zu Polen endgültig mit dem Grenzvertrag von 1990 bestätigt wurde. Diese polnischen Westgebiete seien vor Jahrhunderten gewaltsam vom polnischen Staat abgetrennt worden, der „deutsche Drang nach Osten" habe auch zur Germanisierung der Bevölkerung geführt. Mit der Westverschiebung Polens nach dem Zweiten Weltkrieg seien diese Gebiete „zum Mutterland zurückgekehrt".

Es wäre ausschließlich Sache der Historiker, sich mit diesen Thesen auseinanderzusetzen, wenn sie nicht in der politischen Diskussion über die deutsche Minderheit in Polen nach wie vor eine Rolle spielten. In der Minderheit wehrt man sich erheblich, auf diese Weise von der polnischen Nation vereinnahmt zu werden. Vor allem aber lehnt die westeuropäische Geschichtsschreibung, keineswegs nur die deutsche, diese vereinfachte Darstellung überaus komplizierter Entwicklungen ab.

Die These von den „wiedergewonnenen Gebieten" vertrat in Polen neben vielen politischen Gruppierungen, vor allem den Erben der Nationaldemokraten der Zwischenkriegszeit, auch die katholische Kirche. Auch deshalb kam es zu Disputen zwischen den polnischen Bischöfen und ihren deutschen Amtsbrüdern. Nach dem Zweiten Weltkrieg kam der These eine eminente politische Bedeutung zu: Mit ihr ließ sich begründen, warum mehrere Millionen Deutsche die Oder-Neiße-Gebiete verlassen mußten und Ostpolen, die aus ihrer von der Sowjetunion annektierten Heimat vertrieben worden waren, gemeinsam mit Siedlern aus Zentralpolen, deren Häuser zerstört waren, ihr Eigentum übernahmen. Diese These hatten vor allem das Westinstitut in Posen sowie das Schlesische Institut in Oppeln wissenschaftlich zu untermauern.

Der mit der These von den „wiedergewonnenen Gebieten" begründete Rechtsanspruch auf die polnische Hoheit stützt sich durchweg auf Jahrhunderte zurückliegende Besitzverhältnisse. So hatte Schlesien seit 1335 zum Heiligen Römischen Reich deutscher Nation gehört; die Grenze zwischen Schlesien und Polen war eine der stabilsten in ganz Europa.

Als die sowjetische Delegation auf der Konferenz von Jalta im Februar 1945 erklärte, Polen habe einen historischen Anspruch auf die Oder-Neiße-Grenze, konterte der amerikanische Präsident Roosevelt mit dem Hinweis, daß dann auch die britische Krone das Gebiet der USA verlangen könnte.

Die Aufrechterhaltung der umstrittenen These, etwa durch die katholische Kirche Polens, verbitterte Vertriebene wie Angehörige der deutschen Minderheit. Die Mehrheit von ihnen hat sich längst mit den Gegebenheiten abgefunden. Doch legen sie Wert auf die Feststellung, daß die Gebiete östlich von Oder und Neiße polnisch wurden infolge des Zweiten Weltkriegs. Die Vertreibung der Deutschen aus den Ostgebieten steht somit in einem direkten Zusammenhang mit dem deutschen Terrorregime im von der Wehrmacht besetzten Polen.

1. Entscheidung zwischen Polen und dem Deutschen Reich

„Ein unabhängiger polnischer Staat soll geschaffen werden, der alle unstreitbar von polnischer Bevölkerung bewohnten Gebiete umfaßt, ein freier und sicherer Zugang zum Meer soll ihm gewährleistet werden." So lautete der berühmt gewordene Punkt 13 in der Rede, mit der der amerikanische Präsident Thomas Woodrow Wilson am 8. Januar 1918 vor dem Kongreß in Washington seinen Standpunkt zur Neuordnung Europas nach dem Ersten Weltkrieg darlegte. Wilson gab damit die Linie vor, die er als Vertreter der kriegsentscheidenden Macht – die USA waren im April 1917 in den Krieg eingetreten – durchzusetzen gedachte: Es soll nach 123 Jahren der Teilung zwischen Preußen, Österreich und Rußland wieder ein polnischer Staat entstehen. Sein Territorium soll das Siedlungsgebiet der Polen umfassen. Der Einsatz Wilsons für Polen wurde auch auf den Einfluß des weltberühmten polnischen Klaviervirtuosen und Komponisten Jan Ignacy Paderewski zurückgeführt, der seit dem zweiten Kriegsjahr in den USA lebte und dort unaufhörlich für die „Wiedergeburt Polens" warb.

Bereits 1916 hatten die Mittelmächte Deutschland und Österreich-Ungarn den Polen sogar die Wiederherstellung ihres Königreiches in Aussicht gestellt. Deutsche und Österreicher, die damals auch den russischen Teil des geteilten Polen besetzt hielten, suchten in ihnen einen Kriegsverbündeten an der Ostfront. Am 5. November 1916 riefen der deutsche Generalgouverneur in Warschau und der österreichische in Lublin im Namen ihrer Kaiser feierlich das Königreich Polen aus. Einen König konnten sie allerdings nicht bieten. Ebenso hieß es in dem Proklamationsmanifest: „Die genauere Festlegung der Grenzen des Königreichs bleibt vorbehalten."

Die überwältigende Mehrheit der Polen reagierte auf diese verschwommene Proklamation aufgrund der erkennbaren Motivation der Väter dieses Königreichs ohne König überaus reserviert, auch nachdem sich die Kabinette in Berlin und Wien darauf geeinigt hatten, im Oktober 1917 einen Regentschaftsrat einzuführen. Um so heftiger stritten die politischen Lager im besetzten Polen ebenso wie in der Emigration über die territoriale Ausdehnung des Vaterlandes, an dessen Wiedererstehen nach dem Weltkrieg kaum jemand Zweifel hatte. Im Widerstreit lagen vor allem zwei Konzeptionen: die „piastische" und die „jagiellonische". Die Namen bezogen sich auf das Adelsgeschlecht der Piasten, die in Polen herrschten und auch einen schlesischen Zweig hatten, und auf das der aus Litauen stammenden Jagiellonen. Die piastische Konzeption ging auf den Führer der Nationaldemokraten, Roman Dmowski, zurück. Demnach war das preußische Deutschland der größte Feind Polens. Preußen habe urpolnische Gebiete besetzt und germanisiert, darunter Schlesien, Pommern, West- und Ostpreußen. Um diese Gebiete zurückzuerlangen, müsse Polen sich mit Rußland verbünden. Für das jagiellonische Modell stand der Name Józef Piłsudskis, des Führers der Polnischen Sozialistischen Partei (PPS), der bei Wilna, der späteren Hauptstadt Litauens, als Untertan des Zaren geboren wurde. Seiner Auffassung nach mußte die polnische Politik auf die Zerschlagung des Zarenreiches hinwirken. Das zu erneuernde Polen würde sich so weit wie möglich nach Osten ausdehnen und dabei die polnisch-litauische Union der Jagiellonen wiedererstehen lassen.

Mit der Ausrufung der Republik im Deutschen Reich am 9. November 1918 und dem zwei Tage darauf geschlossenen Waffenstillstand war der Erste Weltkrieg beendet. Am selben Tag übernahm der aus deutscher Festungshaft zurückgekehrte Piłsudski aus der Hand des Regentschaftsrates die Macht – für die Zeit bis zur Wahl einer verfassunggebenden Versammlung. Somit war die Kontinuität zum Königreich gewahrt. Nach einer Zeit der Turbulenzen beauftragte Piłsudski im Interesse einer innenpolitischen Stabilisierung den nach Polen zurückgekehrten Paderewski im Januar 1919 mit der Regierungsbildung, obwohl dieser dem Lager der Nationaldemokraten nahestand. Der Pianist vertrat die polnische Regierung auch bei der Pariser Friedenskonferenz, die im selben Monat begann.

Auf der Friedenskonferenz überreichte die Delegation aus Warschau der eigens eingerichteten „Kommission für polnische Angelegenheiten" eine Denkschrift Dmowskis, in der die Gebietsforderungen des wiederentstandenen Staates genau beschrieben waren: Außer der zu dem Zeitpunkt ohnehin bereits von Polen kontrollierten Provinz Posen beanspruchte Warschau fast das gesamte Oberschlesien, Teile Niederschlesiens, Westpreußen sowie einige fast ausschließlich deutsch besiedelte Gebietsstreifen, nämlich die Ostspitze Pommerns, Danzig, Masuren und das Ermland sowie die Memelniederung. Die Forderungen wurden mit ethnischen, historischen sowie wirtschaftlichen Argumenten begründet, deren Stichhaltigkeit indes von der betroffenen deutschen Seite bestritten wurde. Sogar Piłsudski hielt die Ansprüche auf Ostpreußen sowie Schlesien für kaum begründet, doch konnte er ihre Anmeldung auf der Friedenskonferenz nicht verhindern.[2] Denn für die von Dmowski stark beeinflußte Delegation stand fest, daß es sich etwa bei den Masuren und den Wasserpolnisch sprechenden Oberschlesiern aufgrund ihres Heimatdialekts um Landsleute handelte.

Die „Kommission für polnische Angelegenheiten" machte sich die Wünsche der Warschauer Delegation zu eigen. Als es daraufhin in Deutschland zu Massendemonstrationen kam, zu denen alle Parteien, von Monarchisten bis zu Kommunisten, aufgerufen hatten, setzte der britische Premierminister David Lloyd George Volksabstimmungen für Teile West- und Ostpreußens sowie Oberschlesien durch. Die Bevölkerung sollte entscheiden, ob ihr Heimatgebiet weiterhin zum Deutschen Reich oder zu Polen gehören sollte. Danzig sollte gemäß seiner Tradition zum Freistaat werden. Die Stadt mit ihrer fast rein deutschen Einwohnerschaft war drei Jahrhunderte lang privilegierte Stadtrepublik im Verband der polnischen Krone gewesen.

Die polnische Seite aber versuchte, noch vor der Friedenskonferenz die von ihr beanspruchten Gebiete unter ihre Kontrolle zu bringen. In der Provinz Posen hatten die Polen nach einem Aufstand bereits zur Jahreswende 1918/19 die Macht fest in den Händen, im Februar 1919 erkannte die Reichsregierung in Berlin in einem Waffenstillstand diesen Umstand an. Die polnische Delegation in Berlin leitete der ehemalige Reichstagsabgeordnete Wojciech (Adalbert) Korfanty, ihr gehörte auch der katholische Geistliche Stanisław Adamski an, der später Bischof von Kattowitz wurde.

Am 28. Juni 1919 unterzeichnete die deutsche Delegation in Versailles den Friedensvertrag, nach dem ohne Volksabstimmung fast die gesamten Provinzen Posen und Westpreußen polnisch wurden. In Westpreußen waren zwei Drittel der Bevölkerung deutsch, in der Provinz Posen mehr als ein Drittel. Über die Zukunft des Südteils von Ostpreußen und fast des gesamten oberschlesischen Gebietes hatte die Bevölkerung zu entscheiden. Die gegen den Widerstand der polnischen Delegation beschlossenen Volksabstimmungen sollten unter alliierter Aufsicht durchgeführt werden. Stimmberechtigt waren alle volljährigen Personen, die in dem betreffenden Gebiet geboren worden waren oder seit 1914 dort ständig lebten.

Nur zwei Monate nach der Unterzeichnung des Vertrags von Versailles brach der Erste Schlesische Aufstand aus, mit dem die polnische Seite, wie bereits zuvor in Posen, vollendete Tatsachen schaffen wollte. Mehr als 10000 Aufständische sollten das Industriegebiet besetzen, in dem Rote Arbeiterräte bereits die Position der deutschen Behörden erheblich geschwächt hatten. Doch waren dort noch Verbände der Reichswehr stationiert, die nach zwei Tagen die Ruhe wiederherstellten. Auf beiden Seiten gab es weit mehr als 100 Tote.

Nach dem Inkrafttreten des Vertrags von Versailles am 20. Januar 1920 mußten die Verbände der Reichswehr aus dem Abstimmungsgebiet abrücken. Das erste Referendum fand im Juli 1920 im Südteil Ostpreußens statt, das Ergebnis war eindeutig und widerlegte die Thesen Dmowskis vom „polnischen Charakter Masurens und des Ermlandes“: 97,8 Prozent stimmten für den Verbleib beim Reich, 2,1 für den Anschluß an Polen. Ebenso stimmten in dem angrenzenden westpreußischen Kreis Marienwerder (heute polnisch: Kwidzyń) 92,4 Prozent für das Reich. Dennoch wurden Teile dieses Kreises Polen zugesprochen.

In Oberschlesien war das Referendum für den 20. März 1921 angesetzt worden. Eine Interalliierte Kommission unter Vorsitz des französischen Generals Henri Le Rond hatte die Wahlen durchzuführen. Ihm unterstand eine gemischte Truppe aus Franzosen, Briten und Italienern. Die französischen Soldaten sympathisierten dabei ganz offen mit der polnischen Seite. Dieser Umstand ist auch bei polnischen Historikern unumstritten. Bei der Interalliierten Kommission mit Sitz in Oppeln bildete sich eine „Theologische Sektion“, der polnische katholische Geistliche angehörten. Sie kämpften für den Anschluß Oberschlesiens an Polen. Dabei sahen sie sich in der Tradition des Widerstandes während des Kulturkampfes im wilhelminischen Kaiserreich. Damals hatten polnische Geistliche entscheidend zum Erwachen des „Polonismus“ bei den meist vom Lande kommenden Bergarbeitern in der Industrieregion beigetragen. So kandidierten auch wiederholt Geistliche in Oberschlesien erfolgreich auf den Listen der polnischen Parteien für die Reichstagswahlen. Mehr als 100 der zweisprachigen katholischen Priester Oberschlesiens setzten sich nun von der Kanzel herab für den Anschluß an Polen ein, zu ihrer Unterstützung waren mehr als zwei Dutzend ihrer Amtsbrüder aus Polen gekommen.

Die „Theologische Sektion“ setzte durch, daß die Aufsicht führenden Franzosen dem zuständigen Diözesanbischof, dem Breslauer Kardinal Adolf Bertram, die Ausübung seines Amtes im gesamten Abstimmungsgebiet verboten. Oberschlesien gehörte zur Erzdiözese Breslau. Bertram reagierte mit ausdrücklicher Billigung des Vatikans mit einer Verordnung, die dem Klerus, ganz gleich welcher Nation und Sprache, die politische Tätigkeit in Oberschlesien untersagte. Er hatte sich dabei mit dem Nuntius in Warschau, Achille Ratti, abgesprochen. Ratti, der spätere Papst Pius XI., hatte seit 1918 bei der Neuordnung des kirchlichen Lebens in Polen geholfen und genoß daher im Lande höchstes Ansehen. Als seine Absprache mit Bertram aber bekannt wurde, brach in Warschau ein Sturm der Entrüstung los. Nur knapp scheiterte im Sejm ein Antrag, den Nuntius nach Hause zu schicken und die Beziehungen zum Vatikan abzubrechen.

Zu ihrem Abstimmungskommissar für Oberschlesien bestimmte die polnische Seite Korfanty, der von dort stammte. Zu dessen engsten Mitarbeitern zählte Prälat Adamski. Dieser gehörte in den 20er Jahren erst dem Sejm, dann dem Senat in Warschau an. Als Bischof von Kattowitz hatte er nach dem Zweiten Weltkrieg großen Anteil an der Polonisierung der Oder-Neiße-Gebiete im Sinne der Kirche. Er starb 1967 im Alter von 92 Jahren.

Als die Niederlage Polens beim Referendum in Masuren und im Ermland bekannt wurde und außerdem das Gerücht umging, daß Warschau auf seine Ansprüche auf Oberschlesien verzichte, wenn das Deutsche Reich sich am Kampf gegen die vorrückende Rote Armee beteilige, schlugen polnische Aktivisten im August 1920 zum zweiten Mal los. Doch nach nur zwei Wochen brach der Aufstand zusammen, auch weil seine Initiatoren nicht von Korfanty unterstützt worden waren. Den polnischen Verbänden stellten sich deutsche Heimwehren entgegen, die vor allem aus ehemaligen Soldaten rekrutiert worden waren. Die Truppen Le Ronds trennten die beiden kämpfenden Parteien.

Die Spannungen zwischen der deutschen Mehrheit und der polnischen Minderheit ließen jedoch nicht nach. Auf beiden Seiten kam es zu Übergriffen: Sympathisanten der anderen Seite wurden terrorisiert, entführt, sogar ermordet, Frauen wurden vergewaltigt, Häuser angezündet. Anschläge auf Einrichtungen wie auf Personen waren an der Tagesordnung, Dutzende von Menschen kamen gewaltsam zu Tode. Befürworter und Gegner eines Anschlusses an Polen standen sich unversöhnlich gegenüber, der Riß ging manchmal mitten durch Familien – zum ersten Mal hatten die zweisprachigen Oberschlesier über ihr politisches Schicksal zu entscheiden. Korfantys Gefolgsleute schilderten ihnen dabei die Zukunft des unter den Reparationslasten stöhnenden Deutschen Reiches in den düstersten Farben und versprachen bei einem Votum für Polen Landzuteilungen sowie Vieh, die berühmte „Korfanty-Kuh". Deutsche Zeitzeugen warfen Korfanty auch vor, er habe die Franzosen dazu gebracht, nicht gegen Diebes- und Räuberbanden vorzugehen, um Polen als neue Ordnungsmacht darstellen zu können.

Das erwünschte Ergebnis aber erreichte die polnische Seite nicht: 707554 Wahlberechtigte (59,4 Prozent) stimmten für Deutschland, nur 478820 (40,4 Prozent) für Polen. Polnische Historiker werfen in der Rückschau den Deutschen Manipulation vor: Die aus dem Reich angereisten Personen, die nicht mehr in Oberschlesien lebten, hätten das Referendum entschieden. Allerdings entsprach deren Teilnahme durchaus den Bestimmungen von Versailles, der entsprechende Passus war sogar auf Wunsch der Polen in den Vertragstext aufgenommen worden. Überdies gaben die Stimmen der Angereisten nicht den Ausschlag. Die Deutschen hielten den Polen vor, mit Unterstützung der Franzosen das Wahlvolk teilweise massiv eingeschüchtert zu haben.

Angesichts dieses Ergebnisses erwogen die Siegermächte die Teilung Oberschlesiens. Als Korfanty von derartigen Plänen Kenntnis erhielt, bereitete er selbst mit Unterstützung polnischer Militärs den Dritten Schlesischen Aufstand vor. Er wollte dann von einer Position der Stärke aus einen für Polen günstigen Friedensschluß erwirken. Am 3. Mai, dem polnischen Nationalfeiertag, rückten 40000 Aufständische auf breiter Front nach Nordwesten vor und eroberten innerhalb von vier Tagen das von Polen beanspruchte Gebiet bis weit in das Oppelner Land hinein, ungeachtet der Tatsache, daß in fast allen Städten sowie in den meisten Landgemeinden dieser Region die Mehrheit für den Verbleib beim Deutschen Reich gestimmt hatte. Die von Korfanty kommandierten Bewaffneten, deren größter Teil aus Polen angereist war, wurden auch von regulärem polnischem Militär unterstützt. Zu den ersten Toten gehörten 30 italienische Soldaten, die in die Ordnungsstreitmacht des französischen Generals Le Rond eingegliedert waren und eine bewaffnete Gruppe angreifender Polen zurückschlagen wollten. Die französischen Soldaten leisteten hingegen keinen Widerstand. Erst mit Verzögerung nahmen deutsche Freikorps, die bis Mitte Mai in Oberschlesien eintrafen, den Kampf in dem Gebiet auf, in dem keine regulären deutschen Streitkräfte stehen durften. Am 21. Mai erstürmten sie den strategisch wichtigen Annaberg südöstlich von Oppeln, auf beiden Seiten kamen Hunderte zu Tode.

Mit der Niederlage der Polen am Annaberg brach der Aufstand zusammen. Korfanty verließ vorübergehend Oberschlesien, um sich in Warschau um die Regierungsübernahme zu bemühen, unterstützt von den Nationaldemokraten Dmowskis und den Christdemokraten, deren Vorsitz er später einnehmen sollte. 1923 stieg er zum Stellvertretenden Ministerpräsidenten auf, kehrte aber bald darauf in den zu Polen gekommenen Teil Oberschlesiens zurück und gründete in Kattowitz einen Pressekonzern. Als Piłsudski 1926 die Macht ergriff, gehörte Korfanty zu seinen erbittertsten Gegnern. 1930 wurde er für einige Monate in der Festung Brest interniert. Fünf Jahre später emigrierte er aus politischen Gründen in die Tschechoslowakei. Unmittelbar nach seiner Rückkehr im April 1939 wurde er erneut verhaftet, bald aber aus Gesundheitsgründen freigelassen. Zwei Wochen vor dem deutschen Angriff auf Polen starb Korfanty, er wurde 66 Jahre alt. Bei vielen seiner Landsleute wird er bis heute als Vorkämpfer für das Polentum in Schlesien verehrt. 1999 wurde in der Warschauer Kathedrale eine Gedenktafel für ihn angebracht. Während der kommunistischen Herrschaft war der Christdemokrat hingegen eine „Unperson" gewesen, er galt als Vertreter der polnischen Bourgeoisie. In der Weimarer Republik galt er als Verkörperung des großpolnischen Nationalismus.

In dieser Zeit begann man sowohl bei Polen wie bei Deutschen, die Schlacht am Annaberg mythisch zu überhöhen. Die Nationalsozialisten errichteten – angeblich nach altgermanischem Vorbild – unterhalb des Franziskanerklosters und der Annakirche, in der bis 1939 Messen auch auf polnisch gelesen wurden, eine Thingstätte als „Symbol für die deutsche Wiedergeburt 1933". Dieser trutzige Bau, in dem auch 50 Sarkophage von deutschen Gefallenen der Schlacht von 1921 standen, wurde von polnischen Pionieren unmittelbar nach Ende des Zweiten Weltkrieges gesprengt. Statt dessen entstand aus großen Betonquadern eine Gedenkstätte für die „Aufständischen, die ihr Leben für das Polentum in Schlesien dahingaben". Am Jahrestag der Schlacht treffen sich bis heute uniformierte Veteranen und Pfadfinder, um nach Aufrufen zur Bewahrung der „ewig polnischen Erde" gemeinsam die Rota, die inoffizielle Nationalhymne, zu singen, in deren dritter Strophe es heißt: „Der Deutsche wird uns weder ins Gesicht spucken, noch uns die Kinder germanisieren..."

Der Ort Sankt-Annaberg (Góra Św. Anny), der zur Verbandsgemeinde Leschnitz (Leśnica) gehört, ist nach der Formulierung eines Lokalpolitikers allerdings wieder „in deutscher Hand": Bei den Kommunalwahlen vom Mai 1990 errangen die Vertreter der Deutschen Freundeskreise 17 der 20 Mandate im Gemeinderat. Zehn Jahre später wurden erstmals auch Vertreter der deutschen Minderheit zu den polnischen Gedenkfeiern eingeladen.

2. Volksdeutsche in Polen – die Fünfte Kolonne?

Nach dem Referendum vom März 1921 wurde Oberschlesien geteilt. Dabei ergab sich die Schwierigkeit, daß das Siedlungsgebiet der Deutschen und der Polen nicht klar zu trennen war. So gab es im Westteil Oberschlesiens vor allem in den Landgemeinden oft eine polnische Mehrheit, während in den Städten im Ostteil die Mehrheit für das Deutsche Reich optiert hatte. Die Grenze zerschnitt das organisch gewachsene Industrierevier: Gleiwitz (Gliwice), Hindenburg (Zabrze) und Beuthen (Bytom) blieben deutsch, während Königshütte (Chorzów) und Kattowitz (Katowice) polnisch wurden. Die Industriemetropole Kattowitz, in der 82 Prozent der Stimmberechtigten für Deutschland optiert hatten, wurde Sitz der Woiwodschaft Schlesien, deutscherseits Ostoberschlesien genannt.

Die Abtretung von überwiegend deutsch besiedelten Gebieten und Landstrichen wurde von der überwältigenden Mehrheit der Deutschen während der Weimarer Republik als ungerecht empfunden. Darüber gab es auch keinen Dissens bei den großen Parteien. So zielten viele außenpolitische Initiativen Berlins auf eine Revision der Grenzen im Osten ab. Stellungnahmen polnischer Politiker, die einen weiteren Gebietszuwachs im Westen forderten, verschärften noch die Beziehungen zwischen beiden Staaten. So beanspruchte Dmowski, der 1923 vorübergehend Außenminister wurde, Niederschlesien und Pommern. Dieses Klima der Konfrontation wirkte sich zwangsläufig auf die Stellung der deutschen Minderheit in Polen und der polnischen im Deutschen Reich aus.

Polen mußte auf Druck der Alliierten gleichzeitig mit dem Friedensvertrag von Versailles ein Abkommen über den Schutz von Minderheiten abschließen. Der nationaldemokratisch orientierte Ministerpräsident Paderewski hatte vergeblich dagegen Widerstand geleistet und die Forderung der Siegermächte als „schändlich" bezeichnet. Nach der von Warschau militärisch erzwungenen Ausdehnung der polnischen Grenzen nach Osten auf Kosten Litauens, Weißrußlands und der Ukraine machten die Minderheiten rund ein Drittel der Gesamtbevölkerung aus, darunter mehr als 1,1 Millionen Deutsche. Sie waren nach der neuen Grenzziehung von Angehörigen des Staatsvolkes urplötzlich zur Minderheit geworden, während die Polen, bis zum Ende des Ersten Weltkrieges in Preußen unterdrückt, ihren eigenen Staat aufbauten.

Die polnische Verfassung von 1921 trug dem Verlangen der Alliierten Rechnung. In Artikel 109 hieß es: „Jeder Bürger hat das Recht auf Beibehaltung seiner Volkszugehörigkeit und Pflege seiner Sprache und nationalen Eigenarten." Das Weitere, namentlich das Recht auf die Gründung eigener Verbände und Bildungseinrichtungen, sollten Ausführungsbestimmungen regeln. Im Sejm kam es allerdings nie zur Verabschiedung eines betreffenden Gesetzeswerkes.

Am 15. Mai 1922, ein Jahr nach dem Dritten Schlesischen Aufstand, schlossen die deutsche und die polnische Regierung unter Aufsicht des Völkerbundes in Genf ein Abkommen, das einzelne Aspekte der Teilung Oberschlesiens regelte. Teil III befaßte sich mit dem Schutz der Minderheiten. Der auf 15 Jahre befristete Vertrag sah auch vor, daß beim Völkerbund Beschwerden eingereicht werden konnten. Man hatte sich sogar auf die Einrichtung einer internationalen Schiedskommission verständigt, doch hatte diese kaum Möglichkeiten, auf die Behörden der beiden Staaten Einfluß zu nehmen. Vor allem durfte die Volksgruppe sich nicht unmittelbar an den Völkerbund wenden. Vielmehr blieb das der Regierung des Nachbarlandes überlassen. Der deutsche Außenminister Gustav Stresemann nutzte diese Möglichkeit wiederholt zu großen Auftritten in Genf.

Der Vertrag hinderte nach Auffassung deutscher Historiker die nationaldemokratisch geführte Regierung in Warschau kaum an einer rigiden Polonisierungspolitik, die zu einer massiven Ausreisewelle von Deutschen führte. Einer der führenden Köpfe der Nationaldemokraten, Stanisław Grabski, gab die Parole aus, das „fremde Element“ müsse auf anderthalb Prozent gedrückt werden. Als Erziehungsminister nahm Grabski eine Schlüsselstellung bei der Umsetzung dieses Programms ein. Vor allem in Ostpolen ließ er zahlreiche ukrainische, russische und litauische Schulen schließen.

Angesichts dieser Politik Warschaus fanden politische Vertretungen der Deutschen vor allem in Ostoberschlesien großen Zulauf. 1921 war dort bereits die Deutsche Katholische Volkspartei (DKV) gegründet worden, zunächst ohne das Adjektiv „deutsch“ im Namen. Die DKV verstand sich als Nachfolgerin der Organisation des preußischen Zentrums auf diesem Gebiet. Den Vorsitz übernahm Eduard Pant. Bei Wahlen bildete sie ein Bündnis mit der Deutschen Partei innerhalb des Minderheitenblocks, an dem sich auch Ukrainer, Weißrussen und Litauer beteiligten. In Mittelpolen entstand 1921 der Deutsche Volksverband (DVV), der zunächst mit drei Sejm-Abgeordneten und einem Senator im Parlament vertreten war.

Diese Parteien hatten jedoch wenig Einfluß auf den Kurs der Regierung, eher wurden sie als Gegner Polens betrachtet. So konnten sie weder das „Liquidationsgesetz“ noch die Bodenreform verhindern, die sich gezielt gegen die deutsche Minderheit richteten. In den ersten fünf Jahren nach der Wiedergründung des polnischen Staates siedelten infolge des behördlichen Drucks rund 800 000 Deutsche in das Reichsgebiet über. Die Behörden hatten allen Personen, die erst nach 1908 in das später polnische Gebiet gekommen waren, die Staatsangehörigkeit verweigert. Außerdem mußten Personen, die vor dem Referendum von 1921 als Befürworter der Option für Deutschland hervorgetreten waren, Polen verlassen. Erst aufgrund eines Regierungsabkommens von 1925 wurden die Ausweisungen dieser Bevölkerungsgruppe eingestellt.

Die katholische Kirche Polens trug kaum zur Entspannung bei, im Gegenteil: dem ersten Kattowitzer Bischof, August Hlond, wurde von Volksdeutschen „polnischer Chauvinismus" vorgeworfen.[3] Die Lage änderte sich nicht, als Hlond zum Primas der katholischen Kirche gewählt wurde. Denn wenig später trat Stanisław Adamski, der Mitstreiter Korfantys, an die Spitze der oberschlesischen Diözese.

Die Erfahrungen mit den Nationaldemokraten, die nicht nur Deutsche machten, sondern auch Juden, Litauer, Weißrussen und Ukrainer, ließen in der Minderheit Hoffnungen auf eine Wende entstehen, nachdem Piłsudski 1926 nach einem Staatsstreich die Macht ergriffen hatte. Die Hoffnungen sollten indes enttäuscht werden. Piłsudski war ganz offensichtlich überzeugt, daß die deutsche Regierung, die vor dem Völkerbund Polen immer häufiger der Repression der Minderheit anklagte, nur die Weltöffentlichkeit für eine Revision der Grenzen gewinnen wollte. In der Tat war der deutsche Außenminister Stresemann, der für seinen Ausgleich mit Frankreich gemeinsam mit seinem Pariser Amtskollegen Aristide Briand den Friedensnobelpreis erhielt, nicht bereit, die Versailler Grenzziehung hinzunehmen. Nicht zuletzt aus diesem Grunde verstärkten sich in den Westprovinzen die Polonisierungstendenzen. So setzte der polnische Staatschef seinen Gefolgsmann Michał Grażyński als Woiwoden von Kattowitz ein. In Berichten von Deutschen aus Oberschlesien wurde dessen Amtszeit bis zum Ausbruch des Zweiten Weltkrieges als „Schreckensregime" bezeichnet. Grażyński baute vor allem auf wirtschaftlichen Druck. Außerdem ließ er mit Rückendeckung Warschaus zahlreiche deutsche

Schulen schließen. (Anfang der 30er Jahre gab es in Polen rund 500 Volks- und 40 Mittelschulen mit Deutsch als Unterrichtssprache.) Auf Grażyński bezogen sich zahlreiche Anklagen beim Völkerbund; sogar der Christdemokrat Korfanty, Initiator des Dritten Schlesischen Aufstandes, hielt seine Politik für überzogen.[4]

Unerwartet entspannte sich die Lage vorübergehend nach der Machtergreifung der Nationalsozialisten im Januar 1933. Zunächst hatte Piłsudski erwogen, gemeinsam mit der französischen Regierung eine „Polizeiaktion" gegen das Deutsche Reich durchzuführen, die auf eine Besetzung Danzigs, Ostpreußens und des deutschen Teils von Oberschlesien hinauslaufen sollte. Damit sollte Hitler zur Einhaltung der im Versailler Vertrag festgelegten Rüstungsbegrenzung gezwungen werden. Da Paris aber auf seine Überlegungen nicht einging, wandte sich Piłsudski direkt an Hitler. Der deutsche Reichskanzler erklärte ihm, er denke nicht an eine Revision der Grenzen. Das Ergebnis dieser überraschenden Annäherung war der deutsch-polnische Nichtangriffspakt von 1934. Überdies gab Hitler an, er wolle auf eine weitere Unterstützung der deutschen Minderheit in Polen verzichten. Warschau kündigte daraufhin einen Teil der in Versailles eingegangenen Verpflichtungen zum Schutz der Minderheiten.

Die Nationalsozialisten hielten sich indes nicht an ihre Zusage, ihre Sympathisanten unter den Volksdeutschen in Polen nicht länger zu fördern. Vielmehr setzten sich mit ihrer Unterstützung ihnen verbündete Politiker an die Spitze des DVV und anderer Gruppierungen, die daraufhin rasch an Bedeutung verloren. Um so stärkeren Einfluß gewann die Jungdeutsche Partei, deren Mitglieder auch mit ihrem militanten Auftreten ihrem Vorbild NSDAP nacheiferten. Um ein weiteres Ausbreiten der Jungdeutschen zu verhindern, schlossen sich fast alle bürgerlichen Gruppierungen 1934 zum Rat der Deutschen in Polen zusammen. Zu den jungen Aktivisten der christlichen Gruppierungen, die im Rat der Deutschen für einen Ausgleich mit Polen eintraten, gehörte der Germanistikstudent Herbert Czaja, der spätere Präsident des Bundes der Vertriebenen. Der Rat blieb aber letztlich ähnlich einflußlos wie die Deutsche Sozialistische Arbeiterpartei, die eng mit der SPD im Reich und den polnischen Sozialisten (PPS) zusammenarbeitete.

Die Sozialisten beider Länder und die bürgerlichen Parteien der Deutschen stemmten sich ebenso vergeblich gegen den wachsenden Einfluß der NSDAP unter den Volksdeutschen wie gegen die Polonisierungspolitik Warschaus. Der Kurs der polnischen Führung verschärfte sich noch nach dem Tode Piłsudskis 1935. So mußten nach einem neuen Bodenrecht deutsche Bauern einen Großteil ihres Landes abgeben. Literatur, in der die Deutschen als Rohlinge oder Tölpel dargestellt wurden, erreichte Höchstauflagen. Auch das Wort vom „Marsch auf Berlin" gehörte wieder zur Alltagssprache vieler Politiker um den Außenminister Oberst Józef Beck, der zum starken Mann in der Regierung geworden war.[5] Infolge dieser Politik radikalisierte sich die Stimmung unter den Volksdeutschen, die, wie Geheimberichte des Innenministeriums in Warschau belegen, sich zwar nur schwer damit abfinden konnten, polnische Bürger zu sein, sich aber zunächst im großen und ganzen dem Staat gegenüber loyal verhalten hatten.[6] Daher begrüßten wohl die meisten Angehörigen der deutschen Volksgruppe, deren Anzahl sich innerhalb von zwei Jahrzehnten halbiert hatte, im September 1939 den deutschen Einmarsch in Polen.

Nach der Darstellung vieler Zeitzeugen setzte unmittelbar nach dem deutschen Angriff auf das Nachbarland eine Jagd auf Volksdeutsche in Polen ein. Symbol für diese Übergriffe wurde der „Blutsonntag von Bromberg": Zurückflutende polnische Truppen sollen am 3. September ein Massaker unter der deutschen Bevölkerung der Stadt angerichtet haben. So lautete die Version der Nationalsozialisten dazu. In den ersten Berichten wurde die Zahl der Toten auf rund 5500 beziffert, in späteren Darstellungen war gar von 62000 Opfern die Rede. Laut polnischer Darstellung waren bewaffnete Kräfte unter den Deutschen den polnischen Truppen in den Rücken gefallen. Die Polen hätten diese Angriffe abwehren müssen.[7]

Unumstritten sind unter Historikern drei Tatsachen: Erstens hat die Nazipropaganda die Ereignisse von Bromberg (Bydgoszcz), wie immer sie sich auch abgespielt haben mögen, gewaltig aufgebauscht. Es wurden auch Volksdeutsche, die als Wehrpflichtige der polnischen Armee gefallen waren, dazu gerechnet. Zweitens sind in der Tat viele Volksdeutsche gewaltsam zu Tode gekommen, auch bei den „Todesmärschen“, den Transporten der Führungsschicht der Volksdeutschen zu Internierungslagern. Polnische Historiker schließen nicht aus, daß es in der Tat mehrere Tausend waren. Drittens haben viele Volksdeutsche, die sich von Polen unterdrückt sahen, die nationalsozialistische Agitation unterstützt. Während des Krieges zeichneten sich Mitglieder des „Selbstschutzes“ der Volksdeutschen, der ursprünglich zur Verteidigung gegen Übergriffe polnischer Nationalisten gegründet worden war, durch besondere Rücksichtslosigkeit und Grausamkeit gegenüber Polen aus.[8] Aus polnischer Sicht ist es daher gerechtfertigt, sie als „Fünfte Kolonne“ zu bezeichnen. Der Hang eines beträchtlichen Teils der Volksdeutschen zu nationalistischen Positionen war aber ganz zweifellos auch Reaktion auf die Minderheitenpolitik Warschaus, die sich noch verschärft hatte, als im Deutschen Reich nach 1933 die polnische Minderheit spürbar unterdrückt wurde.

3. Die polnische Minderheit im Deutschen Reich

Wie die polnische Verfassung von 1921, so garantierte auch die Weimarer Republik auf dem Papier Minderheitenrechte. In Artikel 113 der Weimarer Verfassung hieß es: „Die fremdsprachigen Volksteile des Reichs dürfen durch die Gesetzgebung und Verwaltung nicht in ihrer freien, volkstümlichen Entwicklung, besonders nicht im Gebrauch ihrer Muttersprache beim Unterricht, sowie bei der inneren Verwaltung und der Rechtspflege beeinträchtigt werden.“

Wie in Polen sah allerdings auch im Deutschen Reich die Praxis anders aus. In beiden Staaten gab es nur unvollkommene Ausführungsbestimmungen, die für die Behörden bindend gewesen wären. Zeitgeschichtliche Untersuchungen ergeben allerdings ein zwiespältiges Bild. In deutschen Arbeiten der Zwischenkriegszeit wird die Haltung der Behörden allgemein als tolerant beschrieben, wiewohl es gelegentlich Härten von seiten einzelner Beamter gegeben habe. Polnische Historiker aber sahen die Rechte der Minderheit von Anfang an bedroht. Umstritten ist vor allem die Anzahl der Polen im Deutschen Reich. In polnischen Untersuchungen ist von rund 1,5 Millionen die Rede. Dabei sind die wasserpolnisch sprechenden Oberschlesier und die Masuren mit eingerechnet sowie andere Reichsbürger mit polnischen Familiennamen. Dieser Vertretungsanspruch, den die Warschauer Führung erhob, wurde indes von Politikern der Weimarer Republik nur als Ausdruck polnischer Großmannssucht aufgefaßt.

Deutsche Volkskundler und Politiker gingen von der Volkszählung von 1925 aus, bei der 201306 Bürger Polnisch als Muttersprache angaben. Drei Viertel von ihnen lebten in Oberschlesien, knapp 15000 im Ruhrgebiet. Allerdings waren Muttersprache und nationale Identität keineswegs deckungsgleich. So waren bei den Reichstagswahlen am 4. Mai 1924 lediglich 100260 Stimmen auf die polnische Liste entfallen. Noch 1921 und 1924 konnte die Polnisch-Katholische Volkspartei je zwei Mandate im Preußischen Landtag einnehmen, von 1928 an ging sie leer aus. Bis zum Jahr 1933 sank die Zahl der Polen im Deutschen Reich nach Behördenangaben auf knapp 113000. Der Rückgang war auf eine Abwanderung nationalbewußter Polen aus den Grenzgebieten nach Polen sowie von Industriearbeitern aus dem unter der Wirtschaftskrise leidenden Ruhrgebiet in die nordfranzösischen und belgischen Industriereviere zurückzuführen.

Während der Weimarer Republik wurden Aktivisten der polnischen Verbände im Ruhrgebiet und in Oberschlesien polizeilich observiert. Das Berliner Polizeipräsidium führte über sie gar eine zentrale Kartei.[9] Im Zeichen der Politik der Grenzrevision im Osten, die der wegen seiner Westpolitik mit dem Friedensnobelpreis ausgezeichnete Außenminister Gustav Stresemann betrieb, behinderten die Behörden nach Kräften die Tätigkeit polnischer Verbände, wie des 1922 gegründeten Bundes der Polen in Deutschland. Der Bund zählte nach eigenen Angaben Anfang der 30er Jahre 50000 Mitglieder in 650 Ortsgruppen.

In polnischen Untersuchungen wird beklagt, daß es im Vergleich zu den Möglichkeiten der deutschen Volksgruppe in Polen nur wenig polnische Schulen im Reichsgebiet gegeben habe: 1922 belief sich ihre Zahl auf 27 gegenüber 500 deutschen Einrichtungen in Polen. Allerdings gingen die polnischen Historiker nach wie vor von weit mehr als einer Million Polen im Deutschen Reich aus. In der Tat waren aber nur 5242 Kinder von ihren Eltern für die privat geführten polnischen Schulen angemeldet, an deren Finanzierung sich der Staat von einer bestimmten Schülerzahl an beteiligen mußte. Staatliche polnischsprachige Schulen mußten erst eingerichtet werden, wenn die Eltern von mindestens 40 Schülern dies wünschten. Auf Verlangen der Eltern konnte in Oberschlesien und in Masuren auch der Religionsunterricht auf polnisch erteilt werden, selbst wenn die vorgeschriebene Zahl von 40 nicht erreicht wurde. So erteilte der deutsche Pfarrer von Gogolin bei Oppeln in den 20er Jahren polnischen Religionsunterricht. In der Gemeinde, die in den 90er Jahren zu einem der Zentren der deutschen Minderheit werden sollte, bestand auch ein polnischer Chor, bis zum Vorabend des Zweiten Weltkriegs fanden Polnischkurse statt.[10] In einigen anderen oberschlesischen Orten, die heute Hochburgen der deutschen Minderheit sind, bestanden bis 1933 polnische Banken, beispielsweise in dem Städtchen Oberglogau (Głogówek), das heute wegen seines hohen Anteils an Deutschen in der Bevölkerung von den Polen „Klein-Berlin“ genannt wird.

Mit der Machtübernahme der Nationalsozialisten 1933 verstärkte sich der Druck auf die Polen im Reich, obwohl Hitler und Piłsudski schon im folgenden Jahr überraschend einen Nichtangriffspakt schlossen. Nach dem Reichsbürgergesetz von 1935 konnte ein Angehöriger der Minderheit schon nicht mehr Beamter werden. Denn die Staatsbürgerschaft wurde nur denen zuerkannt, die „artverwandten Blutes“ waren. Personen, die nachweislich auf polnischer Seite an den Schlesischen Aufständen teilgenommen hatten, waren schon in den 20er Jahren von öffentlichen Ämtern ausgeschlossen worden.[11]

Die weitere Repression der Minderheit hatte bereits die systematische Ausmerzung alter slawischer Ortsnamen von 1934 an eingeläutet. Der ständig zunehmende Druck auf sie mag viele zweisprachige Oberschlesier, die noch 1921 für den Anschluß an Polen optiert hatten, dazu gebracht haben, sich an das allgemeine Klima anzupassen. Unter diesen Voraussetzungen fand im März 1938 in Berlin der letzte Kongreß des „Bundes der Polen in Deutschland" statt, die Teilnehmer wurden offenkundig von der Gestapo überwacht. In dieser Zeit schoben die deutschen Behörden immer mehr Aktivisten der polnischen Organisation über die Ostgrenze ab.

Ihnen wurde teilweise vorgeworfen, für den polnischen Geheimdienst gearbeitet zu haben. In jüngeren polnischen Veröffentlichungen wird eingeräumt, daß der letzte Außenminister der Zwischenkriegszeit, Oberst Józef Beck, die Minderheit ebenso für seinen Konfrontationskurs instrumentalisieren wollte, wie dies die Nationalsozialisten umgekehrt mit der deutschen Volksgruppe in Polen taten.

Die Ausgewiesenen konnten im Rückblick von Glück reden. Denn unmittelbar nach Abschluß des Hitler-Stalin-Paktes am 23. August 1939 verhaftete die Gestapo die führenden Köpfe der polnischen Organisationen im Deutschen Reich. Zur größten Verhaftungswelle kam es am 31. August, dem Tag vor dem deutschen Überfall auf Polen, an dem alle polnischen Institutionen, Vereine und Zeitungen offiziell aufgelöst wurden. Ein Großteil der polnischen Aktivisten aus dem zweiten Glied wurde im September inhaftiert. Anfang Oktober gingen die ersten Transporte mit führenden Mitgliedern des „Bundes der Polen in Deutschland" zum KZ Buchenwald. Die meisten der Häftlinge wurden im KZ ermordet, nur wenige kehrten zurück.[12]

4. Vertreibung und Massenmord unter deutscher Besatzung

Nach dem Blitzkrieg gegen Polen stellte sich Hitler auf den Standpunkt, daß das Land rechtlich nicht mehr existiere. Dieselbe Auffassung teilte Stalin, dessen Truppen gemäß dem Geheimen Zusatzabkommen zum deutsch-sowjetischen Nichtangriffspakt vom 23. August 1939 in Ostpolen einmarschiert waren. Das Deutsche Reich annektierte am 8. Oktober den westlichen Teil des von der Wehrmacht besetzten Gebietes, es wurde aufgeteilt in die Reichsgaue Wartheland und Danzig-Westpreußen. Außerdem wurden die Provinzen Ostpreußen und Schlesien vergrößert, weit über die Gebiete hinaus, die das Deutsche Reich nach dem Vertrag von Versailles an Polen abtreten mußte. Die Osthälfte des deutschen Besatzungsgebietes wurde zum Generalgouvernement mit der Hauptstadt Krakau erklärt.

Hitler befahl dem Reichsführer SS Heinrich Himmler und den zuständigen Gauleitern, die ihnen unterstellten Gebiete binnen weniger Jahre zu rein deutschem Land zu machen. In den vom Reich annektierten Gebieten lebten 1939 rund 10,6 Millionen Menschen. 87 Prozent von ihnen waren Polen, 6,5 Prozent Deutsche, 6,4 Prozent Juden. In den beiden neuen Reichsgauen wurde das Deutsche zur einzigen Sprache der Behörden, Schulen, Kirchen, Zeitungen und Bücher. Alle polnischen Inschriften wurden entfernt. Die Ortschaften erhielten ihre alten deutschen oder neue deutsche Namen.

Zur Sicherung des deutschen Charakters der Reichsgaue wurde die Bevölkerung in Klassen eingeteilt; alle Bürger, die sich selbst zum Deutschtum bekannten oder die die Besatzungsbehörden als Deutsche ansahen, wurden in den vier Volkslisten erfaßt (vgl. Kap. I.2., S. 22).

Die polnische Mehrheit der Bevölkerung, die nicht in die Kategorien 3 und 4 paßte, war faktisch rechtlos, sie wurde enteignet. Ehewillige durften nur mit Genehmigung der Besatzungsbehörden heiraten.

SS, Gestapo und SD erhielten den Befehl, Jagd auf die intellektuelle und wirtschaftliche Elite der Polen zu machen. Schon 1939 wurden Tausende von polnischen Guts- und Fabrikbesitzern, Lehrern und Professoren, Juristen, Ärzten, Ingenieuren und Geistlichen ermordet. An den Mordtaten beteiligte sich auch der volksdeutsche „Selbstschutz“. Die Schulen und Kirchen der im Warthegau verbliebenen Polen wurden geschlossen. Die deutschen Besatzer requirierten einen Teil ihres persönlichen Besitzes, darunter Fahrräder, Fotoapparate, Musikinstrumente und Möbel.

Um Siedlungsraum für Volksdeutsche aus dem Baltikum, vom Balkan, aus Ostpolen, Galizien und anderen Gebieten, die zum sowjetischen Einflußgebiet gehörten, zu schaffen, vertrieben die deutschen Besatzer weit mehr als eine Million polnischer Bürger aus den beiden neuen Reichsgauen in das Generalgouvernement. Die Betroffenen wurden meist nachts aus den Betten gerissen, sie durften nur das Nötigste in Rucksäcken mitnehmen und mußten in Viehwagen die Reise nach Osten antreten. Das Generalgouvernement sollte nach den Vorstellungen der Nationalsozialisten zu einem Arbeiterreservoir werden. Deshalb galt es auch dort, die Elite zu vernichten. Die Masse der Polen sollte nach dem „Generalplan des Reichsführers SS" mittelfristig nach Sibirien oder gar nach Brasilien deportiert werden, Deutsche ihr Land besiedeln. Zuvor aber sollten sie als Arbeitssklaven beim Aufbau des „1000jährigen Reiches" helfen. Himmler gab 1940 folgende Anweisung: „Für die nichtdeutsche Bevölkerung des Ostens darf es keine höhere Schule geben als die vierklassige Volksschule. Das Ziel dieser Volksschule hat lediglich zu sein: einfaches Rechnen bis höchstens 500, Schreiben des Namens, eine Lehre, daß es ein göttliches Gebot ist, den Deutschen gehorsam zu sein und ehrlich und fleißig und brav zu sein. Lesen halte ich nicht für erforderlich."[13] Unter Historikern ist umstritten, ob die Auslöschung der polnischen Eliten von Anfang an zum Konzept Hitlers gehörte. In seinem als Programm interpretierten Werk „Mein Kampf" ging er nicht näher auf Polen ein. Vieles spricht dafür, daß er ursprünglich auf die Polen als Bundesgenossen im Kampf gegen das bolschewistische Rußland setzte. Unumstritten ist, daß Hitler später die Polen genauso wie die anderen slawischen Völker als „Untermenschen" betrachtete und deshalb Befehl zu einem beispiellosen Massenmorden gab.

Während des Zweiten Weltkriegs starb ein Fünftel der Bevölkerung Polens eines gewaltsamen Todes, die Mehrzahl kam keineswegs bei den Kampfhandlungen ums Leben, sondern wurde von Deutschen und ihren ausländischen Helfern ermordet. Auch die vom Krieg verursachten wirtschaftlichen Schäden waren immens: Von 30000 polnischen Industriebetrieben waren zwei Drittel völlig oder teilweise zerstört. Von 5000 Lokomotiven war am Ende des Kriegs noch ein Fünftel einsatzfähig. Insgesamt waren rund 38 Prozent des Volksvermögens vernichtet worden.[14]

Den Preis für die Vernichtungspolitik der Nationalsozialisten, die von ihnen brutal durchgeführten Vertreibungen, die Mißachtung jeglicher Rechte und die völlige Unterdrückung der Polen, bezahlten nach dem Krieg vor allem die Ostdeutschen und die Volksdeutschen.

5. Die Vertreibung der Deutschen nach dem Krieg

„Die meisten der drei Millionen Polen, die östlich des Bugs lebten, verließen ihre Häuser und ihr Eigentum und zogen in die ihnen unbekannten West- und Nordgebiete, die bislang von Deutschen besiedelt waren; diese wurden nun aufgrund der Entscheidung der Potsdamer Konferenz ausgesiedelt. Ein Großteil der deutschen Bevölkerung hatte bereits im Winter 1944/45 auf Befehl der Hitlerbehörden Ostpreußen, Pommern und Schlesien verlassen und diese Evakuierung mit riesigen Opfern bezahlt. Nach dem Krieg lebten in den Wiedererlangten Gebieten ungefähr drei Millionen Deutsche; von ihnen verließen in den Jahren 1946 bis 1948 ungefähr 2,3 Millionen Polen auf organisierte Weise, die anderen individuell."[15]

Mit diesem Absatz wird in dem polnischen Geschichtsbuch für Mittelschulen und Gymnasien die größte mit Gewalt erzwungene Völkerwanderung in der jüngeren Geschichte umschrieben. Mehr erfahren polnische Schüler nicht aus diesem und anderen offiziellen Unterrichtswerken über die Vertreibung der Deutschen und den Aufbau der polnischen Verwaltung in den Oder-Neiße-Gebieten. Das vom Warschauer Ministerium für Volksbildung genehmigte Buch erschien nicht etwa noch während der Herrschaft der Vereinigten Arbeiterpartei (PZPR), sondern fast ein Jahrzehnt nach der politischen Wende in Polen.

Das Schulbuch belegt nur allzu deutlich, wie schwer man sich in Polen mit dem Thema Vertreibung tut, den Begriff selbst tunlichst meidet. Bei den Verhandlungen über den im November

1990 unterzeichneten deutsch-polnischen Grenzvertrag akzeptierten die Vertreter Warschaus erst nach langem Zögern die explizite Nennung der Vertreibung in der Präambel. Letztlich hatte man sich auf einen Kompromiß geeinigt: Der Text erwähnt auch die Polen, die zur selben Zeit ihre Heimat östlich der Curzon-Linie, also jenseits der Flüsse Bug und San, nach dem Krieg verlassen mußten, rund 1,5 Millionen Menschen.

Die Darstellung im Schulbuch ist allerdings unter Vertretern der jüngeren Historikergeneration in Polen umstritten. So wird zunehmend von der These Abstand genommen, daß die polnische Führung nur die Beschlüsse der Potsdamer Konferenz ausgeführt habe, selbst aber keine treibende Kraft bei der Vertreibung gewesen sei. Die Vertreibung hatte nämlich längst Monate vor der Unterzeichnung der Schlußdokumente von Potsdam eingesetzt. Ebenso haben Bücher, Artikel und Fernsehdokumentationen mit der jahrzehntelang propagierten Formel von der „humanen Aussiedlung" Schluß gemacht. Vereinzelte Stimmen wenden sich auch gegen die These von den „wiedergewonnenen Gebieten", nach der Polen 1945 nur das bekam, auf was das Land historisch Anspruch hatte.

Die Verschiebung Polens von Ost nach West zu Lasten des Deutschen Reiches war erstmals von den großen Drei (Stalin, Roosevelt und Churchill) im November 1943 auf der Konferenz von Teheran erörtert worden. Polen sollte die Gebiete östlich der Curzon-Linie an die Sowjetunion abtreten, Lemberg (Lwów) jedoch behalten. Diese Gebiete hatte die Sowjetunion allerdings bereits 1940 nach der Deportation von mehr als einer Million Polen nach Sibirien und einer Scheinabstimmung annektiert. Für die abzutretenden Ostgebiete sollte Polen mit Ostpreußen sowie Schlesien ostwärts der Oder entschädigt werden.

Der polnischen Exilregierung in London war es allerdings zunächst überhaupt nicht an einer Ausdehnung nach Westen in großem Maßstab gelegen. So viele Deutsche könne man weder aussiedeln noch in den polnischen Staat integrieren, hieß es in einer Erklärung des Ministerrats mit Blick auf die Konflikte um die Minderheit in der Zwischenkriegszeit. Die polnische Führung in London kämpfte statt dessen um Lemberg und Wilna, seit 1940 Hauptstadt der ebenfalls nach manipulierten Wahlen ausgerufenen Litauischen Sowjetrepublik. Stalin indes ließ keinen Zweifel daran, daß Moskau die annektierten Gebiete, die die Rote Armee aufgrund des Geheimen Zusatzabkommens zum Vertrag mit dem Deutschen Reich besetzt hatte, nicht wieder hergeben werde. Da weder Amerikaner noch Briten wegen der Frage der polnischen Grenzen einen Konflikt mit Stalin und somit ein Auseinanderbrechen der Anti-Hitler-Koalition riskieren wollten, übten sie Druck auf die polnische Führung in London aus.

Der polnische Exilpremier Stanisław Mikołajczyk konnte sich allerdings zunächst nicht mit der ihm wiederholt unterbreiteten Formel anfreunden, Danzig sei „mit Sicherheit nicht weniger wert als Lemberg". Ihm war durchaus bewußt, daß Warschau nicht nur einen großen Konflikt mit Deutschland riskieren, sondern sich vor allem von der Sowjetunion abhängig machen würde, sollte er tatsächlich auf das Angebot eingehen, die Grenzen beträchtlich nach Westen vorzuschieben. Doch Mikołajczyk gab letztlich dem Druck Churchills nach und stimmte einer Entschädigung für die Verluste im Osten auf Kosten Deutschlands zu. Doch konnte er sich im Exilkabinett mit der neuen Linie nicht durchsetzen. Mikołajczyk trat zurück. Sein Nachfolger, der Sozialist Tomasz Arciszewski, wollte indes der Curzon-Linie nicht zustimmen, an einer weitflächigen Ausdehnung Polens nach Westen zeigte er kein Interesse, weil Polen nicht acht bis zehn Millionen Deutsche verkraften könne: „Wir wollen den Anschluß Ostpreußens, Oberschlesiens und eines Teils von Pommern ... Wir wollen weder Breslau noch Stettin. Wir fordern unsere ethnisch und historisch polnischen Gebiete."[16] Doch schon ein Jahr später spielte die Berufung auf das „historische Recht Polens" auf Breslau, Stettin und Danzig eine zentrale Rolle in der Propaganda der Kommunisten.

Während die Exilregierung in London sich noch Gedankenspielen über Wilna und Lemberg hingab, bereiteten sich die Moskau-treuen Kommunisten mit Rückendeckung Stalins auf die Machtübernahme vor. Denn mittlerweile war es zum Bruch zwischen der Exilregierung und Moskau gekommen, Anlaß waren die 1943 in einem Wald unweit des russischen Dorfes Katyn entdeckten Massengräber. In ihnen lagen die Leichen von mehr als 4000 polnischen Offizieren, die erschossen worden waren. Eine Delegation des polnischen Roten Kreuzes, die von den Deutschen aus Propagandagründen nach Katyn eingeladen worden war, glaubte nämlich, unwiderlegbare Beweise dafür gefunden zu haben, daß der Massenmord auf das Konto der sowjetischen Geheimpolizei NKWD ging. Der sowjetische Propagandaapparat bezeichnete hingegen die Deutschen als Täter.

Für Stalin war indes der Konflikt um Katyn nur ein willkommener Anlaß, eine ihm genehme polnische Führung zu installieren. Moskau-treue polnische Kommunisten und andere Linke riefen am 22. Juli 1944 in der ostpolnischen Stadt Lublin unter Führung Edward Osóbka-Morawskis das Komitee zur Nationalen Befreiung aus, das sogleich von der sowjetischen Regierung als Vertragspartner betrachtet wurde. Im ersten Aufruf des Lubliner Komitees hieß es: „Die Stunde der Revanche an den Deutschen hat geschlagen. Für die Qualen und Leiden, für die verbrannten Dörfer, zerstörten Städte, vernichteten Kirchen und Schulen, für die Verhaftungen, Lager und Erschießungen, für Auschwitz, Majdanek, Treblinka, für die Ghetto-Morde."

Bereits vier Tage später, am 26. Juli 1944, schlossen Moskau und das Lubliner Komitee ein Geheimabkommen über die polnische Westgrenze an Oder und Neiße sowie die Vertreibung der Deutschen aus den Gebieten östlich dieser Linie ab. Für beide Seiten stand dabei fest, daß es sich um den Fluß handelt, der Görlitzer, auch Lausitzer Neiße heißt, nicht jedoch um die rund 200 Kilometer weiter südöstlich verlaufende Glatzer Neiße. Für die Westalliierten war die Vertreibung mehrerer Millionen zu diesem Zeitpunkt ebenfalls ausgemachte Sache. Im Dezember 1944 plädierte Churchill vor dem Unterhaus unverblümt für „die vollständige Entfernung der Deutschen aus den Gebieten, die Polen im Westen und Norden gewinnt".[17] Die Frage war nur, wie weit dieser Gebietszuwachs nach Westen reichen sollte.

Auf der Konferenz von Jalta im Februar 1945, als die Rote Armee bereits weit nach Schlesien, Ostpreußen und Pommern vorgedrungen war, sträubten sich Briten und Amerikaner gemeinsam gegen die Görlitzer Neiße. Churchill ließ einen Meinungsumschwung zu seiner Unterhausrede ein Vierteljahr zuvor erkennen und warnte vor der „Überfütterung der polnischen Gans".[18] Doch Ende Juli, zweieinhalb Monate nach der deutschen Kapitulation, setzte sich Stalin auf der Potsdamer Konferenz mit seiner Linie durch. Die USA vertrat mittlerweile Präsident Harry S. Truman, während der Konferenz wurde Churchill vom Labour-Politiker Clement Attlee als britischer Premierminister abgelöst. Zeitzeugen schrieben den Erfolg Stalins auch der Unerfahrenheit seiner neuen Verhandlungspartner zu. Stalin behauptete, daß es östlich der Oder und der Görlitzer Neiße keine Deutschen mehr gebe – eine glatte Lüge. Zwar waren schätzungsweise drei Millionen Menschen vor der Roten Armee geflohen. Doch kehrte etwa eine Million von ihnen nach dem Ende der Kämpfe zurück. Erst im Juni 1945 sperrten polnische Soldaten sämtliche Brücken über die Oder und Neiße für Rückkehrer. Überdies war ein Großteil der Bevölkerung geblieben. So lebten im zerstörten Breslau im Sommer 1945 wieder 300000 Menschen. Für ganz Schlesien schätzte das Breslauer Domkapitel damals die Bevölkerungszahl auf rund drei Millionen.[19] 1939 hatten Nieder- und Oberschlesien mehr als fünf Millionen Einwohner gezählt.

Mit Unterstützung der Roten Armee hatten die polnischen Behörden schon lange vor der Potsdamer Konferenz mit „wilden Austreibungen", wie es später westliche Politiker formulieren sollten, begonnen, allerdings noch unbemerkt von der Weltöffentlichkeit. Das staatliche Verteidigungskomitee der UdSSR hatte zuvor die kommunistisch kontrollierte Polnische Provisorische Regierung aufgefordert, in den bereits von der Roten Armee eroberten Gebieten eine eigene Verwaltung aufzubauen. Die sowjetische Regierung trieb die Polen zur Eile an. Die Westalliierten betrachteten nämlich Moskaus Politik in den besetzten Gebieten mit zunehmendem Argwohn. In den Parlamenten begann eine Diskussion über die Beschlüsse von Jalta, nach denen alle mittelost- und südosteuropäischen Staaten einschließlich der sowjetischen Besatzungszone Deutschlands praktisch der Kontrolle Moskaus unterliegen sollten.

Bereits im Februar 1945 gab die weder von den USA noch von Großbritannien anerkannte neue Führung in Warschau bekannt, daß sie mit der „Eingliederung deutscher Vorkriegsterritorien“ begonnen habe. Der Chef der polnischen Kommunisten, Władysław Gomułka, gab auf einem Treffen mit Parteiaktivisten die Parole aus, es müßten „vollendete Tatsachen“ geschaffen werden. Zu dieser Politik gehörte ein Erlaß vom 2. März 1945, nach dem allen Deutschen in den „wiedergewonnenen Gebieten“ ihr Eigentum, auch ihre Häuser und Wohnungen, genommen wurden.

In einigen Gebieten hatten die neugeschaffenen Regionalbehörden schon selbständig die Deutschen enteignet. So erklärte der Woiwode von Schlesien, General Aleksander Zawadzki, schon mit Erlaß vom 29. Januar sämtliche Bauernhöfe und landwirtschaftlichen Geräte zum Eigentum des polnischen Staates.[20] Die ersten Arbeitslager für Deutsche wurden eingerichtet. Das „Gesetz über die Ausstoßung feindlicher Elemente aus der polnischen Gemeinschaft“ vom 6. Mai legitimierte aus der Sicht der Warschauer Führung die unter Zwang und mit Gewalt durchgeführten Aussiedlungsaktionen. So heißt es im gemeinsamen Befehl des Regierungsbevollmächtigten und der Kommandantur des Polnischen Heeres der in Kłodzko umbenannten niederschlesischen Stadt Glatz vom 30. Juni 1945: „Laut Anordnung der Regierung der Republik Polen hat die gesamte deutsche Bevölkerung das polnische Staatsgebiet zu verlassen. Alle Personen, die dieser Aufforderung nicht nachkommen, werden mit Gewalt entfernt.“ Die betroffenen Einwohner, weit mehr als 10000, hatten weniger als 24 Stunden Zeit, mitnehmen durften sie 20 Kilogramm Gepäck pro Person. Einen Monat zuvor war der Złoty als einzig gültiges Zahlungsmittel eingeführt, aber nur an polnische Staatsbürger ausgezahlt worden. Außerdem wurden alle deutschen Ortstafeln und Straßenschilder durch polnische ausgetauscht. Die Gebiete östlich von Oder und Neiße waren somit faktisch von Polen annektiert – Wochen vor dem erneuten Zusammentreffen der Alliierten in Potsdam.

Nach Warschauer Auffassung legitimierten die Beschlüsse der Potsdamer Konferenz nachträglich die in den vorhergehenden

Monaten eingeleiteten Maßnahmen gegen die Deutschen. Im Protokoll hieß es, die „früher deutschen Gebiete" östlich der Oder und der Lausitzer Neiße sollten bis zu einer endgültigen Grenzregelung auf einer Friedenskonferenz „unter die Verwaltung des polnischen Staates" kommen. Ähnliches galt für das von der Sowjetunion übernommene nördliche Ostpreußen. In Kapitel XIII stand der entscheidende Satz: „Die Überführung der deutschen Bevölkerung oder Bestandteile derselben, die in Polen, der Tschechoslowakei und Ungarn zurückgeblieben sind, nach Deutschland ist durchzuführen." Doch sollte die Aussiedlung erst einmal ausgesetzt werden, bis der Alliierte Kontrollrat einen Umsiedlungsplan erarbeitet hätte, durch den das größte Chaos verhindert werden sollte. Ausdrücklich wurde in Potsdam auch festgelegt, die Aktionen hätten „in geordneter und humaner Weise" zu erfolgen.

Daß davon keine Rede sein konnte, belegen die Zeugnisse von Tausenden von Vertriebenen, sie wurden Opfer der Willkür nicht nur der Rotarmisten, sondern auch polnischer Soldaten und Beamter. Die umfangreichste Sammlung von Berichten über Brutalitäten aller Art, von Plünderung und Vergewaltigung bis Massenmord, legte das Bundesministerium für Vertriebene 1954 vor, insgesamt rund 4000 Seiten. Die Erlebnisberichte widersprechen auch der Darstellung in polnischen Geschichtsbüchern, nach der den Auszusiedelnden die Mitnahme ihrer Habe erlaubt sowie Reiseproviant mitgegeben worden war. Auch sind die Betroffenen meist nicht in den Genuß ärztlicher Fürsorge gekommen, vielmehr breiteten sich in den Lagern und während der Flüchtlingstrecks Seuchen aus. Eine Aussiedlung in „geordneter und humaner Weise" wäre in dem psychischen Klima nach dem Krieg allerdings auch kaum vorstellbar gewesen, hatten die Polen doch ein Jahrfünft deutschen Besatzungsterrors hinter sich, während dessen mehrere Millionen ihrer Landsleute gewaltsam zu Tode gekommen waren. Ein amerikanischer Kongreßabgeordneter erklärte, nachdem Anfang 1946 das Thema der willkürlichen Vertreibungen auch die westlichen Gazetten erreicht hatte: „Man hätte es nach dem Wissen um die Nazi-Verbrechen nicht für möglich gehalten, daß Menschen in dieser

Weise an anderen Menschen Rache üben." Churchill, der noch zwei Jahre zuvor für die kompromißlose Ausweisung von Millionen Deutschen plädiert hatte, erklärte im März 1946 bei einem Besuch in den USA: „Die von den Russen gegängelte polnische Regierung ist ermutigt worden, sehr umfassende und widerrechtliche Übergriffe gegen Deutschland zu unternehmen, und jetzt finden Massenvertreibungen von Deutschen in einem bedrückenden und ungeahnten Ausmaß statt."

Ermutigt von Moskau, kümmerten sich die polnischen Behörden nicht um die vereinbarte Aussetzung der Aussiedlungsaktionen. In den Monaten nach der Potsdamer Konferenz mußten bis Ende 1945 weitere 400000 Menschen ihre Heimat verlassen. Im folgenden Jahr mußten rund zwei Millionen nach Westen ziehen, 1947 folgte noch einmal eine halbe Million, in den beiden folgenden Jahren wurden 300000 Menschen ausgesiedelt. Mit den Menschen, die auf Befehl der deutschen Behörden, der Wehrmacht oder aus eigenem Entschluß vor der Roten Armee geflohen waren, belief sich die Zahl der Flüchtlinge und Vertriebenen aus Pommern, Ostpreußen, Ostbrandenburg und Schlesien auf knapp sieben Millionen Personen. Hinzu kamen 1,3 Millionen Volksdeutsche aus Polen, wie es vor dem Krieg bestanden hatte. Bei der Flucht und der Vertreibung aus den deutschen Ostgebieten kamen Berechnungen der Bundesregierung zufolge rund 1,2 Millionen Menschen zu Tode, knapp die gleiche Anzahl wurde Opfer der unmittelbaren Kampfhandlungen. Demnach ist von den Deutschen, die vor dem Krieg, vor dem deutschen Überfall auf Polen, dort ansässig waren, jeder fünfte gefallen oder umgekommen.[21] Etwa 1,1 Millionen deutscher Staatsbürger blieben nach den Schätzungen des Bundesministeriums für Vertriebene nach 1950 in ihrer Heimat östlich von der Oder und Neiße – nach Auffassung der Führung in Warschau handelte es sich dabei allerdings fast nur um Angehörige der polnischen Minderheit im Deutschen Reich.

In polnischen Publikationen wurde nicht nur der ordnungsgemäße, sondern auch der rechtmäßige Charakter der „Bevölkerungsverschiebungen" betont. Diesen Begriff setzte die Delegation Warschaus, die dem ZK der Vereinigten Arbeiterpartei direkt unterstand, bei den deutsch-polnischen Schulbuchverhandlungen durch. Die polnische Rechtsauffassung legte etwa der Posener Juraprofessor Krzysztof Skubiszewski in mehreren Büchern und Aufsätzen dar. Skubiszewski wurde 1989 vom ersten nichtkommunistischen Regierungschef der Nachkriegszeit, dem katholischen Publizisten Tadeusz Mazowiecki, zum Außenminister berufen. In seinem zwei Jahrzehnte zuvor erschienenen Band „Die Aussiedlung der Deutschen nach dem Zweiten Weltkrieg" rechtfertigte er zur Gänze das Vorgehen der polnischen Behörden. Er räumte ein, daß bereits vor Potsdam rund 400000 Deutsche zum Verlassen ihrer Heimat gezwungen wurden. An der „Beseitigung der Deutschen östlich der Linie von Stettin nach Triest" seien die Deutschen selbst schuld. „Der Bevölkerungstransfer liquidierte Quellen der Konflikte zwischen den Staaten", heißt es in dem Buch. Die Praxis der Deutschen unter Hitler, die ebenfalls Umsiedlungs- und Vertreibungsaktionen durchsetzten, habe die Politiker an derartige Zwangsmaßnahmen gewöhnt. „Es ist also nicht verwunderlich, daß man sich nach dem Krieg entschloß, sich dieser Konfliktlösung zu bedienen." Der Präsident des Bundes der Vertriebenen, Herbert Czaja, hielt ihm in einem Kommentar zu dem Buch vor, er verurteile einerseits die Methoden Hitlers, rechtfertige es aber andererseits, wenn die polnische Seite ebenso verfahren sei.[22]

Skubiszewski wiederum betonte, daß Deutschland nach der bedingungslosen Kapitulation kein Rechtsobjekt mehr gewesen sei. Deutsche Völkerrechtler vertreten hingegen den Standpunkt, daß die Beschlüsse über die Aussiedlung völkerrechtswidrig gewesen seien, da es sich um ein Abkommen zu Lasten Dritter gehandelt habe. Überdies hätten sie gegen die Haager Landkriegsordnung verstoßen, die noch vor dem Ersten Weltkrieg verabschiedet worden war. Deren Artikel 42 bis 56 beschränken die Rechte von Okkupanten und gewähren der einheimischen Bevölkerung Schutz der Ehre und der Rechte der Familie sowie des Privateigentums. Sie verbieten außerdem Kollektivstrafen, Zwangsarbeit und Verschleppung.

Als erster polnischer Spitzenpolitiker setzte General Wojciech Jaruzelski sich öffentlich mit der Vertreibung auseinander. Aus

Anlaß des 40. Jahrestages der deutschen Kapitulation sagte er am 9. Mai 1985 in Breslau: „Wir verstehen heute und wir verstanden es auch damals, daß die Notwendigkeit, das Haus zu verlassen, für viele Deutsche ein schweres Erlebnis war. Aber kein Mensch hat das Recht, jenes Leiden mit der Hölle unseres Volkes zu vergleichen. Nicht die Polen haben diesen Krieg entfesselt. Es waren aber die polnischen Straßen, auf denen öffentliche Hinrichtungen stattfanden. Die Polen waren es, die aus dem ‚Warthegau', aus Pommern und Lodz mit einem Bündel in der Hand vertrieben wurden. Wir waren es, die vor der akuten Gefahr einer biologischen Vernichtung standen."[23]

Jaruzelski unterließ in seiner Rede aber jeglichen Hinweis auf die Herkunft der Menschen, die in den ersten Nachkriegsjahren in Breslau angesiedelt worden waren: Die meisten hatten ihre Heimat in und um Lemberg, das sowjetisch geworden war, verlassen müssen. Der Zusammenhang zwischen der Zwangsumsiedlung der Polen aus den Litauen, Weißrußland sowie der Ukraine zugeschlagenen Gebieten und der Vertreibung der Deutschen durfte öffentlich nicht hergestellt werden.

Zwar konnte die Zensur eine sachgerechte Darstellung der Nachkriegsereignisse in den staatlichen Medien verhindern. Doch war sie machtlos angesichts einer Diskussion darüber in Untergrund- und Exilpublikationen. Ein weites Echo fand der Publizist Jan Józef Lipski mit seinem Essay „Zwei Vaterländer – zwei Patriotismen", der in der Pariser Emigrantenzeitschrift „Kultura" erschien.[24] „Kultura" erfreute sich stets eines großen Einflusses in der Volksrepublik Polen, für die regimekritische Intelligenz war sie gewissermaßen Pflichtlektüre. Der Literaturhistoriker, der als 18jähriger 1944 am Warschauer Aufstand teilgenommen hatte, befaßte sich darin mit dem „nationalen Größenwahn und der Xenophobie der Polen", wie er es im Untertitel nannte. In Anspielung auf den Hitler-Stalin-Pakt schrieb er: „Sicherlich wäre es ungerecht, wenn ein Volk, überfallen von zwei Räubern, zusätzlich noch alle Kosten dafür tragen soll." Doch die Vertreibung sei, wie sie sich abgespielt habe, zu verurteilen. Sippenhaft widerspreche zutiefst der christlichen Ethik: „Wir haben uns daran beteiligt, Millionen Menschen ihrer Heimat zu berauben, von denen sich die einen sicherlich schuldig gemacht haben, indem sie Hitler unterstützten, die anderen, indem sie seine Verbrechen tatenlos geschehen ließen, andere nur dadurch, daß sie sich nicht zum Heroismus eines Kampfes gegen die furchtbare Maschinerie aufraffen konnten, und das in einer Lage, als ihr Staat Krieg führte. Das uns angetane Böse, auch das größte, ist aber keine Rechtfertigung und darf auch keine sein für das Böse, das wir selbst anderen zugefügt haben." Lipski wurde 1989 bei den ersten freien Wahlen im Ostblock für das Bürgerkomitee Solidarität in den Senat gewählt. Doch schon zwei Jahre später starb er an einem Herzleiden, das sich während seiner Internierung unter dem Kriegsrecht verschlimmert hatte.

Der vielmals als Regimegegner inhaftierte Historiker Adam Michnik forderte Mitte der 80er Jahre wiederholt die Herausgabe einer Dokumentation der Vertreibung auf polnisch. Michnik zog 1989 für das Bürgerkomitee Solidarität in den Sejm ein und übernahm die Chefredaktion der damals mit der Solidarität eng verbundenen „Gazeta Wyborcza", der ersten unabhängigen Tageszeitung im Ostblock. Darin, wie auch in der katholischen Wochenzeitung „Tygodnik Powszechny", erschienen mehrere Beiträge zur Vertreibung, beide Blätter setzten somit den Anfang einer polnischen Vertreibungsdebatte.

Zunächst allerdings umgingen die Politiker der ersten Regierung, die von der Gewerkschaft Solidarität gestellt wurde, das brisante Thema. Ministerpräsident Mazowiecki überhörte von deutschen Politikern vorgebrachte Forderungen, Warschau solle sich für die Vertreibung entschuldigen.

Es dauerte ein Jahrfünft, bis ein Spitzenpolitiker offiziell diese Geste machte: Außenminister Władysław Bartoszewski sagte zum 50. Jahrestag des Kriegsendes im Bundestag: „Als Volk, das besonders vom Krieg heimgesucht wurde, haben wir die Tragödie der Zwangsumsiedlungen kennengelernt sowie die damit verbundenen Gewalttaten und Verbrechen. Wir erinnern uns daran, daß davon auch unzählige Menschen der deutschen Bevölkerung betroffen waren und daß zu den Tätern auch Polen gehörten." Bartoszewski zitierte die Sentenz des Dissidenten

Lipski: „Die Aussiedlung der Menschen aus ihrer Heimat kann bestenfalls ein kleineres Übel sein, niemals eine gute Tat."

Seitdem ist eine Fülle von Publikationen dazu erschienen. Mehrere Dutzend polnische Historiker befassen sich damit, arbeiten dabei oft mit deutschen Kollegen zusammen. Begonnen hat die Publikation einer mehrbändigen Dokumentensammlung unter dem Titel „Der Vertreibungskomplex".[25]

Ein großes Echo fand die überraschende Aufforderung des aus Danzig stammenden Günter Grass an die Adresse polnischer Schriftsteller, die Vertreibung literarisch zu verarbeiten. Die „Gazeta Wyborcza" Michniks veröffentlichte die Mahnung des Nobelpreisträgers auf der Titelseite, Chefredakteur Michnik stimmte zu und sprach von „Verfehlungen" der Polen.[26]

6. Die „Repatrianten" aus Ostpolen

Die Oder-Neiße-Gebiete waren nach dem Willen der Alliierten zu polnischem Hoheitsgebiet geworden, weil sie das Land für den Verlust seiner Ostprovinzen jenseits des Bugs entschädigen wollten. Darauf einigten sich Stalin, Churchill und Roosevelt grundsätzlich in November 1943 auf der Konferenz von Teheran, in Jalta legten sie im Februar 1945 die neue Ostgrenze des Landes konkret fest. Allerdings waren damals die Westgrenzen des Hoheitsgebietes nicht präzisiert worden, vielmehr war allgemein von „erheblichen Gebietszugewinnen im Westen und Norden" die Rede. Die Grenze an Oder und Görlitzer (Lausitzer) Neiße wurde erst ein halbes Jahr später auf der Potsdamer Konferenz festgeschrieben. Die neue Ostgrenze Polens war fast identisch mit der Curzon-Linie, deren Mittelstück der Bug bildete. Der britische Außenminister Lord George Curzon hatte 1920 den von der Roten Armee bedrängten Polen erklärt, sie könnten nur auf Hilfe Londons gegen die Bolschewiken rechnen, wenn sie diese Linie als künftige polnisch-sowjetische Grenze anerkennen. Die Polen hatten zuvor weite Landstriche der Ukraine einschließlich Kiew besetzt, wurden aber bald von den Truppen Moskaus zurückgedrängt. Nach Curzons Worten lagen dieser

Grenzziehung ethnische Kriterien zugrunde: Bis zu ihr reiche das Siedlungsgebiet der Polen. Dem Vorschlag zufolge wäre Wilna (litauisch: Vilnius) bei Litauen verblieben, ebensowenig wäre Lemberg (polnisch: Lwów) zu Polen gekommen. In beiden Vielvölkerstädten stellten die Polen indes die größte Volksgruppe.

Das „Wunder an der Weichsel" machte den Vorschlag Curzons gegenstandslos: Die polnischen Streitkräfte unter dem Befehl Piłsudskis konnten die Rote Armee vernichtend schlagen. Piłsudskis Verbänden war es gelungen, die gegnerische Heeresgruppe unter dem Oberbefehl des späteren Marschalls Michail Tuchatschewski von hinten zu umfassen. In den Augen Tuchatschewskis trug die Hauptschuld an der Niederlage der Roten Armee, durch die Polen und möglicherweise auch das Deutsche Reich vor der Bolschewisierung bewahrt wurden, der Politkommissar Jossif Stalin. Dieser hatte nämlich Befehle gegeben, die Tuchatschewskis Operationsplänen zuwiderliefen. Die bolschewistische Führung und die polnische Regierung einigten sich bald darauf im Frieden von Riga auf eine Grenzlinie, die viel weiter östlich verlief.

Bei den Konferenzen von Teheran und Jalta konnte Stalin die Scharte von Warschau 1920 auswetzen. Die polnischen Gebiete östlich der Curzon-Linie waren bereits 1940 nach Scheinwahlen von Moskau annektiert worden. Die Westalliierten sanktionierten in Jalta diese Annexion. Am 16. August 1945, zwei Wochen nach Abschluß der Potsdamer Konferenz, unterzeichneten die aus dem Lubliner Komitee hervorgegangene Polnische Provisorische Regierung, an deren Spitze der Linkssozialist Osóbka-Morawski stand, und die sowjetische Führung in Moskau einen entsprechenden Grenzvertrag. Vom Staatsgebiet der Vorkriegszeit (389000 km^2) mußte Polen im Osten rund 180000 km^2 abtreten, um dafür die Verwaltung der ostdeutschen Provinzen und der Freien Stadt Danzig – insgesamt 114000 km^2 – übertragen zu bekommen. Lediglich 54 Prozent des vorherigen Staatsgebietes blieb somit polnisch. Das Land war im Mittel 250 Kilometer nach Westen gewandert.

Noch vor der Konferenz von Potsdam und dem Abschluß des polnisch-sowjetischen Grenzvertrages hatte die Aussiedlung der polnischen Bevölkerung aus den der UdSSR zugeschlagenen Gebieten begonnen. Denn die sowjetische Regierung und das von ihr eingesetzte Lubliner Komitee unter Osóbka-Morawski hatten sich ja bereits ein Jahr zuvor auf diese Grenze geeinigt. Vor 1939 hatte dieses Gebiet rund zwölf Millionen Einwohner gezählt, darunter aber nur drei Millionen Polen. Für den größten Teil von ihnen bedeuteten die Umsiedlungsaktionen den vorläufigen Abschluß einer mehr als ein Jahrfünft währenden Leidenszeit. Denn seit September 1939 war dreimal, teilweise viermal, die Front über sie hinweggegangen, sie hatten ebensooft den Terror der deutschen und sowjetischen Besatzungstruppen erdulden müssen.

Einen Teil der Gebiete nahm die Wehrmacht noch in den ersten Wochen nach dem Überfall auf Polen ein. Gemäß dem Geheimen Zusatzabkommen zum Hitler-Stalin-Pakt überschritt die Rote Armee am 18. September die Westgrenze der Sowjetunion, die Wehrmacht zog sich hinter den Bug zurück. Von einem Teil der Bevölkerung wurden die Rotarmisten als Befreier angesehen: von den Ukrainern, Weißrussen und Juden, die während der beiden vorausgehenden Jahrzehnte einer rigiden Polonisierung ausgesetzt gewesen waren. Die Besatzer traten zunächst nicht in Erscheinung. Marodierende Banden zogen durch die Dörfer, Hunderte, möglicherweise Tausende von „Pans", wie man unter Verwendung der Höflichkeitsform die polnischen Grundbesitzer nannte, wurden zum Teil auf bestialische Weise ermordet. Erst nach dem von ihnen angestrebten völligen Zusammenbruch der öffentlichen Ordnung nahmen sich sowjetische Funktionäre mit harter Hand der Gebiete an. Innerhalb kürzester Zeit organisierten sie Parlamentswahlen. In bewußter Verhöhnung der moralischen Prinzipien der überwiegend tief religiösen Bevölkerung wurden oft Kriminelle als Kandidaten aufgestellt. In einem folgenden Urnengang, dessen Ausgang ebenfalls von vornherein feststand, „beschloß" die Bevölkerung den Anschluß an die Sowjetunion.

Das sowjetische Konzept unterschied sich in den Methoden kaum vom Besatzungsterror der Nationalsozialisten. Wie die Gestapo, so machte auch die Geheimpolizei NKWD Jagd auf

Intellektuelle. Ganz oben auf den NKWD-Todeslisten standen katholische Priester, galten sie doch als Träger des Polentums.[27] Mit der „Enthauptung" der Gesellschaft, der physischen Vernichtung ihrer geistigen Führungsschicht, sollte jeder Widerstand im Keim erstickt werden. Symbol für diese Politik wurde Katyn. In der Nähe dieses russischen Dorfes ermordete der NKWD auf Befehl Stalins 1940 mehr als 4000 Reserveoffiziere – Lehrer, Professoren, Ärzte, Ingenieure, Künstler. Bis heute ist das Schicksal von mehreren zehntausend polnischen Kriegsgefangenen, die in der UdSSR interniert waren, nicht aufgeklärt.

Wie bereits bei den Großen Säuberungen in der Sowjetunion von 1936 bis 1938 demoralisierte der NKWD die Bevölkerung durch wahllose Verhaftungen. Nach Berechnungen von Historikern saß etwa ein Zehntel der Bevölkerung der polnischen Ostprovinzen in den völlig überfüllten Gefängnissen, in denen Folter und Hinrichtungen ohne Gerichtsurteil an der Tagesordnung waren. Mehrere zehntausend, wenn nicht gar hunderttausend Polen flohen über die Demarkationsgrenze nach Westen – wo deutscher Besatzungsterror auf sie wartete. Eine vielfach höhere Zahl von Polen zog unfreiwillig nach Osten: In mehreren Wellen verschleppten die sowjetischen Behörden zwischen 1,2 und 1,5 Millionen Menschen nach Sibirien, Kasachstan und in die Bergbaugebiete am Polarkreis. Die Hälfte von ihnen waren gebürtige Polen, ein weiteres Drittel Ostjuden. Unter den Deportierten war auch der damals 16jährige Wojciech Jaruzelski. Nach dem deutschen Überfall auf die Sowjetunion im Juni 1941 gerieten die Gebiete wieder unter deutsche Besatzung. SS, Gestapo, teilweise die Wehrmacht sowie die Besatzungsbehörden setzten die Repression fort, wenn auch mit anderer Zielsetzung.

Nach der systematischen Dezimierung der polnischen Bevölkerung standen 1945 bestenfalls zwei Millionen Polen zur Umsiedlung von den Ostprovinzen in das Oder-Neiße-Gebiet an. Die öffentliche Bekanntgabe der Umsiedlungspläne, die Moskau und die Provisorische Regierung in Warschau beschlossen hatten, stieß allerdings kaum auf Begeisterung bei den Betroffenen. Viele Einwohner der ehemaligen polnischen Ostgebiete wollten ihre Häuser nicht aufgeben, in der Hoffnung, daß die sowjetische Verwaltung nur eine vorübergehende sein werde. In Lemberg wollte jeder dritte Pole bleiben, die Fristen für die Umsiedlungsaktionen mußten mehrmals verlängert werden. Erst nachdem die Beschlüsse von Jalta und Potsdam bekanntgemacht worden waren, gaben die Gegner der Umsiedlung ihren Widerstand auf. Dabei halfen die sowjetischen Behörden auch mit massivem Zwang nach.[28]

Von der später oft beschworenen Verbundenheit zwischen den „sozialistischen Brüdern" waren Polen und Sowjetbürger damals noch weit entfernt. Vielmehr wurden die Polen von den Behörden oftmals als Feinde betrachtet und auch entsprechend behandelt. Die Aussiedlungsaktionen fanden teilweise unter ähnlich harten Umständen statt wie die organisierte Vertreibung der Deutschen von 1946 an. Die Polen mußten die oft wochenlange Reise nach Westen häufig in Viehwagen antreten, meist ohne ärztliche Versorgung und mit knappen Lebensmittelvorräten. Rotarmisten und NKWD-Truppen begleiteten die Züge mit aufgepflanztem Bajonett bis zur Grenze. Ein Teil kam in endlosen Trecks von Pferdefuhrwerken nach Schlesien und Pommern; auf den Wagen führten sie oft auch die Altäre ihrer Heimatpfarrkirchen mit. Auf diese Weise wurden 1,2 Millionen Polen bis Ende 1946 aus der sowjetischen Staatsbürgerschaft entlassen, die sie sechs Jahre zuvor unfreiwillig erlangt hatten. In den folgenden Jahren kamen weitere 300 000 dazu.

Als sie in den Oder-Neiße-Gebieten ankamen, mußten die meisten von ihnen feststellen, daß sie von den kommunistischen Propagandisten der „Repatriierung" belogen worden waren: Sie konnten nicht in „schöne neue Häuser" einziehen. Vielmehr waren die meisten Städte zerstört, die Häuser von Rotarmisten und organisierten Banden aus Zentralpolen ausgeplündert worden. Die euphorische Stimmung, die Parteiaktivisten bei den „Pionieren" zu verbreiten suchten, kam bei den meisten Angehörigen der älteren Generation erst gar nicht auf. Vielmehr blieb bei ihnen der Wunsch nach Rückkehr lebendig. Manche der Repatrianten lebten denn auch für eine gewisse Zeit auf Koffern und Kisten, weil sie sich in der Hoffnung auf die Rückkehr nicht fest einrichten wollten.

Die Enttäuschung über ihre Lage nach der Zwangsumsiedlung, gepaart mit den Erlebnissen während der Sowjetisierung ihrer Heimat von 1939 bis 1941, haben nach Einschätzung von Soziologen bei vielen Ostpolen eine tiefsitzende antikommunistische Grundhaltung bewirkt, die sie auf ihre Kinder übertrugen. Es sei kein Zufall, daß die Zentren ihrer Siedlungsgebiete, Danzig und Breslau, zu Hochburgen des Widerstandes gegen das Parteiregime geworden seien.

Die Leiden der Polen, die gegen ihren Willen zu Sowjetbürgern wurden, und ihre Zwangsaussiedlung waren während der Parteiherrschaft in Polen tabu. Erst nach deren Zusammenbruch erschien dazu eine kaum übersehbare Menge von Publikationen, wurden Verbände der Ostpolen gegründet.

Gleichzeitig entstanden in den souverän gewordenen ehemaligen Sowjetrepubliken Litauen, Weißrußland und Ukraine Organisationen der polnischen Minderheit, deren Mitglieder oft von den lokalen Behörden schikaniert wurden. Die Unterstützung für die im ehemaligen Ostpolen zurückgebliebenen Landsleute wurde zu einem wichtigen Thema für die polnische Presse und auch die Politik. Es ist das einzige Thema, über das sich Politiker aller Parteien einig sind, über das es keinen Dissens gibt.

III. Die kommunistische Führung und die Minderheit

In der Zwischenkriegszeit hatten die polnischen Kommunisten den von den Nationaldemokraten erhobenen Anspruch auf Schlesien und Ostpreußen heftig bestritten. Ihren Hauptgegner sahen sie in der polnischen Bourgeoisie, zumindest bis 1933 setzten sie Hoffnungen auf einen kommunistischen Umsturz in der Weimarer Republik. Die Kommunistische Partei Polens (KPP) unterstützte deshalb auch Berliner Forderungen nach einer Revision der Grenzen von Versailles. Nicht zuletzt aus diesem Grunde blieb sie im eigenen Lande bedeutungslos. Die KPP wurde im August 1938 auf Befehl Stalins von der Kommunistischen Internationale aufgelöst, angeblich war sie von Trotzkisten unterwandert. Ein Teil ihrer Führer war zuvor nach Moskau beordert worden. Dort fielen sie den Großen Säuberungen zum Opfer.

Die Nachfolgeorganisation, die 1942 gegründete Polnische Arbeiterpartei (PPR), forderte hingegen in Übereinstimmung mit der sowjetischen Führung die Ausdehnung Polens bis zur Oder-Neiße-Linie. Warschau band sich somit langfristig an Moskau: Nur die Sowjetarmee garantierte diese Grenze. Hingegen war der Verlust der polnischen Ostgebiete für die Parteipropaganda tabu. Die PPR und die Polnische Sozialistische Partei (PPS) schlossen sich 1948 zur Polnischen Vereinigten Arbeiterpartei (PZPR) zusammen.

Die Partei vertrat ganz entschieden die These von den „wiedergewonnenen Gebieten". Demnach konnte es auch, abgesehen von den geduldeten Spezialisten in der Industrie vor allem in Niederschlesien, keine deutsche Minderheit im Lande geben. Die Parteipropagandisten warnten das Volk daher ohne Unterlaß vor deutschen Revanchisten und Revisionisten. Die Nationalkommunisten um Władysław Gomułka setzten sich als Ziel ebenso die Schaffung einer „national homogenen sozialistischen Nation". Aus diesem Grunde forcierten sie, wie die Nationaldemokraten der Zwischenkriegszeit, die Polonisierung der Autochthonen. Eine genaue Analyse der Polonisierungspolitik der PZPR wird allerdings erst möglich sein, wenn die Parteiarchive ausgewertet sein werden.

Die kommunistische Repressionspolitik brachte viele zweisprachige Oberschlesier, die in ihrer nationalen Identität zunächst keineswegs festgelegt waren, sondern sich zwischen beiden Völkern sahen, letztlich dazu, für Deutschland zu optieren: Entweder entschieden sie sich für die Übersiedlung, oder sie beteiligten sich ab Mitte der 80er Jahre an der Gründung deutscher Vereine. Ebenso aber kann als sicher gelten, daß viele der jetzigen Aktivisten der Minderheit sich auch während der vergangenen Jahrzehnte als Deutsche betrachteten, während der Parteiherrschaft aber keine Möglichkeit hatten, dies öffentlich zu bekennen.

1. „Verifizierung" der Zurückgebliebenen

Nach den Plänen der polnischen Behörden sollten Pommern, Ostbrandenburg und Niederschlesien fast völlig geräumt werden. In diesen Gebieten – nach der These von den „wiedergewonnenen Gebieten" handelte es sich um „urpolnische Erde" – lebten vor dem Krieg nur wenige tausend Polen unter weit mehr als fünf Millionen Deutschen. Diese Zahlen ergab die Volkszählung vom Juni 1925, in der ausdrücklich auch nach der Muttersprache gefragt wurde. Hingegen ging man in Warschau für Ostpreußen und Oberschlesien von einer rund 1,5 Millionen Köpfe zählenden polnischen Minderheit aus. Denn die „Autochthonen" wurden als Landsleute angesehen.

In der polnischen Führung war allerdings anfangs umstritten, wie man mit den Autochthonen verfahren solle: Sollte man sie ebenfalls ausweisen, ihnen eine Staatsbürgerschaft mit eingeschränkten Rechten verleihen oder ihnen die Gelegenheit geben, als Bürger auf Probe ihre Treue zum polnischen Staat unter

Beweis zu stellen? In Warschau wurde zunächst keine einheitliche Volkstumspolitik beschlossen, die Behörden reagierten von Woiwodschaft zu Woiwodschaft verschieden. Meist wurden, wie Berichte von Vertriebenen und Aussiedlern belegen, die Masuren und wasserpolnisch sprechenden Oberschlesier nicht besser behandelt als die übrige deutsche Bevölkerung. Schließlich setzte sich die Linie des in Kattowitz residierenden Woiwoden von Schlesien, Aleksander Zawadzki, durch, der mit Verordnung vom 22. März 1945, vier Monate vor der Konferenz von Potsdam, die „Verifizierung" anordnete, ohne daß die Westalliierten damals davon erfahren hätten. Zawadzki, nach dem bis zur Gegenwart in Schlesien Hunderte von Straßen benannt sind, war ein KPP-Aktivist der ersten Stunde. Die Säuberungen Stalins überlebte er, weil er Ende der 30er Jahre in Polen inhaftiert war. Nach seiner Freilassung zu Beginn des Zweiten Weltkriegs ging er ins sowjetische Exil. Dort stieg er ins Politbüro der PPR und zum General der unter sowjetischem Oberbefehl aufgestellten polnischen Verbände auf. Nach seiner Amtszeit als Woiwode in Kattowitz war er in Warschau zunächst stellvertretender Regierungschef und avancierte 1952 sogar zum Staatsratsvorsitzenden. Dieses Amt bekleidete er bis 1964.

Als in Oberschlesien die ersten Bürger zur „Verifizierung" antraten, fanden nur wenig mehr als 100 Kilometer oderabwärts noch schwere Kämpfe statt. In dem Verfahren sollten die Betroffenen ihr Polentum unter Beweis stellen.[1] Voraussetzung war die Beherrschung des Polnischen beziehungsweise des Wasserpolnischen. Außerdem mußten die Bewerber um die polnische Staatsbürgerschaft vor dem Krieg in West-Oberschlesien gelebt haben, sie durften nicht der NSDAP angehört haben. Zawadzkis auch vom Westbund (PZZ) stark geförderte Politik, die auf eine „Rehabilitierung der Landsleute" abzielte, wurde mit Runderlaß des Ministers für Öffentliche Verwaltung vom 22. Juni 1945 für das gesamte Oder-Neiße-Gebiet, wie man es auch offiziell nannte, verbindlich. Doch gab es keine einheitlichen Richtlinien. Festgelegt wurde immerhin, daß die Kandidaten nach der Befragung durch die Verifizierungskommission eine Treueerklärung zu unterschreiben hatten. Darin standen die Sätze: „Nach Zerschlagung des Dritten Reichs möchte ich Polen als mein Vaterland annehmen. Ich bitte die polnischen Behörden, mir zu verzeihen und mich in die Familie des großpolnischen Volkes aufzunehmen. Ich verspreche, ein treuer und gehorsamer Bürger der Polnischen Republik zu sein und mit den Deutschen und dem Deutschtum jegliche Verbindung für immer abzubrechen, Gefühle für das Deutschtum gründlich auszumerzen, die Kinder im polnischen Geiste zu erziehen und in ihrem Herzen die Liebe zu Polen – dem Vaterland meiner Ahnen – zu entflammen." Der letzte Satz bezog sich somit auf die These von der „zwangsgermanisierten" Bevölkerung.

Erst im April 1946 ordnete das inzwischen geschaffene Ministerium für die Wiedergewonnenen Gebiete ein einheitliches Verfahren zur Festlegung des Polentums an, das bei positivem Entscheid mit der Verleihung der polnischen Staatsbürgerschaft an die Autochthonen abzuschließen war. Wie wichtig der stalinistischen PPR die rasche Errichtung einer von ihr kontrollierten Verwaltung in den Oder-Neiße-Gebieten war, belegt die Tatsache, daß ihr Generalsekretär Władysław Gomułka persönlich das Ministerium übernahm.

Die Zusammensetzung der zuständigen Kommissionen war genau vorgeschrieben: Ihnen sollten nicht nur Vertreter der Behörden angehören, sondern auch des Westbundes sowie des Bundes der Polen im Deutschen Reich – sofern es diese am betreffenden Ort gab, was keineswegs selbstverständlich war. Schriftliche Ermahnungen und Anweisungen Zawadzkis an die Lokalbehörden belegen, daß die Arbeit der Kommissionen sich mitunter recht schwierig gestaltete. So wurden, wie es in mehreren Beschwerdebriefen an den Woiwoden hieß, manche „der polnischen Sache treu ergebenen Autochthonen" nicht als Polen anerkannt, weil sie nur des Wasserpolnischen mächtig waren. Dies wiederum verstanden die auswärtigen Kommissionsmitglieder nicht, die vorher vereidigt worden waren, nur zum Wohl der Republik Polen zu handeln.

Polnischen Quellen zufolge, die erst nach dem Ende der Parteiherrschaft veröffentlicht werden durften, spielten bei den Entscheidungen der Kommissionen auch Motive gänzlich anderer Natur eine Rolle: So wurde mancher Oberschlesier mit Grundbesitz als Deutscher eingestuft, weil Vertreter der Behörden, die meist aus Zentralpolen stammten, an dessen Besitz persönlich interessiert waren. Wer nicht als Pole anerkannt wurde, verlor sein Hab und Gut. Manchmal aber wurden Wohnungen und Häuser der eingesessenen Bevölkerung noch während des Verifizierungsverfahrens geplündert oder gar von Zugereisten in Beschlag genommen. So mußten in Gleiwitz mehrere Bürger vor Gericht um ihren Besitz kämpfen.[2]

Um die Plünderungen einzudämmen, verbot Gomułka als zuständiger Minister den Transport von Möbeln aus den Oder-Neiße-Gebieten nach Zentralpolen. Ein zusätzliches Problem stellten für Gomułka auch die sowjetischen Truppen dar, die vor allem in Schlesien stationiert blieben. Am 14. Januar 1946 richtete er ein Geheimschreiben an die Botschaft der UdSSR in Warschau sowie die beiden Sowjetmarschälle Georgij Schukow und Konstantin Rokossowski, der wenig später polnischer (!) Verteidigungsminister werden sollte. Gomułka schrieb: „Das Verhalten einiger Einheiten der Roten Armee, die es zu Vergewaltigungen, Plünderungen, Diebstählen und Mordtaten kommen lassen, erschwert das polnische Vorgehen in den Wiedergewonnenen Gebieten." Die Armeeführung solle sicherstellen, daß Räuber, Plünderer und Vergewaltiger unter den Rotarmisten „auf das strengste" bestraft würden.[3]

Der Chef der Arbeiterpartei unterstrich in dem Schreiben, daß er dabei das Schicksal der „eingesessenen polnischen Bevölkerung" im Sinn habe, die nach Auffassung der Warschauer Führung nun wieder mit dem Mutterland vereint war. In diesem Punkt entsprach die Politik der PPR den Forderungen des nationalistischen Westbundes. Der PZZ-Vorstand gab die Parolen aus: „Keine einzige polnische Seele den Deutschen" oder „Unsere Staatsräson fordert von uns, daß wir keinen einzigen Tropfen unseres Blutes verlorengehen lassen". Auch Personen mit polnisch klingenden Familiennamen sowie deren Angehörige sollten nach den Vorstellungen des Westbundes von den Ausweisungen ausgenommen bleiben beziehungsweise keine Genehmigung zur Ausreise erhalten. In manchen Gegenden wurden nach

Berichten aus der Ostdokumentation des Bundesarchivs die Treueerklärungen zum polnischen Staat von diesen Personengruppen mit Gewalt erzwungen, vor allem in Masuren, wo sich der Allensteiner Woiwode Mieczysław Moczar dabei besonders gegenüber der evangelischen Bevölkerung hervortat.

Hingegen galt für viele zweisprachige Oberschlesier offenbar das Motto, daß sie sich der neuen Obrigkeit unterzuordnen hätten. Inwieweit dies einem polnischen Nationalgefühl entsprach, ist nur schwer abzuschätzen. Zum einen standen die Oberschlesier im Ruf, besonders bodenständig zu sein und ihren eigenen Charakter auch in Zeiten wechselnder Herrschaft über ihre Heimat bewahrt zu haben. Zum anderen gab es für sie kaum eine andere Wahl – nach den wenigen Nachrichten, die aus den deutschen Provinzen westlich von Oder und Neiße kamen, waren dort die Städte zerbombt und mit Flüchtlingen überfüllt. Eine gewichtige Rolle spielte bei manchen von ihnen offenbar die Ansicht, daß das von den Alliierten besetzte Deutschland auf Jahre hinaus wirtschaftlich und politisch keine Perspektiven bieten werde. Die Niederlage des Deutschen Reichs symbolisierten auch die Beseitigung und Ausmerzung sämtlicher deutscher Orts- und Straßennamen, sogar der Grabinschriften auf Friedhöfen, sowie die Polonisierung der Vor- und Familiennamen. In den ersten Nachkriegsjahren wurde auf diese Weise aus Heinrich Henryk, aus Albert Wojciech, aus Margret Malgorzata. Ebenso wurde die Schreibweise polonisiert: Schulz wurde zu Szulc, Strohmeier zu Sztromajer, Borsutzki zu Borsucki. Viele Oberschlesier wollten angesichts dieser energisch vorangetriebenen Veränderungen in ihrem Alltag auf der Seite der Sieger stehen, die Konsequenz war die Option für Polen im Verifizierungsverfahren. Eine entscheidende Rolle spielte dabei ohne Zweifel auch, daß sie nicht zur Übersiedelung nach Westen und somit zur Aufgabe von Haus und Hof gezwungen werden wollten.

Ebenso mögen andere Maßnahmen, die sich gegen die deutsche Bevölkerung richteten, manchen der zweisprachigen Oberschlesier zur Loyalitätserklärung für die neue Obrigkeit bewogen haben. So mußten die zurückgebliebenen Deutschen in einigen Regionen eine weiße Armbinde mit dem Buchstaben „N“ (für

Niemiec – Deutscher) tragen. An manchen Orten verlangte die polnische Miliz ein Hakenkreuz. Die Menschen mit Armbinde waren, wie Augenzeugen berichteten, mutwilligen Angriffen und Demütigungen auf der Straße ausgesetzt.

Durch eine Reihe von Dekreten und Gesetzen der Jahre 1945 und 1946 verloren die Deutschen nicht nur ihr Eigentum, sondern auch ihre bürgerlichen Rechte. Sie wurden, wie es ein katholischer Pfarrer ausdrückte, für vogelfrei erklärt. Dazu gehörte, so berichteten Zeugen aus mehreren Woiwodschaften übereinstimmend, daß Deutsche weder Złoty noch Lebensmittelkarten bekamen. In manchen Dörfern brach den Dokumentationen zufolge in den ersten Nachkriegsmonaten Hungertyphus aus, nachdem die polnischen Behörden die Bevölkerung als deutsch und somit als illoyal eingestuft hatten. Der Woiwode, General Zawadzki, wies das Bahnpersonal an, Deutschen keine Fahrkarten zu verkaufen.[4]

In dieser Zeit wurden Zehntausende von Deutschen in Lager gebracht, in denen sie unter scharfer Bewachung Zwangsarbeit verrichten mußten. In den letzten Jahren haben polnische Historiker intensiv begonnen, die erhalten gebliebenen Archive der Lager auszuwerten; auch die Berichte von Häftlingen aus dem Bundesarchiv Koblenz werden analysiert. Viele der Inhaftierten, die vorher nicht an der Verifizierung teilnahmen, hätten sich im Lager zum Polentum bekannt, heißt es in einer Untersuchung. In Gleiwitz seien dies 70 Prozent der Gefangenen gewesen, im ehemaligen Bezirk Oppeln gar 90 Prozent.[5]

Die Nachrichten von den Arbeitslagern drangen auch in die Besatzungszonen der Westalliierten. Aufgrund vieler Berichte und einiger Artikel namentlich in der britischen und amerikanischen Presse versuchte das Internationale Rote Kreuz ab Ende 1945, Zutritt in die Lager zu bekommen. Es stieß aber auf Widerstand sowohl der sowjetischen Armeekommandeure als auch der polnischen Behörden. Das IKRK wollte ermächtigt werden, alle notwendigen Hilfsmaßnahmen zu ergreifen, bis die Lagerinsassen ausgewiesen wären. Doch blieben entsprechende Anfragen in Warschau monatelang unbeantwortet. Erst im Juni 1946 wurde dem IKRK gestattet, einen ständigen Delegierten in die polnische Hauptstadt zu entsenden. Gegenüber den kommunistischen Behörden pochte er zunächst vergebens auf sein Recht, auch das Problem der Deutschen in den unter polnische Verwaltung gekommenen Gebieten zu untersuchen. Erst nach einjährigem Bemühen und Kampf mit dem Ministerium für die Wiedergewonnenen Gebiete erlaubte man ihm, ein Internierungslager zu besuchen. Das Lager war allerdings, wie der IKRK-Delegierte schriftlich festhielt, mitsamt den Insassen für die Besichtigung bestens präpariert worden. Im Sommer 1947 waren die meisten Lager ohnehin bereits aufgegeben.[6]

Zeugenaussagen über besonders schlimme Ausschreitungen bezogen sich vor allem auf die beiden vorhergehenden Jahre. Ein in Berlin eingesetzter amerikanischer Diplomat schrieb im Sommer 1945 an sein Ministerium in Washington: „Konzentrationslager sind nicht aufgehoben, sondern von den neuen Besitzern übernommen worden. Meistens werden sie von der polnischen Miliz geleitet. In Schwientochlowitz (Oberschlesien) müssen Gefangene, die nicht verhungern oder zu Tode geprügelt werden, Nacht für Nacht bis zum Hals in kaltem Wasser stehen, bis sie sterben.“ In einem ähnlichen Bericht vom August 1945, der sogar im US-Senat Gegenstand der Debatte wurde, standen die Sätze: „Man hätte wohl erwarten können, daß nach Entdeckung der Scheußlichkeiten, die sich in den Konzentrationslagern der Nazis ereigneten, niemals etwas Derartiges wieder geschehen würde; das aber scheint leider nicht so zu sein. Zuverlässige Augenzeugen sagen aus, daß in Y., in der Nähe von A., ein polnisches Konzentrationslager besteht, in dem deutsche Gefangene ebensolche Grausamkeiten erdulden.“

In Schwientochlowitz richteten die polnischen Behörden in einer früheren Nebenstelle des KZ Auschwitz das Lager „Zgoda“ (Eintracht) ein. Häftlinge berichteten später, daß unter Beteiligung des Kommandanten Solomon Morel Dutzende von Frauen vergewaltigt und ermordet worden seien. Morel spürten Anfang der 90er Jahre polnische Journalisten auf, die deutsche Vertriebene auf den Fall aufmerksam gemacht hatten; die Staatsanwaltschaft verhörte ihn. Der amerikanische Journalist John Sack, dessen Eltern Juden aus Kattowitz waren, führte mehrere

Interviews mit ihm. Sack veröffentlichte unter dem Titel „Auge um Auge“ ein Buch über Morel sowie andere Juden in der polnischen Geheimpolizei, die an Tausenden von Deutschen „Rache für Auschwitz“ übten. Die deutsche Ausgabe sorgte in der Bundesrepublik für einen Eklat. Nachdem der Verfasser einer Vorabrenzension Sack „braune Pornographie“ und „dreiste Lügen“ unterstellt hatte, wurde die bereits zur Auslieferung vorbereitete gesamte Auflage eingestampft. Erst als Historiker und Publizisten nachwiesen, daß Sacks Arbeit sehr gut dokumentiert war, erschien das Buch in einem anderen Verlag.[7]

Die polnische Staatsanwaltschaft leitete ein Verfahren gegen Morel ein. Zum Prozeß kam es allerdings nicht. Morel setzte sich 1993 zu Verwandten nach Israel ab. Ende 1998 lehnten die israelischen Behörden das vom polnischen Außenministerium gestellte Auslieferungsgesuch ab, Begründung: die ihm vorgeworfenen Straftaten seien verjährt, eine Anklage wegen Völkermordes sei unbegründet.

Zwei Jahrzehnte vor dem Fall „Zgoda“ hatte die deutschen Medien die Geschichte des Lagers Lamsdorf (Łambinowice) im ehemaligen Kreis Falkenberg (Niemodlin), rund 25 Kilometer südwestlich der oberschlesischen Gebietshauptstadt Oppeln beschäftigt. Nach den Aufzeichnungen des Lagerarztes Heinz Esser waren dort vom Sommer 1945 bis zum Frühjahr 1946 insgesamt 8064 Personen interniert. Seinen Angaben zufolge überlebten drei Viertel von ihnen das Lager nicht, darunter mehr als 600 Kinder. Todesursachen: „Aushungerung, Seuchen, harte Arbeit, körperliche Mißhandlungen, Erstickung der Lebendbegrabenen, Erschießungen.“

Nach einer Auswertung des nicht vollständig erhaltenen Lagerarchivs setzte der polnische Historiker Edmund Nowak die Zahl der Toten auf höchstens 1500 an.[8] Das Lager Lamsdorf war während des deutsch-französischen Krieges von 1870/71 eingerichtet worden. Während der beiden Weltkriege wurde es ausgebaut. Nach polnischen Angaben, die deutsche Historiker für zu hoch gegriffen halten, kamen dort im Zweiten Weltkrieg 50000 Kriegsgefangene um.

Im Sommer 1945 übernahm die polnische Miliz das Lager, in

ihm sollten Deutsche aus dem Kreis Falkenberg interniert werden. Der erste Kommandant wurde der erst 20 Jahre alte Czesław Gęborski. Da das „e" in der ersten Silbe des Familiennamens in der polnischen Aussprache einen Nasal wiedergibt, taucht er in den Schilderungen von Überlebenden als Gimborski auf. In dieser Schreibweise wurde gegen ihn in der Bundesrepublik dutzendfach Anzeige erstattet.

Über zwölf Jahre lang verhörte die Staatsanwaltschaft Hagen, bei der die erste Anzeige eingegangen war, Zeugen und trug anderes Beweismaterial zusammen. 1976 aber wurde in das Gerichtsgebäude eingebrochen, die Akten verschwanden. Die deutschen Behörden vermuteten den polnischen Geheimdienst SB hinter dem Einbruch. Doch konnte die Staatsanwaltschaft die Akten rasch rekonstruieren. Schließlich wurde Anklage gegen Gęborski und sieben seiner damals zur Wachmannschaft gehörenden Landsleute erhoben – allerdings in Abwesenheit. Die Anklageerhebung im März 1977 löste in der kommunistisch kontrollierten Presse in Polen eine gewaltige Kampagne aus. Das Parteiorgan „Trybuna Ludu" schrieb von „antipolnischen Aktivitäten der westdeutschen Nationalisten und Revisionisten". In der Bundesrepublik fand der Fall Lamsdorf vorübergehend große Beachtung, nicht nur weil er im Bundestag zur Sprache kam, sondern auch weil sich einflußreiche liberale und linksliberale Blätter, wie „Die Zeit" und „Der Spiegel", des Themas annahmen. Die auch in Polen hochangesehene Marion Gräfin Dönhoff schrieb damals in der „Zeit": „Mord bleibt Mord!"[9] Die Justiz in Hagen stellte das Verfahren indes ein, auch, weil die sozialliberale Koalition in Bonn das Verhältnis zu Warschau nicht belasten wollte.

Daß Gęborski damals bereits vor Gericht gestanden hatte, wurde in Einzelheiten erst mehr als ein Jahrzehnt später bekannt. Nach der politischen Wende des Jahres 1989 begannen einzelne polnische Zeitungen, auch nach dem Tabu-Thema Vertreibung zu fragen. Erstmals berichtete die katholische Wochenzeitung „Tygodnik Powszechny" Anfang 1990 über das Lager Lamsdorf und den Geheimprozeß gegen Gęborski 32 Jahre zuvor.[10] Damals hatte das politische Tauwetter nach dem XX. Parteitag in der Sowjetunion im Frühjahr 1956 auch zu großen Umwälzungen in der polnischen Arbeiterpartei geführt. Nach Arbeiterunruhen, vor allem in Posen, kam wieder Gomułka an die Macht, der 1948 wegen „nationalistischer Abweichungen" als Generalsekretär abgesetzt und inhaftiert worden war. Nach seiner Rückkehr an die Parteispitze wurden im ganzen Land Kommissionen eingesetzt, die Gerichtsurteile aus der Stalinzeit zu überprüfen oder des Amtsmißbrauchs beschuldigte Funktionäre zur Rechenschaft zu ziehen hatten. Oberschlesische Lokalpolitiker hatten Gęborski angezeigt. Nach mehr als einem Jahr der Vorbereitungen eröffnete das Woiwodschaftsgericht Oppeln im März 1958 den Prozeß gegen den inzwischen zum Hauptmann der Geheimpolizei UB aufgestiegenen Gęborski und weitere Angehörige des Lagerpersonals.

Aus den Gerichtsakten wird ausführlich in einem Buch des Historikers Nowak zitiert, das 1991 unter dem Titel „Der Schatten von Lamsdorf" herauskam. Demnach ist es in dem Lager tatsächlich zu „Unregelmäßigkeiten und Übergriffen" gekommen. Gęborski wurde vor allem vorgehalten, daß er Unrecht gegenüber polnischen Bürgern begangen habe. Der Lagerkommandant selbst hatte diese Gruppe von Gefangenen allerdings nicht als Landsleute angesehen, da er ihre Sprache, das Wasserpolnische, nicht verstand. Hingegen wertete das Gericht die Aussagen über an Deutschen begangene Verbrechen als weitgehend übertrieben. Vielmehr hätten die meisten der Betroffenen nicht Selbsterlebtes wiedergegeben, sondern die Schilderungen aus der Broschüre des Lagerarztes Esser, die angeblich in der Mitte der 50er Jahre im Oppelner Land Verbreitung fand. Esser selbst, der zum Zeitpunkt des Prozesses schon ein Jahrzehnt in der Bundesrepublik lebte, war für die polnische Justiz ein Opportunist und Nazi, der bewußt das Ansehen der Volksrepublik beschmutzen wollte. Allerdings hatten die polnischen Behörden ihn unmittelbar nach dem Krieg nicht als belasteten Parteigänger der Nationalsozialisten eingestuft. Er verbrachte nämlich nur wenige Wochen in Haft und wurde dann als Arzt in Krankenhäusern sowie in dem Arbeitslager eingesetzt, ohne selbst aber Gefangener zu sein. Nach seiner Aussiedlung wenige Monate nach Auflösung des Lagers Lamsdorf trat er der SPD bei und war bis zu seinem Tod 1970 in Braunschweig Stadtverordneter dieser Partei.

Der von Esser als Haupttäter beschriebene Gęborski wurde in dem Geheimprozeß vor dem Oppelner Gericht im April 1959 samt den Mitangeklagten freigesprochen. Der Grund ist vermutlich in einer Änderung der politischen Großwetterlage zu suchen: Ende der 50er Jahre war das Tauwetter im Ostblock einer neuen Eiszeit gewichen. Die kommunistische Führung unter Gomułka vertrat ganz offensichtlich die Auffassung, daß die Verurteilung eines bewährten Geheimdienstoffiziers den „westdeutschen Revanchisten" nur Wasser auf die Mühle gegeben hätte. Gęborski konnte in die Reihen der Geheimpolizei zurückkehren, doch wurde sein Begehren auf Haftentschädigung trotz des Freispruches im Strafprozeß kurioserweise abgelehnt. Er tat bis zum Erreichen des Rentenalters in der Woiwodschaft Kattowitz Dienst. Als ihn Anfang der 90er Jahre polnische Journalisten zu Lamsdorf befragen wollten, erklärte er: „Ich kann mich an nichts erinnern". Nowak gegenüber verdeutlichte er immerhin seine Motive: Er wolle Vergeltung üben für das, was Deutsche ihm und seinem ganzen Volk im Krieg angetan hätten. Außerdem habe die sowjetische Militärkommandantur großen Wert auf die Existenz dieses Lagers gelegt. Die Staatsanwaltschaft in Hagen hat, nachdem bekannt wurde, daß Gęborski noch lebt, das Verfahren wiederaufgenommen.

In Lamsdorf selbst wurde 1991 im Wald neben dem Kriegsgefangenenlager auf Initiative des örtlichen polnischen Schulleiters ein großes Holzkreuz aufgestellt; später kam ein Gedenkstein hinzu. Im November 1992 wurde das Archiv des Lagers im Standesamt von Falkenberg (Niemodlin) gefunden. Eine erste Auswertung der sieben Bände durch die Abteilung der Staatsanwaltschaft in Oppeln, die für die Aufarbeitung der Stalinzeit zuständig ist, bestätigte, daß im Lager in großem Umfang Verbrechen begangen worden waren. Die Behörden leiteten eine Untersuchung gegen Gęborski ein.

Im Sommer 2000 wurde gegen den mittlerweile 75jährigen Anklage erhoben; berücksichtigt wurden dabei auch die Akten der Staatsanwaltschaft Hagen. Auch die polnische Presse befaßte sich nun ausführlich mit den Lagern für Deutsche, nachdem sie das Thema lange umschifft hatte; deutsche Bücher dazu erschienen auf polnisch – und führten zu teilweise heftigen Kontroversen.[11] Frühere Lagerinsassen verklagten den polnischen Staat auf Entschädigung.[12]

Ohne Echo in den Medien blieb indes ein Bericht des Militärhistorischen Instituts in Warschau, nachdem „Volksfeinde", darunter mehrere tausend Deutsche aus Schlesien, Pommern und Ostpreußen, zur Zwangsarbeit in Steinbrüchen und Uranbergwerken eingesetzt wurden. Den Geheimbefehl dazu hatte Verteidigungsminister Konstantin Rokossowski, der frühere Sowjetmarschall, unterzeichnet.[13]

Polnische Historiker und Publizisten hatten sich vielmehr auf ein anderes früheres Tabu-Thema konzentriert: den Verlust Ostpolens, vom Einmarsch der Roten Armee Mitte September 1939 über die Deportation von mehr als einer Million ihrer Landsleute nach Sibirien und Kasachstan bis hin zur „Repatriierung", der Zwangsumsiedlung von 1,5 Millionen Polen in die Oder-Neiße-Gebiete.

Mit der Repatriierung waren die Behörden an den Zielorten meist überfordert. So lagerten Anfang Juli 1945 rund 20000 Repatrianten im Oppelner Bahnhofsviertel unter freiem Himmel. Es dauerte Wochen, bis sie auf die umliegenden Orte verteilt waren. Dort aber war fast überall die Verifizierung gerade erst in Gang gekommen, so daß die Neuankömmlinge zu den Alteingesessenen in die Häuser zogen. Daraus ergaben sich dann nicht nur persönliche Spannungen, sondern auch handfeste Eigentumskonflikte, schließlich hatte man den Repatrianten vor ihrer Abreise aus ihren Heimatorten in Polen guteingerichtete, großzügige Unterkünfte versprochen. Doch fanden sie entweder verwüstete Häuser vor, die mehrmals geplündert worden waren, erst von Rotarmisten, dann von Marodeuren aus Zentralpolen, wie sogar Zawadzki einräumen mußte, oder sie trafen auf Eigentümer, die die bei ihnen Einquartierten als Eindringlinge ansahen. Die Lage entspannte sich erst, nachdem ein Großteil der deutschen Bevölkerung ihre Heimatorte verlassen mußte, darunter auch manche, die eigentlich bleiben wollten, aber bei der Verifikation nicht als Polen eingestuft worden waren.

Nach der von Gomułka abgezeichneten amtlichen Verlautbarung vom 1. April 1948 sind insgesamt 1017086 ehemalige Bürger des Deutschen Reiches verifiziert worden, davon 867105 in Oberschlesien. Die Ablehnungsquote lag anfänglich um zehn Prozent, doch gingen die zuständigen Kommissionen sehr bald dazu über, immer großzügiger den Antragstellern ihr Polentum zu bescheinigen. Sogar die einfache Mitgliedschaft in der NSDAP, die bei der Verifizierung in den ersten Nachkriegsmonaten unweigerlich zu Gefängnis, Lager oder gar Deportation in die Sowjetunion geführt hatte, war meist kein Hindernis mehr.[14] Den Behörden kam es nämlich darauf an, möglichst viele Menschen im Lande zu halten. Aus diesem Grunde wurde in manchen Orten Niederschlesiens auf deutschsprachigen Plakaten für die Option für Polen geworben. Denn die Repatriierungskampagne hatte nicht den gewünschten Erfolg gehabt. Die kommunistische Führung in Warschau hatte nicht nur an die Bevölkerung der an die Sowjetunion abgetretenen Gebiete appelliert, sondern vor allem die nach Millionen zählenden Polen im westlichen Ausland im Blick gehabt. Doch die überwältigende Mehrheit zog es vor, die Entwicklungen in der von der Roten Armee besetzten Heimat abzuwarten. Zu den wenigen zehntausend, die zurückkehrten, gehörte der spätere Parteichef Edward Gierek.

Um die zügige Besiedelung der „wiedergewonnenen Gebiete" voranzutreiben, ordnete Gomułka eine Kampagne in Zentralpolen an. Rund vier Millionen Menschen folgten den Aufrufen, darunter mehrere zehntausend Warschauer, in deren Heimatstadt die deutschen Besatzer während des Krieges systematisch ganze Straßenzüge und Viertel zerstört hatten. Die Siedler neigten aber ebenso wie die Repatrianten dazu, die als Polen anerkannten Einheimischen als Deutsche zu betrachten und zu drangsalieren, wie sich mehrere lokale Behördenvertreter gegenüber Zawadzki beklagten. Streitpunkt waren dabei immer wieder Eigentumsfragen, die weder der Woiwode noch das Ministerium für die Wiedergewonnenen Gebiete einheitlich regeln konnten.

Der Woiwode hatte im Einklang mit der Regierung in Warschau schon 1945 angeordnet, daß bestimmte Gruppen von Einheimischen bleiben müßten, nämlich die Fachkräfte in der Industrie. Deren Zahl war ohnehin bereits stark dezimiert, da die sowjetische Militärkommandantur Zehntausende von ihnen hatte nach Osten deportieren lassen. Auch ganze Fabrikeinrichtungen waren ihren Weg nach Osten gegangen.

Um so stärker waren die polnischen Behörden daran interessiert, die deutschen Ingenieure und Facharbeiter zurückzuhalten. Ihnen wurde das Verlassen der Heimat verwehrt. Betroffen waren auch Ärzte und Krankenschwestern. Im Frühjahr 1946 waren 115 000 Spezialisten von der Zwangsaussiedlung ausgenommen, durften aber auch nicht das polnische Hoheitsgebiet verlassen. Mit ihnen blieben vorerst insgesamt fast 300 000 Familienangehörige. Rund ein Drittel trat schließlich doch die Reise nach Westen an, vor allem in die britische und die sowjetische Besatzungszone.

Die Zurückgebliebenen aber wurden später aufgrund des neuen polnischen Staatsbürgergesetzes vom 8. Januar 1951 automatisch zu Bürgern der Volksrepublik Polen. Genauso erging es den rund 60 000 zweisprachigen Oberschlesiern, die sich geweigert hatten, an der Verifizierung teilzunehmen, und namentlich erfaßt worden waren. Die Führung in Warschau glaubte, mit dem Gesetzeswerk die Grundlagen für ein homogenes polnisches Staatsvolk geschaffen zu haben.

2. Polonisierung oder Repolonisierung?

Das Inkrafttreten des polnischen Staatsbürgergesetzes vom 8. Januar 1951, das später vom deutschen Bundesverfassungsgericht als rechtlich unwirksam eingestuft wurde, markierte einen weiteren Abschnitt in der „Repolonisierung“ der in ihrer Heimat östlich von Oder und Neiße Zurückgebliebenen. Bei der Volkszählung von 1950 hatten die polnischen Behörden 1,1 Millionen Autochthone erfaßt. Drei Viertel von ihnen lebten in Oberschlesien: 418 000 im Oppelner Land, 350 000 in der Region Kattowitz. Den dritten Rang in der Statistik nahm die Woiwodschaft

Allenstein mit 103000 ein, gefolgt vom niederschlesischen Breslau mit 83000, Danzig mit 51000 und dem pommerschen Köslin mit 43000.[15]

Bis in die Gegenwart vertreten polnische Forscher die Auffassung, daß sich die katholischen Oberschlesier aufgrund ihres Nationalgefühls freiwillig der Verifikation unterzogen und für Polen optierten. Dagegen wird mittlerweile eingeräumt, daß sich die meisten protestantischen Masuren nach dem Zweiten Weltkrieg als Deutsche, zumindest aber als deutsche Masuren betrachteten. Der Allensteiner Woiwode, der Stalinist Moczar, der 1948 sein Amt antrat, versuchte gewaltsam, die widerspenstigen Masuren auf die Volksrepublik Polen einzuschwören. Dabei gab er auch die Anweisung, Widerstand mit Folter zu brechen. Trotz der Repressalien von seiten der Behörden weigerten sich 33000 von insgesamt rund 80000 statistisch erfaßten Masuren sogar, vor den Verifizierungskommissionen zu erscheinen. Die meisten von ihnen reisten denn auch in der zweiten Hälfte der 50er Jahre in die Bundesrepublik aus, darunter auch die Mehrheit derjenigen, die bei der Verifizierung als Polen eingestuft worden waren.[16]

In Oberschlesien waren die Verhältnisse weitaus komplizierter. Denn trotz der Option für Polen bei der Verifizierung hielten viele der Autochthonen an Symbolen des Deutschtums fest, wie der Erste Sekretär der Arbeiterpartei (PZPR) in der Woiwodschaft Kattowitz, Edward Ochab, in einem an alle Stadt- und Kreiskomitees der Partei gerichteten vertraulichen Schreiben vom 2. August 1947 rügte. Ochab, der in Oberschlesien dieselbe Politik der „Entdeutschung“ verfolgte wie General Zawadzki, stieg später in das Politbüro der PZPR auf und wurde 1956 nach dem Tod des Moskau-hörigen Bolesław Bierut sogar für wenige Monate Parteichef. Für die Region Oberschlesien gab Ochab in dem Schreiben klare Anweisungen: „Wir müssen jene Personen feststellen, die sich öffentlich oder privat des Deutschen bedienen, und wir müssen sie als Deutsche aus der polnischen Gesellschaft eliminieren – das heißt, aus dem Gebiet der Republik entfernen... Man muß auch Personen entlarven, die deutschen Kriegsgefangenen Mitleid bezeugen und ihnen Obhut sowie materielle Hilfe zukommen lassen ... Man muß sich mit Zeichen von Sympathie gegenüber Deutschen befassen. Diese Sympathie kommt im Gebrauch der deutschen Sprache zum Ausdruck, im Lesen deutscher Bücher an öffentlichen Plätzen, in der Pflege deutscher Soldatengräber, im Beibehalten deutscher Aufschriften in Privatwohnungen." Sogar an den Aufschriften auf Küchengefäßen störte sich Ochab. Als besonders „peinlich" empfand er es, daß „polnische Familien" deutsche Inschriften auf den Grabsteinen ihrer verstorbenen Angehörigen beließen.

Die untergeordneten Parteiorganisationen meldeten bald Vollzug der Anordnungen. So heißt es in einem Bericht des PZPR-Kreiskomitees von Cosel (Koźle) vom Oktober 1947: „Hinsichtlich der Beseitigung deutscher Aufschriften werden Hausdurchsuchungen durchgeführt." Ein Augenzeuge berichtete von mutwilliger Zerstörung von Hausgerät, Möbeln, vor allem aber von familiären Erinnerungsstücken. An manchen Orten wurden anderen Berichten zufolge auch deutsche Bücher beschlagnahmt und auf einem großen Haufen verbrannt. Manche Behördenchefs ordneten an, daß Personen, die sich weigerten, ihre deutschen Vor- und Zunamen polonisieren zu lassen, Strom und Gas gesperrt wurden.

Auf vielen Friedhöfen und an fast allen Denkmälern wurden die Inschriften herausgemeißelt, überpinselt oder zubetoniert. In Erzählungen älterer Menschen aus allen Ecken Oberschlesiens kommt immer wieder ein Satz vor: „Die Miliz lauschte sogar an den Fensterläden, ob in den Häusern Deutsch gesprochen wurde." Die Lauschaktionen machten gelegentlich nicht einmal vor den Beichtstühlen halt. Einige Priester wurden denunziert und von den Behörden verwarnt, weil sie die Beichte auf deutsch abgenommen hatten.[17]

Konsequenterweise durfte auch an den Schulen nicht Deutsch gelehrt werden. Schulkindern, die vorher deutsche Schulen besucht hatten und bestenfalls wasserpolnisch sprachen, wurden im günstigsten Fall Fristen gesetzt, sich das Hochpolnische anzueignen, im allgemeinen aber waren sie stark benachteiligt. Vor allem blieb ihnen der Weg zur höheren Bildung versperrt, wenn sie nicht in kürzester Zeit korrektes Hochpolnisch lernten.

Das Zentralkomitee der PZPR, zu dessen Erstem Sekretär nach der Verhaftung des „nationalistischen Abweichlers" Gomułka 1948 der Stalinist Bierut aufgestiegen war, ließ sich über die Fortschritte der von ihr vorangetriebenen Polonisierung der Autochthonen ständig auf dem laufenden halten. So wurde in den nach dem Krieg unter polnische Hoheit gekommenen Gebieten bei der Ausgabe der neuen Personalausweise 1952 nach der Nationalität der Empfänger gefragt. Trotz der vorausgegangenen Maßnahmen „zur Liquidierung des Deutschtums", wie es in PZPR-Dokumenten genannt wurde, einschließlich Repressalien gegen illoyale Elemente in der Bevölkerung, erklärten in der Woiwodschaft Oppeln 70000 Befragte, sie seien Deutsche, in Allenstein knapp 44000, in Kattowitz 13000. Insgesamt belief sich die Zahl der von der Partei sogleich als feindliche Elemente eingestuften Personen auf 130000.[18]

Vier Jahre später, im Tauwetterjahr 1956, entstanden in diesen Woiwodschaften, in denen es nach der Verifizierung offiziell keine Deutschen mehr gab, sogar deutsche Vereine, die die Behörden allerdings nicht registrierten. In Warschau wurden die Stalinisten aus der Parteiführung gedrängt, Bierut war am Rande des XX. Parteitages der KPdSU, auf dem Nikita Chruschtschow erstmals in seiner berühmten Geheimrede einige der Verbrechen Stalins anprangerte, in Moskau einem Herzinfarkt erlegen. Sein Nachfolger Ochab wurde schon nach den Arbeiterunruhen – vor allem in Posen – im Oktober 1956 von Gomułka an der Parteispitze abgelöst. Erst wenige Wochen vorher war der frühere Parteichef und Minister für die Wiedergewonnenen Gebiete aus der Haft entlassen worden, er konnte sich somit als Opfer des Stalinismus präsentieren. Das ZK hatte ihn nach seiner Rehabilitierung sogleich beauftragt, die Fehler, die die politische Führung in den ihm früher unterstehenden Gebieten begangen hatte, zu analysieren.

Die Gerichte setzten Sonderkammern ein, die Urteile und Entscheidungen der Behörden aus dem vorhergehenden Jahrzehnt zu überprüfen hatten. Vor allem galt es Eigentumsfragen zu regeln, schließlich waren Zehntausende, wenn nicht Hunderttausende während der Stalinzeit ohne Rechtsgrundlage enteignet worden. In dieser Zeit begann der Geheimprozeß gegen Czesław Gęborski, den Kommandanten des Arbeitslagers Lamsdorf (vgl. Kap. III.1, S. 74–78).

Von Gomułka geduldet, möglicherweise sogar gefördert, erschienen in diesen Monaten auch zahlreiche Artikel über das Schicksal der Menschen, die nach den Vertreibungswellen in ihrer Heimat zurückgeblieben waren. Im Bericht eines polnischen Augenzeugen, erschienen in der wenig später allerdings von Gomułka verbotenen Zeitschrift „Po prostu", hieß es: „Mit den rechtmäßigen Behördenvertretern, die die Verwaltung des kriegszerstörten Landes übernahmen, kam eine Horde von Plünderern, Opportunisten und Spekulanten ... Die Möbel der Autochthonen wurden geraubt, ihnen die Trauringe von den Fingern gezogen, ihre Häuser und Gärten besetzt." In der Zeitschrift „Nowa Kultura" wurde das Vorgehen der Behörden gegen die einheimische Bevölkerung in Oberschlesien und in Masuren als „Epos von Wahnsinn und Verbrechen" verurteilt.[19] Auch andere Kommentatoren vertraten die Auffassung, in den ersten Jahren nach dem Krieg sei auf diese Weise bewerkstelligt worden, was Jahrhunderte der Germanisierung nicht erreicht hätten: Die dort lebende Bevölkerung sei dem Polentum entfremdet worden, ihm vielleicht für immer verlorengegangen.

Beunruhigen mußte die Parteiführung, daß Tausende von Autochthonen, die bei der Verifizierung für Polen votiert hatten, während des Tauwetters deutsche Vereine gründeten und sogar eine Vertretung im Sejm verlangten. In mehreren Orten wurde die Einrichtung von deutschsprachigen Schulen gefordert. Am weitesten ging das Woiwodschaftskomitee der PZPR in Oppeln: Es forderte angesichts der Oktoberunruhen eine rückhaltlose Aufklärung über die Politik gegenüber den Autochthonen, die Wiedergutmachung des Unrechts der ersten Nachkriegsjahre sowie – dies kam einer Sensation gleich – ihre Anerkennung als nationale deutsche Minderheit. Doch das Warschauer ZK erklärte diesen Beschluß postwendend für ungültig, die verantwortlichen Parteikader wurden abgesetzt. Außerdem ordnete das ZK an, sämtliche Exemplare der „Trybuna Opolska" vom 3. November 1956, in der die Oppelner Beschlüsse abgedruckt waren, einzuziehen und einzustampfen. Vor allem der Staatsratsvorsitzende Zawadzki, in den Nachkriegsjahren für die Polonisierung Oberschlesiens verantwortlich, zeigte sich über die Versuche, deutsche Vereine zu gründen, empört.[20]

Die Maßnahme gegen die Regionalorganisation der Partei in Oppeln ließ bereits erahnen, daß der Liberalisierung und Aufarbeitung der Vergangenheit enge Grenzen gesetzt waren. Wie auch in der tonangebenden Sowjetunion folgte auf die Tauwettermonate 1956/57 wieder eine Frostperiode. Gomułka mußte auch die Notbremse ziehen, sonst wäre unweigerlich in der Presse, auf der die kommunistische Zensur vorübergehend nicht mehr so schwer lastete wie in der Stalinzeit, nach seiner Verantwortung als damaliger Parteichef und Minister gefragt worden. Überdies stellten Zehntausende angeblich „ethnischer Polen“ aus Oberschlesien und Masuren Ausreiseanträge.

Die Parteiführung gab zunächst einem Großteil der Antragsteller nach. Wie schon bei der Verabschiedung des Staatsbürgerschaftsgesetzes 1951 glaubte man in Warschau, auf diese Weise das Problem einer deutschen Minderheit endgültig zu lösen. Doch als sich wegen der Abwanderung von Fachkräften Probleme vor allem im oberschlesischen Bergbau ergaben, die Produktion ganzer Zechen zurückging, warf Gomułka Anfang 1959 das Steuer herum. Ausreiseanträge wurden nicht mehr bearbeitet, viele Antragsteller verloren ihren Arbeitsplatz. Die deutschen Vereine wurden aufgelöst, der Gebrauch der deutschen Sprache in der Öffentlichkeit war wieder untersagt. Ebenso schob die PZPR einer weiteren Diskussion über die Vergangenheit einen Riegel vor. Konsequenterweise wurde das Oppelner Verfahren gegen Gęborski eingestellt.

Die Zensur unterband wieder jeden Hauch von Kritik an Entscheidungen der Parteiführung. Der Presse kam eine entscheidende Rolle in der Assimilierungspolitik Warschaus zu. So erschienen in der „Trybuna Opolska“ und dem Allensteiner Blatt „Głos Olsztyński“ 1959 wiederholt Kommentare, in denen es hieß, die widerspenstigen unter den Autochthonen hätten keine andere Perspektive, als ihre „ausnehmend starke Abneigung gegen die jetzige Wirklichkeit“ zu überwinden.

Das kurze polnische Tauwetter war vorüber, das Land erstarrte allmählich in einem Klima der Repression – bis zu den nächsten Unruhen Ende 1970 an der Ostseeküste.

3. Die geduldeten Deutschen

Während es nach dem Verständnis der Parteiführung in Oberschlesien und Ostpreußen Anfang der 50er Jahre so gut wie keine Deutschen mehr gab, bemühten sich die Behörden in Niederschlesien und Pommern, mehrere zehntausend Deutsche im Lande zu halten – mehr oder weniger unter Ausschluß der Öffentlichkeit. Denn auch in diesen beiden früheren preußischen Provinzen hatte man seit 1945 versucht, alle Spuren des Deutschtums auszumerzen, beginnend mit der Änderung der Ortsnamen. Oft genug übertrug man dabei die deutschen Namen einfach ins Polnische, da keine alten slawischen überliefert waren. So wurde Hirschberg zu Jelenia Góra, Grünberg zu Zielona Góra, aus Weißstein Biały Kamień. Oder die neue Bezeichnung entsprach lautlich dem alten Namen, wobei die alte Bedeutung verlorenging, zum Teil eine ganz neue Bedeutung entstand, wie bei Waldenburg (Wałbrzych) bzw. Neurode (Nowa Ruda, ‚Neues Erz'). Beim Ostteil von Görlitz ging die Namensgebung sogar in mehreren Etappen vor sich: zunächst hieß er Gorlice, dann Zgorzelice, schließlich bis heute Zgorzelec.

Die Deutschen, die der Vertreibung in Niederschlesien und Pommern entgangen waren, wurden als Spezialisten in der Industrie benötigt. Die meisten von ihnen arbeiteten im Bergbaugebiet von Waldenburg, wo für ein gutes Jahrzehnt sogar ein eigenständiges deutsches Kulturleben entstand, kaum bemerkt von den polnischen Repatrianten und Siedlern, die die Mehrheit in dem Gebiet ausmachten. Laut Anweisung der Behörden durften sie auch nicht an Lieder-, Tanz- oder Theaterabenden der Deutschen teilnehmen.[21]

In Niederschlesien, wo sich bei der Volkszählung von 1925 99 Prozent der Einwohner als Deutsche bezeichnet hatten, waren nach Flucht und Vertreibung rund 110000 Personen zurückgeblieben. 40000 von ihnen stellten sich den Verifizierungskommissionen und wurden mehrheitlich als Polen eingestuft. Von den übrigen reisten rund 30000 noch Anfang der 50er Jahre aus. In Pommern belief sich die Zahl der Deutschen, die im Lande blieben, auf rund 45000. Diese Bevölkerungsgruppe bekam provisorische Ausweispapiere, in denen ausdrücklich ihre deutsche Volkszugehörigkeit bestätigt wurde. Doch wurde ihre deutsche Staatsangehörigkeit nicht anerkannt. Rechtlich waren sie also Bürger zweiter Klasse. Dazu gehörte auch, daß die jungen Männer keinen normalen Wehrdienst leisteten, sondern zu schwerer körperlicher Arbeit im Bergbau und auf Baustellen eingesetzt wurden. Diese Deutschen galten als unabkömmlich für die Industrieproduktion.

Den polnischen Regionalpolitikern war dabei offenbar bewußt, daß die Arbeitsmotivation sinken würde, falls auch diese Spezialisten dem Polonisierungsdruck ausgesetzt würden, zumal da für die deutsche Bevölkerung in Niederschlesien und in Pommern Polnisch eine Fremdsprache war. Der Wasserpolnisch oder Schlonsakisch genannte Mischdialekt war ausschließlich in Oberschlesien Umgangssprache. Die anerkannten Deutschen durften sich in lokalen Kulturvereinen organisieren. Mehrere zurückgebliebene Priester wurden von den Behörden kaum daran gehindert, für die Katholiken unter den Deutschen Messen zu lesen. Sie hatten sich vielmehr mit ihren polnischen Amtsbrüdern auseinanderzusetzen.

Außerdem erlaubte das ZK der PZPR 1950 die Einrichtung deutschsprachiger Schulen, zunächst im Waldenburger Raum, in Breslau und im pommerschen Köslin (Koszalin). Dabei handelte es sich allerdings meist um spärlich ausgestattete Zwergschulen mit nur einem Lehrer. Lediglich die Schulen in Waldenburg sowie den nahegelegenen Gemeinden Gottesberg (Boguszowo) und Weißstein (Biały Kamień) zählten mehr als 300 Schüler. Für das Schuljahr 1954/55 weisen die Statistiken 132 deutschsprachige Grundschulen sowie zwei weiterführende Schulen in Waldenburg und Schweidnitz (Świdnica) aus. In der Bezirkshauptstadt Waldenburg und im benachbarten Gottesberg wurden außerdem zwei Berufsschulen für den Bergbau eingerichtet. Das Unterrichtsmaterial kam größtenteils aus der DDR.

Ebenso unterstützten Journalisten aus der DDR die Gründung und die Herausgabe mehrerer deutschsprachiger Blätter, zumindest aus der Ferne. 1951/52 erschien als Organ der deutschen Bergmannsgewerkschaft in Waldenburg ein Blatt unter dem Titel „Wir bauen auf". In Breslau kam die ebenfalls teilweise von SED-Funktionären redigierte „Arbeiterstimme" heraus, die vorübergehend mit dem Untertitel „Sozialistische Tageszeitung" sogar fünfmal in der Woche erschien. 1958 wurde aus ihr die Wochenzeitung „7 Tage in Polen". Doch wurde das Blatt, dessen Auflage zuletzt auf 5000 Exemplare gefallen war, nach nur zehn Nummern auf Geheiß der Breslauer Parteiführung, die auch hinter den Herausgebern gestanden hatte, eingestellt. Allerdings richtete sich die Auflagenhöhe nicht nach der Nachfrage, sondern nach der ebenfalls von den Kommunisten bestimmten Papierzuteilung. Jedenfalls kam mit dem Aus für das Wochenblatt auch das Ende der Beilagen „Der Landarbeiter", dessen kleine Redaktion schon zuvor mit dem ebenfalls Anfang der 50er Jahre in Köslin gegründeten „PGR-Arbeiter", einem dünnen Blatt für die Beschäftigten der Landwirtschaftlichen Produktionsgenossenschaften (polnisch: PGR) in Pommern, zusammengelegt worden war.[22] Auch bei diesem Blatt mußten die Redakteure viele den Sozialismus lobpreisende Artikel aus der Feder von SED-Schreibern übernehmen.

Im Tauwetterjahr 1956 durften die Waldenburger Deutschen einen Dachverband für ihre Vereine gründen, die Deutsche Sozialkulturelle Gesellschaft, die unter der polnischen Abkürzung NTSK auftrat. Die Gesellschaft erfreute sich eines großen Zulaufes, NTSK-Gruppen entstanden auch in Breslau, Stettin und Köslin. Die Mitgliederzahlen lagen nach einem internen Bericht der Behörden in diesen drei Woiwodschaften zwischen 800 und 3000.

Anfang Oktober 1956 reiste eine NTSK-Delegation, der vor allem Lehrer aus dem Raum Waldenburg angehörten, nach Warschau, um den Zentralbehörden einen Forderungskatalog vorzulegen. Dazu gehörten die rechtliche Gleichstellung mit den Polen, die Rückgabe von konfisziertem und anderweitig vergebenem Eigentum, eine Vertretung der Deutschen im Sejm, schließlich aber auch das Recht auf Ausreise. Vertreter der Regierung versprachen, die Anliegen der Deutschen zu überprüfen. Dabei blieb es allerdings auch. Zwar fand am 14. November 1957 noch der erste NTSK-Kongreß in Waldenburg statt, doch hatte die Parteiführung unter Gomułka zu diesem Zeitpunkt längst entschieden, die Deutschen aus Niederschlesien ausreisen zu lassen.

Der schwierige Alltag als Angehörige einer Minderheit hat Umfragen zufolge die meisten der Betroffenen dazu bewogen, das entsprechende Angebot der Behörden anzunehmen. Die Durchführung lag dabei beim polnischen und beim bundesdeutschen Roten Kreuz, weil zwischen beiden Staaten keine diplomatischen Beziehungen bestanden; 1955 schlossen beide Organisationen ein Abkommen. Einfluß auf die Entscheidung zur Ausreise, die offiziell unter dem Stichwort Familienzusammenführung lief, hatte sicherlich auch die drückende Versorgungslage, zumal immer mehr Nachrichten über das deutsche Wirtschaftswunder nach Schlesien drangen. Allein im Jahr 1957 reisten 90000 der anerkannten Deutschen aus, 23000 von ihnen in die DDR. 1959 belief sich die Anzahl der Zurückgebliebenen nach amtlichen Statistiken nur noch auf 3500 in Niederschlesien und auf 800 in der Woiwodschaft Köslin. Das polnische Rote Kreuz kündigte in diesem Jahr das Ausreiseabkommen.

Ein Jahrzehnt später, im Jahr 1970, zählte die NTSK in ganz Niederschlesien nur noch 563 Mitglieder. Deren führende Köpfe wurden von der Geheimpolizei SB argwöhnisch beobachtet. 1972 genehmigten die Behörden noch ein neues Statut, in dem als Ziel der Gesellschaft auch die „Eingliederung der ethnischen Gruppe deutscher Nationalität in das gesamtnationale sozialistische Gebäude Polens“ angegeben war. Mit dem Exodus vom Ende der 50er Jahre aber war das deutschsprachige Kulturleben fast völlig erloschen – was durchaus im Interesse der Parteiführung lag. Doch überdauerte die Tradition von auf deutsch gelesenen Sonntagsmessen in Breslau, Waldenburg und Schweidnitz die Zeit der Parteiherrschaft.

4. Wenig Bewegung im Zeichen der Entspannung

Zu den letzten Amtshandlungen Gomułkas gehörte seine Teilnahme an der feierlichen Unterzeichnung des deutsch-polnischen Vertrages in Warschau am 7. Dezember 1970. Den Vertrag, in dem die Unverletzlichkeit „der Oder-Neiße-Linie, die die Westgrenze der Volksrepublik Polen bildet", festgestellt wurde, unterzeichneten für die beiden Regierungen Bundeskanzler Willy Brandt und Ministerpräsident Józef Cyrankiewicz sowie die Außenminister Walter Scheel und Stefan Jędrychowski. Wie das Bundesverfassungsgericht später klarstellte, war damit für Bonn keine völkerrechtliche Anerkennung der Oder-Neiße-Linie als polnischer Westgrenze verknüpft. Das Gericht, das von Abgeordneten der CDU/CSU-Fraktion sowie dem Bund der Vertriebenen angerufen worden war, berief sich dabei auf die Vereinbarungen der Potsdamer Konferenz. Die Führung in Warschau interpretierte den Vertrag hingegen als förmliche Anerkennung. Schon 1950 hatten die Volksrepublik Polen und die DDR auf Moskauer Druck hin einen Grenzvertrag geschlossen, den das Bundesverfassungsgericht postwendend für rechtlich unwirksam erklärte. Endgültige Klarheit über die polnische Westgrenze an Oder und Görlitzer Neiße erbrachte erst der Grenzvertrag, den Bundeskanzler Kohl und Ministerpräsident Mazowiecki im November 1990 in Frankfurt an der Oder unterzeichneten.

Bei den Verhandlungen über den Warschauer Vertrag von 1970 kam erstmals auch die Frage einer deutschen Minderheit im polnischen Machtbereich zur Sprache. Warschau übermittelte Bonn bereits nach der Paraphierung des Vertrages durch die beiden Außenminister eine „Information der Regierung der Volksrepublik Polen", in der die polnische Seite ihre Bereitschaft zur „Lösung humanitärer Probleme" erklärte. Darin wurde darauf hingewiesen, daß aufgrund einer Vereinbarung zwischen den Organisationen des Roten Kreuzes beider Staaten von 1955 bis 1959 eine Viertel Million Personen in die Bundesrepublik übergesiedelt seien. In den 60er Jahren seien „im normalen Verfahren" weitere 150000 Menschen ausgereist. Weiter hieß es in der

Information: „In Polen ist heute aus verschiedenen Gründen (zum Beispiel enge Bindung an den Geburtsort) eine gewisse Zahl von Personen unbestreitbar deutscher Volkszugehörigkeit und von Personen aus gemischten Familien zurückgeblieben, bei denen im Laufe der Jahre das Gefühl dieser Zugehörigkeit dominiert hat." Diese Personen könnten in einen der beiden deutschen Staaten ausreisen, unter Beachtung der in Polen geltenden Gesetze und Vorschriften.

Das Schreiben der polnischen Regierung bezog sich keineswegs auf die Autochthonen, sondern auf die „ethnischen Deutschen" vor allem in Niederschlesien. Während für Bonn diese Bevölkerungsgruppen Deutsche im Sinne des Grundgesetzes waren, handelte es sich für Warschau um polnische Staatsbürger, denen eine Ausreise gestattet werden konnte, aber keineswegs mußte. Vor allem machte die polnische Regierung mit dem Schreiben auch deutlich, daß sie nicht bereit war, über Minderheitenrechte für diese Gruppen zu verhandeln, so wie es von deutscher Seite bei den vorhergehenden Verhandlungen ins Gespräch gebracht worden war. Vielmehr setzte sich die kommunistische Führung zum wiederholten Mal das Ziel, das Minderheitenproblem durch eine großangelegte Aussiedlung endgültig zu lösen.

Bei den Bundestagsdebatten über die Ostverträge sprachen Abgeordnete, die auch dem BdV angehörten, von 1,1 Millionen Deutschen jenseits von Oder und Neiße. Die CDU/CSU-Fraktion bemängelte, daß der Warschauer Vertrag keine Regelungen dazu enthielt. Die Annahme des von der sozialliberalen Koalition getragenen Vertrages, der noch zwei Jahrzehnte lang für innen- wie außenpolitischen Streit sorgen sollte, war aber nicht gefährdet. 248 Bundestagsabgeordnete bestätigten ihn, nur 17 waren dagegen. 231 Abgeordnete aus den Reihen der Union enthielten sich, so wie es ihre Fraktion vorher beschlossen hatte. Das Vertragswerk kostete die SPD/FDP-Koalition aber fast ihre Mehrheit im Bundestag. Denn einige Abgeordnete aus ihren Reihen lehnten die Ostpolitik Brandts ab und schlossen sich der CDU/CSU-Fraktion an, darunter Herbert Hupka, der Vorsitzende der Landsmannschaft Schlesien, der erst 1969 für die SPD in den Bundestag eingezogen war.

Die „Information“ der polnischen Regierung über die zurückgebliebenen Deutschen stellte den Ausgangspunkt für das „Ausreiseprotokoll“ vom 9. Oktober 1975 dar, auf dessen Inhalt sich Bundeskanzler Helmut Schmidt und Parteichef Edward Gierek zwei Monate zuvor am Rande der KSZE-Konferenz von Helsinki geeinigt hatten. Demnach sollte in den folgenden vier Jahren rund 125000 Personen die Ausreise in die Bundesrepublik gestattet werden. Die polnischen Behörden hatten bereits in dem vorhergehenden Jahrfünft, seitdem Gierek die Nachfolge Gomułkas angetreten hatte, rund 65000 Personen ziehen lassen.

Schmidt hatte bei der Gelegenheit Gierek auch deutsche Zahlungen in Höhe von 2,3 Milliarden Mark zugesagt. 1,3 Milliarden Mark sollten die Rentenansprüche ehemaliger Reichsbürger, die in ihrer unter polnische Hoheit gekommenen Heimat geblieben waren, pauschal abgelten. Die Betroffenen bekamen dann von den polnischen Behörden Złoty zum offiziellen Kurs ausbezahlt, der für sie nachteilig war. Die restliche Milliarde war als Kredit gedacht. Diesen sogenannten Jumbo-Kredit konnte Polen später nicht zurückzahlen. Die gleichzeitig erzielten Übereinkünfte über die Ausreise der Deutschen einschließlich möglicher polnischer Familienangehörigen und den Jumbo-Kredit wurden von der CDU/CSU-Opposition im Bundestag als Menschenhandel angeprangert. Außenminister Hans-Dietrich Genscher kündigte daraufhin Gespräche mit der polnischen Regierung über einen Minderheitenschutz an. Eine entsprechende Regelung müsse nachgeholt werden. Warschau ließ indes nicht mit sich darüber reden. Mieczysław Rakowski, einer der Deutschland-Experten des ZK und gleichzeitig Chefredakteur der Wochenzeitschrift „Polityka“, erklärte: „Weshalb sollte man nach 30 Jahren für Menschen, die 1945 für Polen optiert haben, jetzt kleine Inseln von zwei oder drei Familien in polnischen Ortschaften bilden?“[23]

Rakowskis rhetorische Frage entsprach der Parteipropaganda, die das Problem der Minderheiten als gelöst darstellte, weil es keine mehr gebe. Allerdings war diese Position nicht unumstritten in der PZPR. Eine Gruppe von oberschlesischen Politikern, an ihrer Spitze der Sejmabgeordnete und Schriftsteller Wilhelm Szewczyk, setzte sich vehement für eine begrenzte Autonomie ihrer Region ein. Auf diese Weise hofften sie, den Exodus eindämmen zu können. Gierek blockte aber alle derartigen Initiativen ab. Gegenüber Bundeskanzler Schmidt bezeichnete der frühere Parteichef von Kattowitz sich zwar als Oberschlesier,[24] doch wurde er von den Autochthonen nicht als einer der ihren betrachtet.

In der Ära Gierek, die die Dekade von 1970 bis 1980 umfaßte, wurde die angeblich erreichte nationale Homogenität in den Grenzen der Volksrepublik als großer politischer Erfolg der Partei herausgestrichen. Die Behörden trugen dafür Sorge, daß dieses Bild nicht von Personen oder Gruppen, die sich nicht als Polen verstanden, getrübt wurde. So wurde 1977 ein polnischer Funktionär als Kurator an die Spitze der deutschen Gesellschaft (NTSK) in Breslau gesetzt. In der ganzen Woiwodschaft war die Anzahl der Mitglieder längst unter 2000 gesunken. Der Kurator sorgte rasch für die Beendigung des Vereinslebens, das ohnehin zuletzt nur noch aus Kaffeenachmittagen und gemütlichen Abenden unter Ausschluß der Öffentlichkeit bestanden hatte. Mehr hatten die Behörden nicht genehmigt.

Der These der Partei, daß in Polen das Minderheitenproblem gelöst sei, konnten sich oppositionelle Kreise allerdings nicht anschließen. Im September 1981 stimmten die Delegierten der Gewerkschaft Solidarität auf ihrem ersten Kongreß dafür, den Minderheitenschutz in ihr Programm aufzunehmen. Arbeiterführer Lech Wałęsa machte sich eigenen Aussagen zufolge persönlich diese Forderung zu eigen.

Die Oppelner Organisation der Solidarität sprach sich für die Anerkennung der deutschen Minderheit aus.

5. Illegale Organisation unter dem Kriegsrecht

In der Nacht zum 13. Dezember 1981 verhängte der polnische Partei- und Regierungschef, General Wojciech Jaruzelski, das Kriegsrecht über das Land. Obwohl die Machtübernahme des

Militärs von langer Hand und bei weitgehender Geheimhaltung vorbereitet worden war, gelang es den Sicherheitskräften nicht, alle führenden Köpfe der Gewerkschaft Solidarität festzunehmen und zu internieren. Nachdem der erste Schock überwunden war, konsolidierte sich die Untergrund-Solidarität und enervierte, unterstützt von weiten Kreisen der Bevölkerung, die Parteiführung mit zahlreichen Aktionen und Publikationen.

Das Kriegsrecht bedeutete auch einen Einschnitt bei den Aussiedlern. Nach dem zwischen Kanzler Schmidt und Parteichef Gierek 1975 vereinbarten „Ausreiseprotokoll" hatten die Behörden deutlich mehr Anträgen stattgegeben als in der ersten Hälfte der 70er Jahre, als jährlich im Durchschnitt rund 12000 Personen in die Bundesrepublik gekommen waren. In der zweiten Hälfte der 70er Jahre hatte sich diese Zahl um das Zweieinhalbfache auf durchschnittlich 30000 gesteigert. 1981, im Zeichen wirtschaftlicher und politischer Instabilität mit einem vorübergehend desorientierten Staatsapparat, waren gar 51000 polnische Staatsbürger westwärts gezogen. Mit der Verhängung des Kriegsrechts fiel die Zahl der Aussiedler auf rund 30000, danach pendelte sie sich für vier Jahre um 20000 ein. Doch dann ging die Kurve nach oben: 1987 traten 48000 polnische Staatsbürger, die vom Bundesverwaltungsamt in Köln als Deutsche im Sinne des Grundgesetzes anerkannt wurden oder Familienangehörige von Deutschen waren, die Reise nach Westen an, 1988 waren es bereits 140000, schließlich 1989, im Jahr der politischen Wende, ziemlich genau eine Viertelmillion. Der Aussiedlerstrom führte dazu, daß in manchen oberschlesischen Dörfern die Einwohnerzahl von mehreren hundert auf mehrere Dutzend sank. Tausende von Häusern und Bauernhöfen wurden verlassen und verfielen zunehmend.

Während die Behörden trotz vieler Schikanen letztlich diesen Exodus doch nicht unterbrachen, bestritt die polnische Führung mit Vehemenz die Existenz einer deutschstämmigen Volksgruppe im Land. Unter dem Kriegsrecht wurde die Deutschland-Politik Warschaus von einer Revisionismuskampagne in der Sprache des Kalten Krieges bestimmt, so als hätte es nie die Annäherung während der Entspannung der 70er Jahre gegeben.

Jaruzelski war nach der Verhängung des Kriegsrechts in den Ländern außerhalb des Warschauer Paktes weitgehend geächtet. Innenpolitisch lehnte die überwältigende Mehrheit der Bevölkerung das Regime ab, wie das Politbüro der PZPR selbst befand. Diese Selbsteinschätzung geht aus Dokumenten hervor, deren Inhalt Anfang der 90er Jahre, also nach der Auflösung der Partei, an die Öffentlichkeit gelangte.[25]

Für ihre Kampagne gegen die Westdeutschen hatte die Parteiführung aus ihrer Sicht gute Gründe: Bundesbürger sendeten während des Kriegsrechts rund vier Millionen Hilfspakete in das Land und führten damit die jahrzehntelang propagierten Feindbilder ad absurdum. Im Dienst der kommunistischen Propaganda scheuten sich mehrere Kommentatoren nicht, die Hilfsaktionen als Teil eines hinterlistigen Plans darzustellen, die Polen einzuschläfern.

Die Partei traf mit den Formeln von der Bedrohung durch die revisionistischen Deutschen durchaus auf eine weitverbreitete Stimmung unter der Bevölkerung. In diesem Sinne wurde noch stärker herausgehoben, daß die Polen nach dem Zweiten Weltkrieg nur in ihnen rechtlich zustehendes Gebiet „zurückgekehrt" seien. Die These von den „wiedergewonnenen Gebieten" vertrat neben dem Westbund besonders energisch die unter dem Kriegsrecht neugegründete Patriotische Vereinigung Grunwald, die sich bis in die Gegenwart vor allem auf altgediente Parteikader und höhere Offiziere stützt. Der Name steht für die Schlacht zwischen einem polnisch-litauischen Heer und dem Deutschen Orden im Jahre 1410, in der deutschen Geschichtsschreibung als Schlacht von Tannenberg bekannt. Obwohl im 15. Jahrhundert kaum ein Nationalbewußtsein ausgeprägt gewesen sein dürfte, haben polnische Historiker und Schriftsteller diese Schlacht als ersten großen Kampf zwischen Deutschen und Polen mystifiziert. Die Parteipropaganda der 80er Jahre nahm diese Kategorien wieder auf. Bei den Feierlichkeiten zum 40. Jahrestag der „Rückkehr" Allensteins zum Mutterland spielten Reiter die Schlacht von Grunwald nach, wie sie nach den Vorstellungen der offiziellen Geschichtsschreibung stattgefunden hat: Am Schluß lagen alle Kreuzritter am Boden, bezwungen von den Recken mit den rot-weißen Wimpeln. Die Nachkommen dieser Eindringlinge aus der Zeit des Mittelalters wurden der Propagandakampagne zufolge nach dem Zweiten Weltkrieg aus dem Land gejagt – ein Akt historischer Gerechtigkeit.

Demnach konnte es auch keine deutsche Minderheit mehr im Lande geben. In diesem Sinne sagte Jaruzelski im Herbst 1984 vor jungen Offizieren: „Man erfindet das fingierte Problem der über eine Million starken deutschen Minderheit in Polen, um eine ethnische Teilung anzustreben." Bei den Feierlichkeiten zum 40. Jahrestag der deutschen Kapitulation 1945 sagte er in Breslau: „Wir haben alle internationalen Verpflichtungen auf dem Gebiet der Repatriierung und der Zusammenführung von durch den Krieg getrennten Familien übererfüllt. Damit hat das Problem einer nationalen deutschen Minderheit in Polen endgültig zu bestehen aufgehört."[26]

Jaruzelski gelang es damals auch, Besucher aus der Bundesrepublik davon zu überzeugen, daß Bonner Forderungen nach Minderheitenrechten nur den deutsch-polnischen Beziehungen schaden würden. So sagte der SPD-Fraktionsvorsitzende Hans-Jochen Vogel nach einer Begegnung mit dem polnischen Partei- und Regierungschef in Warschau auf einer Pressekonferenz: „Eine solche Debatte könnte alles, was wir an Versöhnung auf den Weg gebracht haben, im Kern treffen."[27]

Zu diesem Zeitpunkt waren allerdings bereits Gruppen entstanden, die sich der „Pflege des Deutschtums" verschrieben hatten, so in den oberschlesischen Städten Kattowitz, Gleiwitz, Beuthen (Bytom), Ratibor (Racibórz) und in Niederschlesien, wo nur noch wenige tausend Deutsche lebten, in Breslau, Waldenburg (Wałbrzych) und Hirschberg (Jelenia Góra). Unterstützt wurden sie dabei teilweise von Mitarbeitern und Sympathisanten des BdV, die, obwohl sie konspirativ tätig waren, sehr bald die Aufmerksamkeit der polnischen Geheimpolizei SB weckten.

Der SB versuchte, die zunächst privaten Zirkel zu unterwandern oder sie mit Gewalt auseinanderzutreiben. Einer der Betroffenen schilderte seine Beobachtungen und Erfahrungen ein knappes Jahrzehnt später auf einem Schlesiertreffen: „Nicht wenige Oberschlesier wurden damals vom SB verhaftet, schikaniert und zusammengeschlagen, nur weil sie sich zusammenfanden, um dann in Privatwohnungen, auf dem freien Felde oder in einer Kiesgrube deutsche Lieder einzuüben."[28]

Erstmals stellte im November 1983 ein Angehöriger der offiziell nicht anerkannten Minderheit, der Berufsschullehrer Norbert Gaida aus Roschkau (Roszków) bei Ratibor, den Antrag auf Registrierung eines „Verbandes der Deutschen". Er solle das Gegenstück zum Verband der Polen in der Bundesrepublik werden. Doch die Behörden weigerten sich, den Antrag entgegenzunehmen, geschweige denn, ihn zu bearbeiten. Ähnlich erging es im März 1984 einer Gruppe von 17 Personen, die in Warschau, Danzig und Kattowitz ansässig waren, mit einem gleichlautenden Gesuch. Schon sieben Monate später ergriffen 20 Einwohner der Woiwodschaft Kattowitz, unter ihnen erneut Gaida, die Initiative. In ihrem Antrag hieß es, ein Vereinsleben der Deutschen in Polen könnte dazu beitragen, die Ausreisewelle zu stoppen. Obwohl die Antragsteller ausdrücklich herausstellten, daß sie beim „sozialistischen Aufbau in der Volksrepublik Polen" helfen wollten, lehnten die Behörden das Ansinnen ab. Das Verwaltungsamt der Woiwodschaft Kattowitz führte am 18. Dezember 1984 zur Begründung an: „Ein entsprechender Verband könnte wegen der Unterstützung aus der BRD eine Bedrohung der Sicherheit, der Ruhe und der öffentlichen Ordnung hervorrufen."[29] Die Gründungsmitglieder des illegalen Verbandes wurden beschuldigt, „die polenfeindlichen Tendenzen der in der BRD bestehenden revisionistischen Kreise" zu unterstützen. Ebensowenig führten Anträge anderer Gruppen in Oppeln, Beuthen sowie mehreren kleineren Städten Oberschlesiens zum Erfolg.

Auch der Versuch des Försters Edward Vogelgesang aus dem pommerschen Greifenhagen (Gryfino), eine deutschsprachige Zeitschrift mit dem Titel „Unsere Muttersprache" herauszubringen, war zum Scheitern verurteilt. Im Juli 1985 richtete er einen entsprechenden Antrag an die Zensurbehörden. Doch teilte ihm das Hauptamt für die Kontrolle von Publikationen und Schauspielen in Warschau mit, daß der Antrag nicht den Bestimmungen des Pressegesetzes genüge. Außerdem könne man grundsätzlich aufgrund des allgemeinen Papiermangels keine neuen Publikationen genehmigen.

Gegen diese Entscheidung strengte Vogelgesang ein Verfahren beim Obersten Verwaltungsgericht an. In der Zeit bis zum Verhandlungsbeginn richtete er Schreiben mit der Bitte um Unterstützung an mehrere Institutionen und bekannte Persönlichkeiten, darunter an Barbara Jaruzelska. Die perfekt deutsch sprechende Ehefrau des Parteichefs stammt aus Oberschlesien. In mehreren Presseberichten hieß es unter dem Hinweis, daß ihr Mädchenname Bergfried lautet, sie sei deutschstämmig. Der Name stammt allerdings von ihrem Stiefvater, einem Baltendeutschen. Vogelgesang erhielt von ihr keine Antwort, ebensowenig von den anderen Adressaten.[30]

Überraschend hob das Oberste Verwaltungsgericht in Warschau im Februar 1986 die Entscheidung der Zensurbehörde auf. Der Antragsteller hätte aufgeklärt werden müssen, welche Dokumente er hätte beibringen müssen, lautete die Begründung für das Urteil. Es kam aber nicht zur Wiederaufnahme des Verfahrens, denn SB-Funktionäre drängten Vogelgesang zur Ausreise. Der Förster berichtete später, er habe sich zunächst geweigert. Doch sei ihm bedeutet worden, daß die Behörden nicht mehr für die Sicherheit seiner Familie garantieren könnten. Also siedelte er in die Bundesrepublik über. Genauso war es Gaida und den anderen Aktivisten ergangen, die noch unter dem Kriegsrecht deutsche Vereine registrieren lassen wollten. Gaida war nach eigenen Angaben schon Anfang der 80er Jahre in das Blickfeld des Sicherheitsdienstes geraten und bei Verhören krankenhausreif geschlagen worden.

Noch vor seiner Ausreise hatte sich Vogelgesang an der Organisation des ersten „Kulturkongresses der deutschen Volksgruppe" beteiligt, der für den 10. Mai 1986 in Ratibor geplant war. Dort hatte im Dezember 1985 der Handwerksmeister Blasius Hanczuch den ersten Deutschen Freundschaftskreis (DFK) gegründet. SB und Miliz aber ließen es nicht zu dem Kongreß kommen. Sie nahmen fünf führende DFK-Mitglieder fest und ließen sie erst nach zweitägigen Verhören wieder frei. Gleichzeitig gab es bei einem größeren Personenkreis stundenlange Hausdurchsuchungen. Außerdem wurden rund 200 Gäste aus der Bundesrepublik, überwiegend Angehörige des BdV, aufgefordert, möglichst schnell nach Hause zu fahren. Binnen weniger Monate waren fast alle Organisatoren ausgesiedelt, ein Großteil von ihnen gegen ihren Willen.

Die Initiativen zur Gründung deutscher Vereine und Einrichtungen waren damit aber keineswegs im Keim erstickt. Vielmehr entstanden an immer mehr Orten DFK-Gruppen, die zunehmend auch Kontakt zu der deutschen Botschaft in Warschau aufnahmen. Ende 1987 zählten diese Gruppen nach Angaben der Organisatoren allein in Oberschlesien bereits 5000 Mitglieder. Die Schikanen von seiten der Miliz und des SB ließen in dieser Zeit vorübergehend nach, so wie insgesamt nach der Amnestie vom Sommer 1986, mit der die letzten Häftlinge des Kriegsrechts freikamen, das politische Klima im Lande sich sichtlich entspannte.

In Bonn führte man den Sinneswandel in Warschau auf die fatale Wirtschaftslage zurück. Die polnische Führung beabsichtigte nach Einschätzung deutscher Diplomaten, in Bonn um einen weiteren Milliardenkredit nachzusuchen. Gleichzeitig hatte sich im Zentralkomitee der PZPR offensichtlich die Einsicht durchgesetzt, daß die autochthonen Facharbeiter und Ingenieure im oberschlesischen Industriegebiet nur im Lande zu halten seien, wenn Warschau ihnen gegenüber Zugeständnisse machen werde. Der damalige Vizepremier Rakowski hatte bereits in der Endphase des Kriegsrechts gegenüber deutschen Korrespondenten entsprechende Andeutungen gemacht: „Wenn Sie glauben, daß wir hunderttausend deutsche Bergleute aus Oberschlesien ziehen lassen werden, dann täuschen Sie sich. Was dann passieren würde, wissen Sie genau: Unsere Kohleförderung bräche zusammen ... Eher räumen wir ihnen Minderheitenrechte ein.“[31]

Der SB unternahm auch nichts, um die erste Begegnung von Bundesaußenminister Hans-Dietrich Genscher mit sechs DFK-Vertretern im Januar 1988 in der deutschen Botschaft in Warschau zu verhindern. Dabei wurde Genscher eine Petition mit dem Titel „Menschenrechte der Deutschen in der Volksrepublik Polen“ übergeben. Die Verfasser beklagen darin nicht nur, daß die Behörden die deutsche Sprache in ihrem Alltag ausgemerzt haben, sondern auch die Schikanen gegen diejenigen, die die Ausreise in die Bundesrepublik beantragen, sowie schulische und berufliche Nachteile ihrer Kinder.[32] Nach der Begegnung mit Genscher wurden mehrere der DFK-Aktivisten wiederholt vom SB verhört.

In den offiziellen Verlautbarungen wurde die Existenz einer deutschstämmigen Minderheit aber weiterhin bestritten. So sagte Regierungssprecher Jerzy Urban Anfang 1988: „Wenn einige Polen deutsche oder volksdeutsche Vorfahren suchen, so hat dies rein materielle Motive." Viele dieser Menschen seien auf Kosten der polnischen Bevölkerung qualifiziert ausgebildet worden. Polen könne sich aber keine „Drainage von Fachleuten" leisten.[33] Das Woiwodschaftsgericht Oppeln lehnte im Juni erneut einen Antrag auf Registrierung eines Freundschaftskreises ab. In der Begründung stand der Satz: „Die Gründung eines deutschen Vereins könnte Unruhe unter der Mehrheit der Einwohner der Woiwodschaft hervorrufen."

Doch als Rakowski im September 1988 selbst Ministerpräsident wurde, konnte das Thema Minderheitsrechte erstmals auf die Tagesordnung der Gespräche zwischen den Experten beider Regierungen gesetzt werden. Doch die Ereignisse überstürzten sich: Rakowski mußte in freie Wahlen einwilligen, in deren Folge er selbst mitsamt der PZPR von der politischen Bühne abtreten mußte.

IV. Probleme seit der politischen Wende 1989

Für die polnische Gesellschaft war es ein Schock, als nach dem Ende der Parteiherrschaft zunächst in Oberschlesien, dann auch in Niederschlesien, Pommern, Masuren, im Ermland und in Danzig deutsche Gesellschaften und Vereine wie Pilze aus dem Boden schossen. Stand die überwältigende Mehrheit der Polen auch der PZPR fern, so zeigte sich doch, daß die Parteiführung zumindest mit ihren Warnungen vor revisionistischen Kräften in der Bundesrepublik eine weitverbreitete Stimmung getroffen hatte. Die Thesen von den „wiedergewonnenen Gebieten" und dem „polnischen Charakter" der zweisprachigen Oberschlesier und Masuren waren längst Allgemeingut geworden.

Doch ist bei der jungen Generation der Polen, vor allem bei denjenigen, die in den bis 1945 von Deutschen bewohnten Gebieten aufgewachsen sind, eine wesentlich unbefangenere Haltung festzustellen. Bei ihnen ist ein großes Interesse für die deutsche Vergangenheit ihrer Heimat auszumachen. So haben namentlich junge Leute in Schlesien und in Masuren Gesellschaften gebildet, die den Kontakt zu den Vertriebenen suchen, nicht nur weil sie etwas über die Geschichte ihrer Heimatorte erfahren, sondern auch, weil sie deren Gefühlslage begreifen wollen. Die ersten polnischen Bürgermeister haben in ihren Gemeinden Treffen für die von dort stammenden Vertriebenen organisiert; es wurden sogar Partnerschaften zwischen polnischen Gemeinden und Ortsverbänden im BdV geschlossen. Die jungen Polen, die heute in den ehemaligen deutschen Ostgebieten leben, können auch leichter als die meisten ihrer älteren Landsleute ein Nebeneinander von Deutschen und Polen in Oberschlesien hinnehmen.

Doch bekam die deutsche Minderheit Anfang der 90er Jahre auch sehr viel von dem Unbehagen der Polen gegenüber einem Nachbarn zu spüren, der nach der Wiedervereinigung zur unumstritten größten Wirtschaftsmacht in Europa geworden ist und dessen politisches Gewicht damit auch kräftig zugenommen hat. Die Polen beobachteten argwöhnisch alle Entwicklungen in der groß gewordenen Bundesrepublik. Die Angriffe von Rechtsradikalen auf polnische Reisende auf dem Gebiet der ehemaligen DDR sowie auf Asylanten fanden ein weites Echo.

In der Bundesrepublik erlahmte hingegen das Interesse an Polen nach der Wende von 1989 ziemlich rasch. Dabei haben die Deutschen, so heißt es immer wieder in polnischen Kommentaren, vor allem der Standfestigkeit der Polen ihre Wiedervereinigung zu verdanken. Hätte die Gewerkschaft Solidarität nicht ihren Kampf gegen das Regime aufopferungsvoll durchgehalten, so sähe Europa heute wohl noch anders aus. Das Verdienst der demokratischen Kräfte Polens um den Umbruch in Osteuropa würdigen zumindest die Parlamentsabgeordneten der deutschen Minderheit. Sie arbeiten eng mit Gruppen zusammen, die aus der Solidarität hervorgegangen sind. Die zu Optimismus Anlaß gebenden Perspektiven wurden allerdings rasch eingetrübt durch die zweifelsohne von der polnischen Presse hochgespielten Versuche einer kleinen Gruppe deutscher Rechtsradikaler, in Schlesien Unruhe zu stiften, sowie die zunehmenden Übergriffe polnischer Nationalisten auf Einrichtungen der Minderheit. Die Wahlen seit Mitte der 90er Jahre haben indes gezeigt, daß die Organisationen der Minderheit ein stabiles und stabilisierendes Element in der Politik geworden sind, deren Legitimation nur noch von einem kleinen Kreis polnischer Nationalisten angezweifelt wird.

1. Die Konstituierung der Deutschen Freundschaftskreise

Der Ausgang der Parlamentswahlen vom 4. Juni 1989 kam einem politischen Erdbeben gleich, das nicht nur Polen erschütterte, sondern den gesamten Ostblock. Die Wahlen bedeuteten einen entscheidenden Schritt zum Zusammenbruch des Warschauer Paktes und somit der sowjetischen Vorherrschaft über den östlichen Teil Europas. Erstmals in der Geschichte des Ostblocks war in freien Wahlen über die Zusammensetzung eines parlamentarischen Gremiums, des Senats, zu entscheiden. Das Ergebnis war für die PZPR verheerend: Das von Lech Wałęsa geführte Bürgerkomitee Solidarität, eine oppositionelle Plattform, die aus der kurz zuvor wieder zugelassenen Gewerkschaft hervorgegangen war, errang 99 der 100 Mandate.

Hingegen galten für die Sitzverteilung im Sejm, der ersten Parlamentskammer, nicht-demokratische Maßstäbe: Die PZPR hatte vielmehr bei den vorangegangenen Verhandlungen am Runden Tisch durchgesetzt, daß dem von ihr beherrschten Parteiblock zwei Drittel der Mandate garantiert blieben. Das restliche Drittel war für unabhängige Kandidaten vorgesehen – und fiel dann zur Gänze an die Solidarität. Die PZPR blieb bei den Sejm-Wahlen landesweit unter zehn Prozent, stellte aber aufgrund der von ihr durchgesetzten undemokratischen Wahlordnung die größte Fraktion.

Angesichts dieses Wählervotums scherten die beiden größten der bisherigen Verbündeten jedoch aus dem Block aus, die Bauernpartei und die Demokratische Partei. Nach Geheimverhandlungen mit Wałęsa schwenkten sie vielmehr auf dessen Linie ein und unterstützten Ende August die Wahl des katholischen Juristen und Publizisten Tadeusz Mazowiecki zum ersten nichtkommunistischen Ministerpräsidenten im Ostblock.

Während der schwierigen Koalitionsverhandlungen, als PZPR-Politbüromitglied Rakowski noch die Amtsgeschäfte des Regierungschefs führte, griff die polnische Presse das bisherige Tabuthema „Deutsche in Polen“ auf. Den Anfang machte in einem aufsehenerregenden langen Artikel die Wochenzeitung „Polityka“. Unter der Überschrift „Deutsche bei uns – es gibt sie!“ berichtete der Autor über die Initiative mehrerer Bürger der Kleinstadt Gogolin bei Oppeln, einen deutschen Verein zu gründen. Ausführlich stellte er den Initiator der Vereinsgründung, den Rentner Jan Król vor. Der frühere Leiter einer mehrfach für ihre Leistungen ausgezeichneten Landwirtschaftlichen Produktionsgenossenschaft bekam Gelegenheit, die Verifizierung nach dem Kriege als Zwangsmaßnahme darzustellen: Die Menschen in Oberschlesien, die die Option für Polen verweigerten, hätten im Grunde nur zwei Perspektiven gehabt: entweder in Lager wie Lamsdorf zu gehen oder direkt ausgewiesen zu werden. Der Autor zog eine Zwischenbilanz: „Man könnte behaupten, daß ohne die Fehler in der Wirtschafts-, Bildungs-, Kultur-, Paß- und Religionspolitik usw. die schlesischen Deutschen heute schlesische Polen wären ... Doch jetzt ist es zu spät, das Rad der Geschichte zurückzudrehen.“[1]

Der Artikel in „Polityka“ führte zu heftigen Reaktionen in anderen Zeitungen, die durchweg bestritten, daß es eine nennenswerte Zahl von Deutschen in Polen gebe. Vielmehr handele es sich um Autochthone, die die D-Mark locke. Das Wort von den „Volkswagen-Deutschen“ machte wieder die Runde. Das Schlesische Institut in Oppeln gab in diesem Sinne sogar eine ganze Broschüre unter dem Titel „Die Tragödie Oberschlesiens“ heraus, in der Król auch persönlich als Opportunist verunglimpft wurde. So habe er in den 70er Jahren zur Parteinomenklatura gehört und sogar aus Giereks Händen Orden angenommen. Die Aussicht, als „polnischer Oberschlesier“ einen Bundesreisepaß und damit verbundene materielle Vergünstigungen zu bekommen, habe ihn dazu gebracht, sich als Deutscher auszugeben.[2]

Die Angriffe aus der polnischen Presse aber ließen die Popularität des damals 71jährigen, der sich bald wieder Johann Kroll nannte – so wie er bis zur Polonisierung der Namen nach dem Krieg hieß –, in Oberschlesien weiter wachsen. Er verteidigte sich mit den Worten, nur der Beitritt zur Partei habe den Druck auf ihn als Deutschen gemildert. Schon zuvor hatte er zur Unterstützung seines Vorhabens, eine „Sozialkulturelle Gesellschaft der deutschen Minderheit im Oppelner Schlesien“ bei den Behörden registrieren zu lassen, eine Unterschriftensammlung organisiert. Bereits nach wenigen Wochen konnten er und ein großes Heer von Helfern 120000 Unterschriften von Personen vorweisen, die nach eigenen Angaben Deutsche waren.

Die Unterschriftenlisten reichte Kroll als Ergänzung zu seinem Antrag beim Woiwodschaftsgericht in Oppeln ein. Das Gericht aber lehnte die Registrierung der Gesellschaft ab. In der Begründung hieß es, es handele sich nicht um einen Kulturverein, vielmehr wolle der Antragsteller die rechtliche Anerkennung einer deutschen Minderheit in Polen erreichen. Das Urteil, gegen das die Anwälte Krolls Berufung einlegten, rief in der Bundesrepublik negative Reaktionen hervor. Der CSU-Vorsitzende und Finanzminister Theo Waigel nannte es drastisch „deutschfeindlich". Waigel erklärte, die Bundesregierung werde Polen nur finanzielle Hilfe gewähren, wenn die Rechtsposition der deutschen Minderheit verbessert werde. Zuvor hatte Bundeskanzler Helmut Kohl wiederholt erklärt, Bonn werde sich für die Verbesserung der Lebensumstände der Deutschstämmigen in ihrer Heimat einsetzen. Die Bundesrepublik sah sich damals wachsendem innenpolitischen Druck ausgesetzt, weil die Zahl der Spätaussiedler eine neue Rekordhöhe erreichte.

Der neue polnische Ministerpräsident Mazowiecki signalisierte unmittelbar nach seinem Amtsantritt seine Bereitschaft, auf Bonn zuzugehen. Mazowiecki hatte bereits mit der Berufung des Posener Juraprofessors und Deutschland-Experten Krzysztof Skubiszewski unterstrichen, daß für ihn die Beziehungen zu Bonn von allerhöchster Priorität sein werden. Skubiszewski hatte in den 60er Jahren mit Arbeiten über die polnische Westgrenze und die Inbesitznahme der Oder-Neiße-Gebiete zwar ausgesprochen nationalpolnische Positionen vertreten, doch hatte er sich bald einen Namen als Mitglied des Deutsch-Polnischen Forums gemacht, das sich die Versöhnung zwischen beiden Völkern zur Hauptaufgabe gestellt hatte.

Mazowiecki stellte in seiner Regierungserklärung fest, daß es in Polen auch Minderheiten gebe: „Wir möchten, daß sie sich hier zu Hause fühlen, ihre Sprache pflegen und mit ihrer Kultur unsere Gemeinschaft bereichern." Vor allem aus der Woiwodschaft Oppeln hatten die Behörden in den Monaten zuvor Alarmierendes in die polnische Hauptstadt gemeldet: Immer mehr Akademiker verließen das Land, vor allem Ingenieure und Mediziner. So hatte in Groß-Strehlitz (Strzelce Opolskie) die chirurgische Abteilung des Krankenhauses schließen müssen, weil sechs der acht Ärzte in die Bundesrepublik übergesiedelt waren oder zumindest dort vorübergehend arbeiteten. Regionalpolitiker sprachen von einem Aderlaß in der Heilfürsorge, der letztlich das ganze Land betreffe.

Hinzu kam, daß immer mehr junge Leute nach Westen zogen. Im Oppelner Land hatten innerhalb von zwei Jahren 200 Handwerksbetriebe geschlossen, weil es keine Arbeitskräfte mehr gab.

Schon bald nach der ersten Parlamentssitzung lud der Minderheitenausschuß des Sejms erstmals Vertreter der neuen Organisationen aus Schlesien zu einer Anhörung ein. Der Ausschuß war neu geschaffen worden, bis dahin hatten die Minderheiten kein parlamentarisches Forum. Mehrere der Vertreter der Minderheit legten dar, daß sie nach dem Krieg für Polen optiert hätten, weil andernfalls nicht nur ihr Hab und Gut, sondern sogar ihr Leben bedroht gewesen wäre. Übereinstimmend beklagten alle Redner vielfache Diskriminierungen, die mit den Zwangspolonisierungen von 1945 eingesetzt und ihre Fortsetzung in deutschfeindlichen Kommentaren der oberschlesischen Regionalpresse bis in die Gegenwart gefunden hätten.

Die Frage der Minderheit spielte auch eine zentrale Rolle bei den Gesprächen, die Bundeskanzler Kohl bei seiner Polen-Reise im November 1989 führte. Unmittelbar vor dem ersten Zusammentreffen mit Kohl umriß Mazowiecki noch einmal seine Position dazu: Einen Zusammenhang zwischen Finanzhilfe und Minderheitenrechten könne es nicht geben, vielmehr betrachte er die Respektierung dieser Rechte als Selbstverständlichkeit in einer Demokratie. Sonderregelungen für die Deutschstämmigen stünden allerdings nicht zur Debatte. Die Diskussion darüber sei auch deshalb schwierig, weil in der Bundesrepublik dieses Problem teilweise übertrieben werde. „Der Unterschied im Lebensstandard zwischen beiden Ländern ist so groß, daß sich viele plötzlich zum Deutschtum bekennen“, sagte er.[3]

Beim Besuch Kohls trat die deutsche Minderheit erstmals in der Öffentlichkeit in Erscheinung. Zunächst hatte Kohl seine Reise schon nach zwei Tagen unterbrochen – am 9. November hatten DDR-Grenzer völlig überraschend die Berliner Mauer geöffnet. Der Bundeskanzler kehrte aber nach Warschau zurück, um sein Besuchsprogramm weiter zu absolvieren. Im niederschlesischen Kreisau (Krzyżowa) fand auf dem Gut der Grafen von Moltke, wo sich im Zweiten Weltkrieg der Kreisauer Kreis, eine Widerstandsgruppe gegen die Nazi-Diktatur, getroffen hatte, eine

Messe statt, bei der Kohl und Mazowiecki sich beim Friedensgruß umarmten. Die Messe las der Oppelner Bischof Alfons Nossol, der, 1932 als Bürger des Deutschen Reiches in Oberschlesien geboren, seit vielen Jahren für die Aussöhnung zwischen Deutschen und Polen eingetreten war. Nossol hatte Kohl ursprünglich zu einer Messe auf den Annaberg eingeladen, wo seit dem 4. Juni, dem Tag der Parlamentswahlen, nach 45jähriger Unterbrechung wieder deutschsprachige Gottesdienste stattfanden. Doch hatte der Kanzler nach einem Sturm der Entrüstung bei der Opposition und der liberalen und linken Presse in der Bundesrepublik sowie nach Protesten in Polen, vor allem von seiten nationalistischer wie kommunistischer Gruppierungen, diese Einladung ausgeschlagen.

Nach Kreisau waren mehrere tausend Angehörige der nach wie vor nicht zugelassenen Deutschen Freundschaftskreise gekommen. In Presseberichten hieß es später, das Kanzleramt habe sich an den Kosten für die mehr als 50 Busse beteiligt. Der deutsche Botschafter in Polen, Günter Knackstedt, dementierte allerdings diese Version. Das massive Auftreten der Freundschaftskreise, unter Plakaten wie „Helmut, du bist auch unser Kanzler", führte zu heftigen Reaktionen in der polnischen Presse. Auch ein Teil der deutschen Berichterstatter reagierte indigniert. Im Kanzleramt räumte man später ein, daß die polnische Seite darauf nicht vorbereitet gewesen sei.

Der Text der Gemeinsamen Erklärung, um den bis zur letzten Minute vor der Veröffentlichung gefeilscht wurde, berücksichtigte den Wunsch Warschaus, als Ausgleich für die Anerkennung der deutschen Minderheit auch Rechte für die in der Bundesrepublik lebenden Polen festzuschreiben: „Beide Seiten ermöglichen es Personen und Bevölkerungsgruppen, die deutscher bzw. polnischer Abstammung sind oder die sich zur Sprache, Kultur und Tradition der anderen Seite bekennen, ihre kulturelle Identität zu wahren und zu entfalten." Den betroffenen Bevölkerungsgruppen wurden gleichberechtigter Medienzugang, Kontakt zum Mutterland und die Zulassung von öffentlichen Büchereien zugesichert.

Die geänderte politische Lage blieb nicht ohne Einfluß auf die

Rechtsprechung. Anfang Januar 1990 ließ das Woiwodschaftsgericht Kattowitz die „Sozialkulturelle Gesellschaft der Menschen deutscher Volkszugehörigkeit in Gleiwitz" zu. Damit war für die Justiz der Damm gebrochen. Schon wenige Tage später rügte das Oberste Gericht in Warschau im Berufungsverfahren von Oppeln Formfehler des dortigen Gerichtes. Die von Kroll beauftragten Anwälte hatten bei der Anhörung nicht nur die Freiwilligkeit der Verifizierung nach dem Krieg in Zweifel gezogen, sondern auch polnische Untersuchungen präsentiert, nach denen sich etwa 200000 Deutsche geweigert hätten, damals die von den polnischen Behörden geforderte Loyalitätserklärung zu unterzeichnen. Das Oppelner Gericht aber habe ungeprüft die offizielle Version der damaligen kommunistischen Führung übernommen, nach der es seit dem 1. Januar 1946 keine Deutschen mehr in der Woiwodschaft gab.

Die Neuverhandlung in Oppeln ging im Sinne der Antragsteller um Kroll aus. Bis April entsprachen die Behörden in Ober- und Niederschlesien sowie in Danzig sämtlichen Anträgen, die auf die Zulassung deutscher Kulturvereine abzielten.

In den ersten Monaten des Jahres 1990 aber wuchs sich die Minderheitenfrage immer mehr zum politischen Reizthema in Warschau aus. Nach der Öffnung der Berliner Mauer hielten polnische Politiker wie Publizisten die deutsche Wiedervereinigung für unausweichlich. Die skeptische bis angstvolle Frage nach der künftigen Rolle eines starken Deutschland prägte die Kommentare. Die Regierung in Warschau entschloß sich, die Erlangung von Garantien für die polnische Westgrenze an Oder und Neiße in den Mittelpunkt ihrer außenpolitischen Initiativen zu stellen. Noch beim Besuch Kohls im November hatte Mazowiecki erklärt, die Grenzfrage stelle kein Problem mehr zwischen beiden Regierungen dar.[4] Der deutsche Bundeskanzler erläuterte wiederholt, daß er zum einen Regierungschef der Bundesrepublik sei, die keine gemeinsame Grenze mit Polen habe, daß zum anderen nach dem Grundgesetz sowie den Beschlüssen der Potsdamer Konferenz Fragen dieser außenpolitischen Tragweite Sache der Siegermächte des Zweiten Weltkrieges seien.

Wohl erklärte der Kanzler mehrfach, daß es keine zweite

Vertreibung geben werde, nämlich die der Polen aus den Gebieten, aus denen nach dem Krieg die Deutschen vertrieben worden waren. Kohl hatte am Vorabend seiner Polen-Reise auch eine gemeinsame Entschließung aller Bundestagsfraktionen unterschrieben, in der es hieß: „Das polnische Volk ist vor 50 Jahren das erste Opfer des von Hitler-Deutschland vom Zaune gebrochenen Krieges geworden. Es soll wissen, daß sein Recht, in sicheren Grenzen zu leben, von uns Deutschen weder jetzt noch in Zukunft in Frage gestellt wird." Mazowiecki indes genügten diese Erklärungen nicht. Botschafter Knackstedt berichtete später, er habe den Eindruck gewonnen, daß der polnische Regierungschef tatsächlich am guten Willen des Kanzlers gezweifelt habe. Doch auch Kohl war, wie aus seiner Umgebung bestätigt wurde, sichtlich enttäuscht vom Kurs Mazowieckis, der ihm weltanschaulich sehr nahe stand – beriefen sich beide doch auf die katholische Soziallehre. Als der polnische Premier in die Hauptstädte der Westalliierten reiste und dort um Beistand gegenüber Bonn bat, wurde ihm in Kreisen der CDU und CSU das Etikett „deutschfeindlich" angehängt. Diese Einstufung wurde nach Meinung deutscher Polen-Experten dem ausgezeichnet deutsch sprechenden Mazowiecki, der wiederholt Gast auf Katholikentagen in der Bundesrepublik war, alles andere als gerecht. Vielmehr sah er sich damals wachsendem innenpolitischen Druck ausgesetzt, nicht zuletzt von seiten des Staatspräsidenten Jaruzelski, der – im Einklang mit starken Kräften im Moskauer Politbüro – die deutsche Einheit verhindern wollte. Mazowieckis Anliegen fand zunächst Sympathie in Paris und London, wo er um Grenzgarantien nachsuchte. Doch stieß er auf Unverständnis in Washington. Dort unterstützte man den Bonner Kurs mit ganzer Kraft und sah das von Mazowiecki vorgetragene Problem aufgrund der Zusicherungen Kohls als nicht existent an.[5]

Polnische Kommentatoren begannen in dieser Zeit, die Frage der Minderheit im Zusammenhang mit dem Grenzproblem zu sehen. Immer häufiger wurde an die Rolle der Volksdeutschen im Polen der Zwischenkriegszeit erinnert, das Wort von der Fünften Kolonne gehörte wieder zur politischen Sprache.

In dieses gereizte Klima fiel der Termin für die Nachwahl zum

Senat. Eines der beiden Mandate der Woiwodschaft Oppeln mußte neu besetzt werden, weil der von dort entsandte Senator gestorben war. Vier Kandidaten traten an, darunter erstmals ein Vertreter der deutschen Minderheit: der Tierarzt Henryk Król oder Heinrich Kroll, der Sohn des Initiators der Unterschriftenlisten, auf denen sich zu dem Zeitpunkt bereits 300 000 Personen eingetragen hatten.

Die Wahlordnung sah eine Stichwahl vor, falls keiner der Kandidaten auf Anhieb mindestens die Hälfte der abgegebenen Stimmen auf sich vereinigen sollte. Umfragen liefen vor dem Wahltag, dem 4. Februar 1990, auf ein Kopf-an-Kopf-Rennen zwischen Kroll und der Kandidatin des Bürgerkomitees Solidarität, der Volkskundeprofessorin Dorota Simonides, hinaus. Kroll, der mit einer Polin, der Tochter von Repatrianten aus der Lemberger Gegend, verheiratet ist, bemühte sich im Wahlkampf, jedwede antipolnischen Töne zu vermeiden. Er trat unter dem Motto *„Ja jestem ślązakiem"* (‚Ich bin ein Schlesier') auf, seine Reden hielt er auf polnisch – nicht zuletzt deshalb, weil sein Deutsch damals noch mitunter unbeholfen war. Seine Wahlveranstaltungen im Ostteil der Woiwodschaft waren überlaufen. Polnische Beobachter vermerkten, daß aus dem Publikum immer häufiger lautstarke Parolen kamen, wie: „Schmeißt die Polen raus!"

Die Stimmung lud sich zunehmend auf. In mehreren Orten wurden Scheiben an den Häusern der DFK eingeschlagen und Wände mit Hakenkreuzen und Sprüchen beschmiert wie: *„Kroll do vaterlandu"*, *„Kroll do bundestagu"* (‚Kroll ins Vaterland, Kroll in den Bundestag') *„Nie głosuj za szkopa"* (‚Wähl nicht den Deutschenlümmel'). In Oppeln verbrannten Skinheads die deutsche Flagge. Doch Sympathisanten der DFK standen den Gegnern Krolls kaum nach. Sie schmierten Sprüche wie „Pollakken raus" oder „Polenpack, ab hinter den Bug!" auf Mauern und Brückenpfeiler. Dorota Simonides berichtete, sie sei zu einem Gemeindehaus gerufen worden, wo am Wochenende die Dorfdisco stattfand. Jugendliche hatten mit Kreide auf die Eingangstür geschrieben: „Nur für Deutsche!" Als sie gefragt habe, von wem die Aufschrift stamme, hätten sich alle kleinlaut zurückgezogen.

Keiner der Jugendlichen habe deutsch gesprochen. Die Völkerkundlerin verbarg in ihrem Wahlkampf nicht, daß sie als polnische Oberschlesierin exzellent deutsch sprach – im Gegensatz zu manchen Aktivisten der Deutschen Freundschaftskreise.

Die Spannungen steigerte noch die „Trybuna Opolska", das frühere Organ der PZPR in Oppeln, durch Berichte über angeblich provokatorische Aktionen, die den jeweiligen politischen Gegner diskreditieren sollten. Schließlich sah sich Bischof Nossol veranlaßt, in seinem Hirtenbrief zur Fastenzeit seine Diözesanen zu Frieden und Toleranz zu ermahnen: „Erlaubt es nicht, daß man euch entzweit! Ihr sollt die bessere Zukunft aufbauen, die Zukunft ohne Haß. Ihr sollt das gemeinsame Haus Europa erbauen. Laßt euch nicht zum Nationalismus und zum Chauvinismus verführen! Ihr seid Kinder des einen Vaters im Himmel. Unsere Diözese kann zum echten Vorbild der Versöhnung werden, sie kann sich zur kulturell und wirtschaftlich reichsten Region unseres Vaterlandes entwickeln."[6] Nossol selbst ist zweisprachiger Oberschlesier. Die Oppelner DFK bemühte sich, seinen Bruder in ihren Vorstand aufzunehmen. Doch verzichtete dieser auf Bitten des Bischofs auf ein derartiges Amt. Dieser hätte sonst seine Rolle als Mittler zwischen polnischer Mehrheit und deutscher Minderheit gefährdet gesehen.

Die Predigten Nossols konnten jedoch zunächst die Spannung nur wenig abbauen. Denn das Ergebnis der ersten Wahlrunde schockierte die Polen, nicht nur in der Woiwodschaft, sondern im ganzen Land: Kroll erhielt nämlich am meisten Stimmen, Dorota Simonides kam deutlich abgeschlagen auf den zweiten Platz. Allerdings lag die Wahlbeteiligung bei ganzen 31,4 Prozent. Vor allem die Polen im Westteil der Woiwodschaft und in der Bezirkshauptstadt Oppeln selbst waren den Wahlurnen ferngeblieben, während in den östlichen Gemeinden, wo nach bisherigem Verständnis überwiegend Autochthone lebten, die Wahlbeteiligung teilweise 80 Prozent betrug. In einer späteren Analyse des Schlesischen Instituts in Oppeln, das seit dem Ende der Parteiherrschaft nicht mehr der kommunistischen Zensur unterlag, hieß es dazu: „Man kann von einem eigentlichen Abreagieren eines jahrelang aufgestauten Gefühls des Unrechts und der Verfolgung der Oberschlesier auf der einen Seite reden, auf der anderen Seite kam bei den Zugereisten das Gefühl auf, ein schwächeres Anrecht auf das Land zu haben und überdies auf ihm ungebetene Gäste zu sein."[7]

Der Schock über den Erfolg Krolls mobilisierte die polnische Mehrheit in der Woiwodschaft bei der zwei Wochen später stattfindenden Stichwahl. Das Anwachsen der Wahlbeteiligung auf 57,4 Prozent kam ausschließlich der Kandidatin der Solidarität, Dorota Simonides, zugute. Für sie votierten 67 Prozent, auf Kroll entfiel das restliche Drittel der abgegebenen Stimmen. Die Spannungen in Oberschlesien aber ließen keineswegs unmittelbar nach den Wahlen nach. Vielmehr hatte sich die Bevölkerung polarisiert, ungeachtet der Tatsache, daß Zehntausende von Oberschlesiern, Repatrianten und Siedlern aus der Kongresówka, dem Kernland Polens, wie das Polen des Wiener Kongresses noch heute im Volksmund heißt, mittlerweile miteinander verwandt, versippt und verschwägert waren.

Die Wahlsiegerin mußte sich selbst den Vorwurf gefallen lassen, mit manchen Stellungnahmen nicht eben zum Abbau der Spannungen beigetragen zu haben. So hatte sie wiederholt erklärt, es gebe keine Deutschstämmigen in Oberschlesien, vielmehr handle es sich um die Nachkommen zwangsgermanisierter Slawen. Überdies bezichtigte sie wiederholt den Bund der Vertriebenen der Agitation in der Region. Die BdV-Spitzenvertreter Czaja, Koschyk und Hupka bezeichnete sie als „Ultrarechte".[8] Für die Deutschen Freundschaftskreise aber waren die organisierten Vertriebenen Verbündete, die sie – mit Bundesmitteln – auch massiv finanziell unterstützten.

Ungeachtet der Mißhelligkeiten wegen der Minderheit setzte in Warschau in derselben Zeit eine Reorientierung der Deutschland-Politik ein. Den Schwenk hatte ganz offensichtlich Skubiszewski durchgesetzt. Vor dem Sejm sagte er Anfang April, die Politik Warschaus müsse auf eine „deutsch-polnische Interessengemeinschaft" abzielen. Von der liberalen „Gazeta Wyborcza" befragt, ob seine Rede ein Ende der „wochenlangen antideutschen Kampagne" bedeute, gab der Außenminister eine Antwort, die auf einen vorangegangenen Konflikt im Kabinett schließen ließ: „Ich habe mich an dieser Kampagne nicht beteiligt.“[9]

Die Grenzdiskussion hatte noch eine schwerwiegende innenpolitische Konsequenz für Polen. Auf dem Höhepunkt der Debatte sprachen Vertreter eines Konfrontationskurses gegenüber Bonn immer wieder die Warnung aus: „Die Deutschen kaufen Schlesien wieder auf.“ Befürchtungen dieser Art veranlaßten die Mehrheit im nicht-demokratisch gewählten Sejm, am Bodenrecht festzuhalten, nach dem Ausländern der Kauf von Immobilien sowie Grund und Boden nur mit einer Sondergenehmigung des Innenministers möglich sein sollte. Polen vergraulte auf diese Weise ausländische Investoren, wie Finanzminister Leszek Balcerowicz, der Verantwortliche für die Wirtschaftsreformen, die gegen seinen Willen zustande gekommene Entscheidung kommentierte.

2. Politische Verantwortung seit den Lokalwahlen 1990

Nur ein Vierteljahr nach der erbittert geführten Kampagne um die Neubesetzung eines vakanten Senatssitzes standen erstmals seit dem Zweiten Weltkrieg in Polen freie Lokalwahlen an. In Oberschlesien stellten die Deutschen Freundschaftskreise vor allem in den Woiwodschaften Oppeln und Kattowitz, teilweise auch im Bezirk Tschenstochau, eigene Kandidaten auf, insgesamt 500. Daß bei der Nachwahl zum Senat mehr als 126000 Stimmen auf Heinrich Kroll entfallen waren, hatte ihnen großen Auftrieb gegeben.

Vielerorts aber bemühte man sich nun, eine Konfrontation zwischen deutscher Volksgruppe und polnischer Mehrheit, zu der es bei dem Entscheid über das Senatsmandat gekommen war, zu vermeiden. So schlossen in mehreren Gemeinden das Bürgerkomitee Solidarität und der DFK Wahlbündnisse. Die Freundschaftskreise traten dabei meist unter der polnischen Abkürzung TSKMN für „Sozialkulturelle Gesellschaft der deutschen Minderheit“ (SKGD) auf. In anderen Orten aber legten die DFK-Vertreter Wert auf eigene Listen und grenzten sich von den polnischen Parteien ab. Vereinzelt wurden wieder Wände und Mauern vollgeschmiert, mit Parolen, die sich mal gegen Deutsche, mal gegen Polen richteten.

Landesweit bestätigten die Ergebnisse des Urnengangs das politische Stimmungsbild, das sich bei den die Wende besiegelnden Parlamentswahlen fast ein Jahr zuvor abgezeichnet hatte: In allen Woiwodschaften vereinigten die Listen des Bürgerkomitees Solidarität die meisten Stimmen auf sich.

In der Woiwodschaft Oppeln entsprach die Verteilung der Stimmen ziemlich genau der Nachwahl zum Senat, aus der die Kandidatin der Solidarität, Dorota Simonides, als deutliche Siegerin hervorgegangen war. Im Westteil des Bezirks spielten die wenigen Bewerber der DFK keine Rolle, vereinzelt gelangten Vertreter der Minderheit auf Parteilisten in die Kommunalparlamente. Hingegen erlangten sie in einem zusammenhängenden Gebiet von 21 Verbandsgemeinden in der Osthälfte des Oppelner Landes zwischen 65 und 90 Prozent der Stimmen. In ihnen stellten die Freundschaftskreise fortan die Bürgermeister und die meisten Ortsvorsteher. Einen ähnlich eindeutigen Sieg konnten sie in drei Kommunen der benachbarten Woiwodschaft Tschenstochau verbuchen: in Ammern (Radlów), Guttentag (Dobrodzień) und Rosenberg (Olesno). Inseln in diesem geschlossenen Gebiet, in dem die Mehrheit sich zur Minderheit bekannte, bleiben die Bezirkshauptstadt Oppeln selbst sowie die Städte Kandrzyn-Cosel (Kędzierzyn-Koźle), Kreuzburg (Kluczbork) und Groß-Strehlitz (Strzelce Opolskie). Doch wählte der Stadtrat von Groß-Strehlitz mit seiner polnischen Mehrheit den deutschstämmigen Physikprofessor Gerhard Bartodziej zum Bürgermeister. Bartodziej, Dozent an der Technischen Hochschule von Gleiwitz, wurde auch zum stellvertretenden Vorsitzenden des Sejmik, des Woiwodschaftsparlaments in Oppeln.

Mit den Lokalwahlen hatte die Minderheit erstmals eine politische Basis bekommen. Schon während des Wahlkampfes hatte vor allem die Grenzdiskussion, die auch für Mißklänge zwischen Bonn und Warschau gesorgt hatte, die Gemüter erhitzt. Daß aus den Reihen der Minderheit 25 Bürgermeister kamen, stärkte das Selbstbewußtsein der DFK-Vertreter. Bei Versammlungen wurde immer häufiger über den Paragraphen 23 des deutschen Grundgesetzes diskutiert, nach dem sich die Vereinigung zwischen Bundesrepublik und DDR vollziehen sollte. Einzelne Mandatsträger der deutschen Minderheit forderten öffentlich ebenfalls einen Anschluß an die Bundesrepublik – und lösten damit in der polnischen Presse beunruhigte bis aggressive Kommentare aus.

Argumentationshilfe leisteten den politisch unerfahrenen oberschlesischen Lokalpolitikern fast immer Vertreter des Bundes der Vertriebenen. Besondere Reiselust legte der BdV-Generalsekretär Hartmut Koschyk an den Tag. In seinen Kommentaren im BdV-Organ „Deutscher Ostdienst" (DOD) ließ Koschyk keine Gelegenheit aus, in kämpferischer Sprache den polnischen Regierungschef Mazowiecki und seinen Außenminister Skubiszewski wegen ihrer Initiativen anzugreifen, die auf die Sicherung der Westgrenze an Oder und Neiße abzielten.

Im Sommer 1990 reiste erstmals nach der politischen Wende in Warschau auch der Vorsitzende der Landsmannschaft Schlesien, Hupka, in seine alte Heimat. Vor mehr als 10000 Besuchern trat er auf einer Kundgebung der DFK in Lubowitz (Lubowice) unweit seiner Heimatstadt Ratibor auf. Hupka gab auch die „Schlesischen Nachrichten" heraus. Das Blatt wurde zur verbreitetsten deutschsprachigen Zeitung in der Region; verteilt wurde es über ein Netz von Sympathisanten des BdV, der in Groß-Strehlitz ein „Koordinationsbüro" einrichtete. Nach anfänglichen Irritationen und einem Fall von Beschlagnahme einer Sendung behinderten die polnischen Behörden den Vertrieb der „Schlesischen Nachrichten" nicht, wiewohl ein Großteil der Kommentare in Warschau als revisionistisch interpretiert wurde.

Daß die aktiven Mitglieder der Minderheit und ihre Sympathisanten in Oberschlesien im Sommer 1990 Oberwasser hatten, belegten Reportagen in deutschen Fernsehsendern, in denen es an Zitaten wie „Jetzt müssen die Polen erst einmal stillesitzen", „Wir wollen wieder deutsche Ordnung", sogar „Hier sollte die Wehrmacht wieder einrücken" nicht mangelte. Heinrich Kroll wurde in der polnischen Presse ein Satz angekreidet, den er auf

Versammlungen mehrmals wiederholt hatte: „Wir Schlesier sind hier zu Hause, die Polen sind hier nur zu Gast."

Wie der deutsche Botschafter Knackstedt später berichtete, hatte er in dieser Zeit einen besonders schweren Stand gegenüber den führenden Köpfen der DFK, weil er sie auf die endgültige Anerkennung der Oder-Neiße-Linie als polnische Westgrenze einstimmen mußte. Gleichzeitig warb Knackstedt bei polnischen Politikern um Verständnis für die Minderheit. So besuchte er mehrere Veranstaltungen gemeinsam mit dem Oppelner Woiwoden Ryszard Zembaczyński, der die Mandatsträger wiederholt mahnte, gegenüber dem polnischen Staat loyal zu bleiben. Auch der neuernannte polnische Botschafter in der Bundesrepublik, der damals 38 Jahre alte Publizist Janusz Reiter, fuhr vor seinem Amtsantritt zu Treffen mit Vertretern der Minderheit nach Oberschlesien. Teilnehmer berichteten anschließend, der Germanist und bisherige Deutschlandexperte der liberalen „Gazeta Wyborcza" habe sie mit seinen exzellenten Deutschkenntnissen sowie seinem Wissen über deutsche Kultur und Geschichte beeindruckt.

Als sich in Kreisen der Minderheit die Erkenntnis durchsetzte, daß Kohl gewillt war, die Grenzfrage im Sinne der polnischen Führung endgültig zu regeln, machte sich in Oberschlesien Enttäuschung breit. Die Empfindungen wohl der meisten Menschen, die auf eine „Rückkehr des Reichs" gehofft hatten, drückte der DFK-Vorsitzende von Gleiwitz, Friedrich Schikora, mit den Worten aus: „45 Jahre lang hatte man uns immer wieder gesagt: Ausharren, aushalten, nicht gehen, nicht aussiedeln, das Grundgesetz, die Rechtsansprüche, bleibt, sonst gehen die Gebiete verloren. Und jetzt sind wir es, die verloren sind. Jetzt rächt sich unsere Naivität. Und wir hatten das ja immer geglaubt, weil es Deutsche waren, die uns das versichert hatten."[10]

Andere Deutschstämmige reagierten mit offener Wut, in erster Linie gegen Außenminister Hans-Dietrich Genscher: „Der Genscher hat seine Landsleute verkauft", sagte ein aufgebrachter Oberschlesier in eine deutsche Fernsehkamera, „für ihn kann es wegen Hochverrats nur die Todesstrafe geben."

Mandatsträger der DFK aber vermieden derartige Äußerungen.

Ihnen war nicht nur von der deutschen Botschaft, sondern auch von BdV-Generalsekretär Koschyk klargemacht worden, daß der Wunsch nach einem Anschluß des Siedlungsgebiets der Deutschstämmigen unrealistisch sei, zumal es wie eine „Insel im polnischen Meer" liegt und 200 Kilometer vom nächsten deutschen Grenzort, Görlitz, entfernt ist. Vielmehr riet der BdV-Vertreter ihnen, vor allem nach Anerkennung einer doppelten Staatsbürgerschaft und einer Garantie von Volksgruppenrechten zu streben.

Um ihre politischen Initiativen besser zu koordinieren, gründeten die Freundschaftsgesellschaften aus mittlerweile über einem Dutzend Woiwodschaften gemeinsam mit anderen Organisationen, zu denen sich Deutsche zusammengeschlossen hatten, Anfang September 1990 einen Dachverband, den Zentralrat der Deutschen Gesellschaften in Polen. In ihrem Statut beschrieben es die Gründungsmitglieder als eine ihrer wichtigsten Aufgaben, ihren Beitrag zur deutsch-polnischen Aussöhnung zu leisten.

Anderthalb Monate später reiste der Zentralrat nach Bonn, wo er von Genscher empfangen wurde. Dem Außenminister präsentierten die Besucher eine 16 Punkte umfassende Erklärung mit politischen Forderungen. Dazu gehörten Volksgruppenrechte mit Selbstverwaltung in der Region, einschließlich der Zulassung des Deutschen als zweiter Amtssprache in dem Gebiet, in dem sie die Mehrheit stellte, sowie der Gründung deutscher Schulen und Medien. Den Deutschstämmigen sollten Plätze im Sejm reserviert werden ebenso wie ein proportionaler Anteil an Posten in der öffentlichen Verwaltung. Der Zentralrat forderte außerdem, daß er in allen Fragen, die deutsch-polnische Angelegenheiten betreffen, hinzugezogen wird. Schließlich verlangte er Garantien dafür, daß seine enge Zusammenarbeit mit dem BdV nicht behindert werde. Die polnische Presse berichtete später unter Berufung auf Teilnehmer des Treffens, daß an dem Text führende Vertreter des BdV mitgewirkt hätten, darunter der Vorsitzende Czaja und Generalsekretär Koschyk.[11]

Nur wenige Tage nach der Deutschland-Reise des Zentralrates unterschrieben die beiden Regierungschefs Kohl und Mazowiecki in Frankfurt an der Oder den Grenzvertrag. An diesem 8. November wehte vor manch einem DFK-Haus in Oberschlesien die eigens aufgezogene schwarz-rot-goldene Flagge auf Halbmast. Die Unterzeichnung des Vertrags war Kohls erste große außenpolitische Initiative seit der Wiedervereinigung am 3. Oktober 1990. Gleichzeitig war es einer der letzten außenpolitischen Schritte Mazowieckis als Ministerpräsident. Denn im Dezember trat er nach 15monatiger Amtszeit zurück, nachdem er bei der ersten Runde der Präsidentschaftswahlen abgeschlagen nur den dritten Rang erreicht hatte. In die Stichwahl gingen statt dessen der Gewerkschaftsvorsitzende Wałęsa und der Geschäftsmann Stanisław Tymiński, der angeblich in Kanada und Peru zum Millionär geworden war. Tymiński versprach seinen Landsleuten Wohlstand in kürzester Zeit. In seinen politischen Bekenntnissen, die er unter dem bizarren Titel „Die heiligen Hunde" im Selbstverlag herausgab, warnte er nicht nur vor den deutschen Imperialisten, die erneut Polen unterjochen wollten, dieses Mal mit ihrem Kapital, sondern plädierte auch für die Anschaffung von 100 Atomraketen als Grundstock eines militärisch starken Polens.

Der Zentralrat der Deutschen gab vor der Stichwahl erstmals seine innenpolitische Zurückhaltung auf und sprach sich für die Wahl des Arbeiterführers aus. Wałęsa bekam letztlich auch genau drei Viertel der Stimmen, allerdings bei einer Wahlbeteiligung von nur knapp über 40 Prozent.

Im Präsidentenamt gab Wałęsa, wie schon vor ihm Skubiszewski, die Parole aus, daß Polen auf Zusammenarbeit mit Deutschland zu setzen habe. Nach diesem Motto handelte der von ihm berufene und vom Sejm bestätigte neue Ministerpräsident Jan Krzysztof Bielecki. Der bei seinem Amtsantritt erst 39 Jahre alte Verfechter der freien Marktwirtschaft erklärte in einem seiner ersten Interviews im Januar 1991, der Weg Polens in die Europäische Gemeinschaft führe über Bonn.[12]

In Bonn wurden diese Signale aufmerksam registriert. Anfang März reiste Bundestagspräsidentin Rita Süssmuth nach Warschau und von da zu Treffen mit Vertretern der Minderheit nach Oberschlesien. Noch nie zuvor war ein so hoher Repräsentant der Bundesrepublik in die Region gekommen. Der Woiwode von Oppeln, Zembaczyński, berichtete ihr von seiner guten

Zusammenarbeit mit den DFK-Vertretern. Erst kurz zuvor hatte er gemeinsam mit den deutschen Bürgermeistern in seinem Verwaltungsbezirk das einjährige Bestehen der Freundschaftskreise gefeiert. Rita Süssmuth mußte sich bei Treffen in mehreren Gemeindehäusern aber auch Klagen darüber anhören, daß die bundesdeutschen Politiker ihre „Landsleute im Osten" im Stich gelassen hätten.

Der nächste prominente Besucher in Oberschlesien war Bielecki persönlich. Es war die Initiative des polnischen Ministerpräsidenten, sich in Gogolin bei Oppeln mit dem Zentralrat der Deutschen zu treffen. Aus Gogolin stammt Johann Kroll, hier hatte er den ersten Deutschen Freundschaftskreis im Oppelner Land gegründet. Sein Sohn Heinrich, eines der 20 Mitglieder des Zentralrats, überreichte Bielecki ein Memorandum über die Lage der Minderheit. In einem Referat erläuterte er anschließend die Forderungen des Zentralrates. Dazu gehörten erneut die Anerkennung der doppelten Staatsangehörigkeit und Garantien für Parlamentssitze in Warschau. Kroll beklagte überdies, daß die Medien ein falsches Bild von der Zusammenarbeit zwischen den DFK und dem Bund der Vertriebenen zeichneten.[13]

Bielecki, der die Polen schon öfter mit humorvollen und ironischen Bemerkungen zur politischen Lage des Landes überrascht hatte, begann auch in Gogolin seine Stellungnahme mit einem Witz: „Ich wußte gar nicht, daß es im Oppelner Land Pflicht ist, eine Satellitenantenne auf dem Dach zu haben." Seine Botschaft wurde von den Angesprochenen sehr wohl verstanden: Wenn Satellitenschüsseln in den oberschlesischen Kleinstädten und Dörfern zum Alltag gehören, dann kann es den Menschen ja nicht so schlecht gehen. In seiner Antwort auf Krolls Referat stellte er fest, daß die Förderung des Deutschunterrichts auch im Interesse Warschaus liege, allerdings seien die Mittel begrenzt. Eine doppelte Staatsbürgerschaft stehe allerdings nicht auf der Tagesordnung. Er hoffe, daß die Minderheit loyal am Aufbau der Regionalverwaltung und bei der Einführung der Marktwirtschaft mitarbeite.

Nur kurze Zeit nach der Reise Bieleckis nach Oberschlesien begann Radio Kattowitz mit der Ausstrahlung eines deutschsprachigen Programms für die Minderheit, zunächst nur wenige Stunden pro Woche. Verantwortlicher Redakteur wurde Dietmar Brehmer, der Gründer des Oberschlesischen Wohlfahrtsverbandes. Brehmer gehörte zu den Gründungsmitgliedern des Zentralrates, doch war er dort wegen Differenzen um den 16-Punkte-Plan ausgeschieden.

Radio Oppeln folgte bald dem Kattowitzer Beispiel. In Oppeln erschienen seit dem Frühjahr 1990 auch alle zwei Wochen die zweisprachigen „Oberschlesischen Nachrichten/Wiadomości Górnośląskie", die sich zunächst als Konkurrenz zu den „Schlesischen Nachrichten" der Landsmannschaft im BdV verstanden. Die Gründungsredaktion sprach gezielt die Minderheit an und betrachtete darüber hinaus ihr Blatt, das rasch eine Auflage von 20000 Stück erreichte, als Brücke zwischen Deutschen und Polen. Doch die Redakteure mußten bald gehen. Die polnischen Verleger, die aus der regionalen Parteinomenklatura kamen, setzten zunächst an ihre Stelle Journalisten, die die Existenz der deutschen Minderheit in Frage stellten. Doch bald einigten sich die Behörden und die Verleger darauf, die Zeitung dem DFK als Forum zur Verfügung zu stellen. Das Blatt, dessen Defizit das Kulturministerium in Warschau deckt, erschien seitdem unter dem Titel „Oberschlesische Zeitung/Gazeta górnośląska".

Wenige Wochen nach dem Start der deutschsprachigen Medien in Oberschlesien unterzeichneten Bielecki und Bundeskanzler Kohl am 17. Juni in Bonn den Vertrag über Zusammenarbeit und gutnachbarschaftliche Beziehungen. Wieder hatten sich die Passagen über die Minderheit bei den vorangegangenen Verhandlungen als besonders schwierig erwiesen. Sowohl der Zentralrat als auch der BdV bemängelten, daß der Nachbarschaftsvertrag letztlich keine Garantien für die politische und kulturelle Entfaltung der Minderheit festschreibe. Die polnische Seite sei darin nicht verpflichtet, rasch Ausführungsbestimmungen zu erlassen, die auch die Lokal- und Regionalbehörden bänden. Der Vorsitzende des Zentralrates, Georg Brylka, schrieb an Kohl: „Wir werden einem ungewissen Schicksal überlassen." Er bat den Kanzler, die Forderungen des Zentralrates zu unterstützen. Dazu gehörte die Einführung des Deutschen als zweiter Amtssprache im Ostteil des Oppelner Landes sowie das Heimatrecht für Vertriebene und Aussiedler.[14]

Die Mitglieder des Zentralrates hatten ursprünglich ohne Vorsitzenden auskommen wollen. Doch erwies sich diese Konzeption als unpraktisch. Der damals 62 Jahre alte Brylka führte als Kraftfahrzeugmeister eine Autowerkstatt in Guttentag (Dobrodzień) in der Woiwodschaft Tschenstochau. Er hatte in den Kriegsjahren als Externer das angesehene Breslauer Matthias-Gymnasium besucht. Brylka gehörte zu den Kandidaten, die der Zentralrat für die Sejm-Wahlen im Oktober 1991 aufstellte.

3. Repräsentanz im Sejm seit Herbst 1991

Im Zentralrat der Deutschen Gesellschaften in Polen bestand von Anfang an Einmütigkeit über die Aufstellung eigener Kandidaten für die ersten freien Sejm-Wahlen seit dem Zweiten Weltkrieg. Die ursprüngliche Forderung, in der ersten Parlamentskammer Mandate garantiert zu bekommen, hatte zuvor in Warschau kein Gehör gefunden. Die DFK-Vertreter rechneten sich aber gute Chancen aus, in Oberschlesien mehrere Kandidaten durchzubringen.

Die Wahlen fanden am 27. Oktober 1991 statt, mehr als zwei Jahre nach der politischen Wende. Das Ergebnis brachte Polen an den Rand der Unregierbarkeit: die 460 Sitze im Sejm verteilten sich auf 29 Gruppierungen. Die größte, die liberal orientierte Demokratische Union (UD) unter Führung Mazowieckis, stellte gerade 62 Abgeordnete, für sie hatten sich etwas mehr als 12 Prozent der Wähler entschieden. Dank der Wahlordnung erreichte aber auch der Westbund (PZZ) vier Mandate obwohl er landesweit ganze 2000 Stimmen bekommen hatte.

Der Zentralrat konnte den Wahltag als großen Erfolg verbuchen: sein Senatskandidat kam durch, außerdem wurden sieben Vertreter der deutschen Minderheit in den Sejm gewählt – mehr als erwartet. Für den Senat war Gerhard Bartodziej in der Woiwodschaft Oppeln aufgestellt worden. Der Physikprofessor und Bürgermeister von Groß-Strehlitz (Strzelce Opolskie) erreichte dort den zweiten Platz, hinter der Senatorin Dorota Simonides (vgl. Kap. IV.1., S. 110–113), die sich nach der Spaltung des Bürgerkomitees Solidarität der UD angeschlossen hatte. Ebenfalls im Bezirk Oppeln waren vier Kandidaten der Minderheit erfolgreich, darunter Heinrich Kroll. Ein weiterer Abgeordneter kam aus dem Wahlkreis Kattowitz-West, in der Woiwodschaft Tschenstochau setzte sich der Vorsitzende des Zentralrates, Georg Brylka, durch. Das letzte Mandat schließlich wurde in der Hauptstadt Warschau vergeben. Nach der Wahlordnung durften nämlich die polnischen Staatsbürger, die ständig oder vorübergehend im Ausland leben, ihre Stimme in den diplomatischen Vertretungen Polens abgeben. Die Stimmen wurden dann dem Wahlkreis Warschau-Mitte zugeschlagen. Viele Aussiedler, die ihren polnischen Paß behalten hatten, machten von dieser Möglichkeit Gebrauch und votierten in der polnischen Botschaft in Köln für den in Warschau-Mitte aufgestellten Kandidaten der Minderheit.

Im vorausgegangenen Wahlkampf hatten die Kandidaten auf deutschnationale Töne und die Farben Schwarz-Rot-Gold auf den Plakaten verzichtet. Ebenso galt die Grenzfrage, die noch wenige Monate zuvor manche Gemüter in Oberschlesien erregt hatte, als erledigt. Bartodziej betonte in mehreren Fernsehspots, daß die Vertreter der Minderheit loyale Bürger des polnischen Staates seien und auch bleiben wollten. Im Programm des Landeswahlkomitees der deutschen Gesellschaften stand der Einsatz für die Versöhnung zwischen beiden Völkern an erster Stelle.[15]

Der Wahlkampf war insgesamt sehr ruhig verlaufen, im Gegensatz zur Nachwahl zum Senat anderthalb Jahre zuvor. Allerdings hatten nationalistische Gruppen heftig gegen die Minderheit polemisiert, vor allem der Westbund, aber auch die aus dem kirchennahen Flügel des Bürgerkomitees Solidarität hervorgegangene Christlich-Nationale Vereinigung (ZChN). Der Westbund griff auch den liberalen Ministerpräsidenten Bielecki an, weil er zu einem Treffen mit führenden Köpfen der Minderheit ins oberschlesische Gogolin gereist war. Durch mehrere nationalistisch ausgerichtete Zeitungen, die früher zum Pressekonzern der kommunistischen Partei gehört hatten, vor allem aber durch Wahlkampfreden geisterte das vom Westbund propagierte Wort vom „Bielecki-Plan“, der auf die „fünfte Teilung Polens“ hinauslaufe. Bielecki habe sich in Geheimverhandlungen mit der Bundesregierung darauf geeinigt, daß die westlichen Woiwodschaften sowie das Ermland und Masuren zur deutschen Einflußzone gehören sollten, das polnische Kernland zur russischen. Diese absurde Unterstellung verfehlte ihre Wirkung nicht, nach Umfragen aus der Zeit des Wahlkampfes mißtrauten zwei Drittel der Polen der deutschen Minderheit. Besonders eifrig wurde die Behauptung verbreitet – und geglaubt: „Die Deutschen kaufen Schlesien wieder auf!“ Der Oppelner Woiwode Zembaczyński sagte dazu: „Im Gegenteil, es gibt zu wenig deutsche Investitionen!“

Besonderen Argwohn hatten bei polnischen Politikern wie Presseleuten DFK-Ortsvorsteher geweckt, die in ihren Gemeinden die deutschen Kriegsdenkmäler aus der Zeit nach dem Ersten Weltkrieg renovieren und aufstellen ließen. Manche Dorfschulzen beschränkten sich dabei nicht nur auf die Namenslisten der Gefallenen von 1914 bis 1918, sondern ließen neue Tafeln für die Toten aus den Reihen der Wehrmacht anbringen. Die Auflistung deutscher Soldaten, die möglicherweise 1939 am Einmarsch nach Polen teilgenommen hatten, wurde polnischerseits als Provokation angesehen. In Warschau forderten die Vertreter mehrerer Parteien die Entfernung der Denkmäler; der Sprecher des Präsidenten Wałęsa nannte sie gar gesetzwidrig. Zembaczyński ging allerdings nicht so weit. Er berief eine Kommission, deren Hauptaufgabe es war, auf den Gedenksteinen deutschnationale durch christliche Symbole zu ersetzen.

Der Woiwode entsprach damit auch den Vorstellungen der acht Abgeordneten der deutschen Minderheit, die schon bei ihrer ersten Sitzung beschlossen hatten, nach Möglichkeit Konfrontationen mit nationalistisch orientierten Gruppen im Parlament zu vermeiden.

Zu ihrem Sprecher wählten die Abgeordneten Heinrich Kroll, der bei den Wahlen ihre Liste in Oppeln angeführt hatte. Kroll wurde stellvertretender Vorsitzender im Minderheitenausschuß. Den Vorsitz übernahm indes ein ZChN-Abgeordneter. Dieser erklärte gleich in seiner ersten öffentlichen Stellungnahme, daß Polen kein Minderheitenrecht brauche, da es internationale Vereinbarungen unterzeichnet habe, wie die Deklaration der Menschenrechte oder das Kopenhagener KSZE-Dokument über Minderheiten vom Juli 1990. Doch den Abgeordneten der Minderheit reichten gerade diese Dokumente nicht, da sie nicht bindend für die Behörden auf Regional- und Lokalebene sind. Vor allem sind die Rechte nicht vor polnischen Gerichten einklagbar.

Die Fraktion der polnischen Staatsbürger deutscher Abstammung, wie sie offiziell angesprochen wurde, fand einen Verbündeten in der Demokratischen Union. Der UD-Vorsitzende Mazowiecki, ein Deutschland-Kenner, lud die kleine Abgeordnetengruppe um Kroll zur Mitarbeit ein – ein Kuriosum, standen die oberschlesischen Abgeordneten doch im Ruf, deutschnational und somit konservativ gesinnt zu sein, während die UD liberale Positionen eher links von der Mitte im Sejm vertrat. Die „sieben Schwaben" im Sejm blieben also nicht isoliert (im Polnischen ist der Ausdruck *szwab* für einen Deutschen ein Spottname oder gar ein Schimpfwort). Auf die Weise kam es auch zur Zusammenarbeit von Dorota Simonides und Heinrich Kroll, die noch im März 1990 bei der Nachwahl zum Senat Kontrahenten gewesen waren. Im Senat nahm Bartodziej das Angebot an, sich der Gruppe der zehn Parteilosen anzuschließen, die sich als eher liberal ausgerichtete Wirtschaftslobby verstanden und einen raschen Anschluß Polens an die EG forderten.

Gerade das Werben für die EG war jedoch den nationalistisch orientierten Parteien ein Dorn im Auge. Einige der engagiertesten Europa-Gegner gehörten der ZChN an. Die Partei wurde eine der tragenden Säulen des konservativ-katholischen Kabinetts unter Führung des Zentrumpolitikers Jan Olszewski, dessen Wahl kurz vor Weihnachten 1991 gegen den Willen Wałęsas zustande gekommen war. Der Staatspräsident machte keinen Hehl daraus, daß er lieber Bielecki weiter im Amt gesehen hätte. Mit dem Amtsantritt Olszewskis verschoben sich auch die Akzente in der Deutschland-Politik, wiewohl der weiter amtierende Außenminister Skubiszewski an seinem auf Kooperation abzielenden Kurs festhalten wollte. Skubiszewski geriet zunehmend unter Beschuß vor allem aus Kreisen der ZChN.

Der dem ZChN-Präsidium angehörende Innenminister Antoni Macierewicz warnte wiederholt vor einer Zusammenarbeit mit den Deutschen, da man deren wahre Absichten nicht kenne. Der Lateinamerika-Experte Macierewicz, der zu einem der einflußreichsten Minister im Kabinett Olszewski wurde, sprach sich auch gegen Rechtsgarantien für die Minderheiten aus. In einem von seinem Ministerium erstellten internen Bericht zur Sicherheitslage der Nation hieß es, daß die Minderheiten im Lande für ausländische Geheimdienste die Basis für Umtriebe darstellten, „die den Interessen des polnischen Staates zuwiderlaufen". Einer Bundestagsdelegation gegenüber ließ Macierewicz keinen Zweifel daran, daß sich der Bericht auch auf die deutsche Minderheit in Oberschlesien bezog. Als Beleg führte er eine Unterschriftensammlung gegen die Oder-Neiße-Grenze an, die angeblich in der Bundesrepublik riesige Unterstützung fand. Die staunenden Abgeordneten aus Bonn konnten den mit internationalen Angelegenheiten kaum vertrauten Innenminister nur darauf hinweisen, daß eine derartige Aktion des BdV nur ein schwaches Echo in der Gesellschaft gefunden habe und daß das deutsche Grundgesetz ohnehin kein Referendum vorsehe.[16]

Die Haltung Macierewiczs war durchaus nicht untypisch, sie entsprach vielmehr einer nach wie vor unter seinen Landsleuten stark verbreiteten Stimmung. Nach einer Meinungsumfrage aus dieser Zeit war ein Drittel der Polen strikt dagegen, daß Deutschstämmige führende Posten in der Staatsverwaltung einnehmen sollten, nur fünfzehn Prozent hatten keine Bedenken. Das für die Minderheit nach wie vor nicht günstige allgemeine Klima schlug sich auch anderweitig nieder. Zunehmend fanden Einbrüche in Häuser und Büros der Freundschaftskreise statt. Allerdings ging die Polizei meist nicht von einem politischen Hintergrund aus. Vielmehr verfügten fast alle Versammlungsräume über Satellitenantennen, Farbfernseh- sowie Fotokopiergeräte, für die es unter Hehlern eine riesige Nachfrage gab. Als bedrohlicher wurden Brandanschläge auf DFK-Räumlichkeiten ebenso wie Übergriffe durch polnische Skinheads empfunden, die DFK-Versammlungen störten und vor dem deutschen Generalkonsulat in Breslau sowie dessen im Juli 1992 eröffneter Außenstelle in Oppeln deutsche Fahnen verbrannten und Besucher anrempelten. Nationalistische Gruppierungen rechtfertigten diese Aktionen als Antwort darauf, daß in der ehemaligen DDR Rechtsradikale polnische Autos attackiert hatten.

Die Sejm-Abgeordneten der Minderheit bemühten sich, diese Ereignisse nicht hochzuspielen – und ernteten dafür Kritik aus eigenen Reihen. Ihnen wurde Nachgiebigkeit gegenüber den Polen vorgeworfen. Einige DFK-Gruppen begannen, eigene Publikationen zu verbreiten, in denen nicht nur die deutsche Bundesregierung wegen ihres „Landverkaufes" angegriffen, sondern auch nahezu allen polnischen Politikern der gute Wille zur Zusammenarbeit abgesprochen wurde.

Zunehmend angegriffen wurde in diesen Blättern Wałęsa. Der Präsident hatte vor und bei seinem Besuch in der Bundesrepublik im März 1992 – es handelte sich um die erste Deutschlandreise eines polnischen Staatsoberhauptes überhaupt – für Verwirrung gesorgt. So erklärte er vor der Reise, die Minderheit solle zur „Brücke zwischen Deutschen und Polen" werden, und lud Heinrich Kroll in seine Delegation ein. In Bonn selbst wich Wałęsa vor dem Auswärtigen Ausschuß des Bundestages aber der Frage nach Rechtsgarantien für die Minderheit aus und erklärte statt dessen: „Im Sejm sind die Deutschen bereits überrepräsentiert." Er müsse fragen, wie viele Polen demgegenüber im Bundestag sitzen.

Trotz seiner spontanen Äußerungen, die eine schlechte Unterrichtung über die rechtliche Lage verrieten, betrachtete die Mehrheit der deutschen Abgeordneten Wałęsa zunächst eher als ihren Förderer, vor allem angesichts der Angriffe aus den Reihen der Christ-Nationalen um Macierewicz. Der Innenminister aber katapultierte sich selbst und das gesamte Kabinett Olszewski nach nur fünfmonatiger Amtszeit aus dem Amt: Er ließ nämlich eine schlecht vorbereitete Liste von angeblichen Mitarbeitern des längst aufgelösten Geheimdienstes SB verteilen. Auf der fünf Dutzend Politikernamen umfassenden Liste, auf der nicht konkret zwischen Tätern und Opfern unterschieden wurde, standen nicht nur die Namen der beiden deutschstämmigen Parlamentsabgeordneten Bartodziej und Brylka[17], sondern auch der von Wałęsa – was allgemein als Absurdität aufgefaßt wurde. Der Präsident beantragte angesichts des Chaos, das Macierewicz ausgelöst hatte, die Abwahl der Regierung und fand dafür im Juni 1992 eine Mehrheit im Sejm.

Das nächste Kabinett führte erstmals in der Geschichte Polens eine Frau, die Juristin Hanna Suchocka, eine Abgeordnete der UD, mit der die deutschen Abgeordneten bereits eng zusammenarbeiteten. Hanna Suchocka war ihnen ohnehin keine Unbekannte mehr: Die exzellent deutsch sprechende Verfassungsrechtlerin hatte vor ihrer Berufung in die Regierungsspitze dem Minderheitenausschuß des Sejm angehört.

Für die Abgeordnetengruppe der deutschen Minderheit hatte indes der Fall Macierewicz noch ein Nachspiel. Während Bartodziej zunächst nachweisen konnte, daß seine Zusammenarbeit mit dem SB lediglich in dem Verfassen von Berichten über Auslandsreisen bestanden hatte, wie sie jeder Dienstreisende schreiben mußte, gab Brylka sein Mandat im September 1992 zurück. Zur Begründung wurde angeführt, er wolle sich noch intensiver der Arbeit im Zentralrat der Deutschen widmen.

Sein Fall warf die Frage nach der SB-Aktivität in der Minderheit auf. Polnische Kommentatoren äußerten die Überzeugung, daß der SB Ende der 80er Jahre in die DFK-Strukturen eingedrungen sei, so wie sich unter den DFK-Aktivisten auch Vertreter der früheren regionalen Parteiprominenz wiederfanden.

Die Spannungen ließen nicht nach. Reichlich Konfliktstoff boten nach wie vor die Kriegerdenkmäler. Kroll und andere Vertreter der Minderheit wiesen darauf hin, daß damit keine Nation herausgehoben werden solle, sondern die folgenden Generationen entsprechend der Bedeutung des deutschen Wortes *Mahnmal* vor den Schrecken des Krieges gewarnt werden sollten. Doch konnten diese Worte auch Polen, die auf enge Zusammenarbeit mit Deutschland setzen, wenig überzeugen. So schrieb der ehemalige Premier Bielecki in einem offenen Brief vom „fehlenden Einfühlungsvermögen gegenüber den Empfindungen der Polen, die zu den ersten Opfern des von den deutschen Faschisten entfesselten Krieges gehörten".[18]

Ende 1992 war die polnische Presse voller Berichte über die angeblich illoyale Minderheit. Schließlich meldete sich Senator Bartodziej mit einer besorgten Stellungnahme. Er drückte die Überzeugung aus, daß der Streit um die Denkmäler ebenso wie die Anwesenheit mehrerer deutscher Neo-Nazis in einem Dorf bei Oppeln aufgebauscht worden sei, um die Minderheit insgesamt in ein negatives Licht zu setzen. Das eigentliche Problem aber sei die fehlende Integration der Minderheit in die Verwaltungsstrukturen auf Woiwodschaftsebene.[19]

Doch besserten sich in der Amtszeit Hanna Suchockas als Ministerpräsidentin die Beziehungen der Regierung zur Minderheit erheblich. Im März 1993 reiste sie, wie zwei Jahre vor ihr Bielecki, in die Woiwodschaft Oppeln. In Oppeln rief sie ihre Landsleute dazu auf, „das deutsche Arbeitsethos, den Wirtschaftssinn und die Sparsamkeit" der Minderheit nicht „mit Mißgunst und Abneigung" zu betrachten. Schon wenige Wochen später aber wurde das Kabinett Suchocka gestürzt, aufgrund eines Mißtrauensantrages der Abgeordneten der Gewerkschaft Solidarität, die sich damit aber auch selbst schadeten. Denn bei den folgenden Parlamentswahlen im September 1993 ging die Solidarität völlig leer aus. Dieses Mal begünstigte die Wahlordnung die großen Parteien, so daß die aus der PZPR hervorgegangenen Sozialdemokraten gemeinsam mit der früheren Blockpartei PSL bei nur einem Drittel der Wählerstimmen auf fast zwei Drittel der Mandate im Sejm kamen.

Im Siedlungsgebiet der Minderheit hatte die Wahlbeteiligung gerade bei 30 Prozent gelegen. Zwar wurde Bartodziej wieder in den Senat gewählt, doch verlor die Minderheit drei Sejm-Mandate. Zu den vier erfolgreichen Kandidaten, die wieder unter den Kürzeln TSKMN und SKGD angetreten waren, gehörte wieder Heinrich Kroll. Im neuen Sejm blieben die vier in der Opposition. Kroll erklärte, daß die beiden postkommunistischen Parteien, die die Regierung übernahmen, zur Zeit der Parteiherrschaft stets die Existenz einer deutschen Volksgruppe in Polen geleugnet hätten.

Gestaltete sich die Zusammenarbeit der deutschen Abgeordneten mit Regierungsvertretern schwierig, so konnte die Minderheit auf Lokalebene Erfolge verzeichnen. Bei den Kommunalwahlen im Juni 1994 errangen ihre Kandidaten bei teilweise sehr hoher Wahlbeteiligung in 45 Gemeinden in Oberschlesien die absolute Mehrheit und bauten ihre Stellung somit weiter aus.

Wenig später fand ein Wechsel an der Spitze des Verbandes der deutschen sozialkulturellen Gesellschaften in der Republik Polen (VdG), wie der Dachverband nun hieß, statt: Brylka machte Senator Bartodziej Platz. Brylka wurde seine Zusammenarbeit mit dem SB vorgeworfen. Zwar hatte auch Bartodziej auf der von Innenminister Macierewicz bekanntgegebenen Liste der Informellen Mitarbeiter des SB gestanden; doch wurde seine Tätigkeit für den SB von den anderen Führern des VdG nicht als schwerwiegend eingestuft.

4. Übergang zur Normalität

Dem VdG schlossen sich Gesellschaften der Minderheit aus fast allen Woiwodschaften an, die seit Anfang der 90er Jahre entstanden waren. Die Tabelle führte 1993 Oppeln/Opole an (180000 Mitglieder), vor Kattowitz/Katowice (80000), Tschenstochau/Częstochowa (19000), Allenstein/Olsztyn (7000) und Danzig/Gdańsk (4200) bis zu Lodz (50), Grünberg/Zielona Góra (50) und Radom (30).[20]

Im ehemaligen Ostpreußen konkurrierten mehrere Vereine und Gesellschaften miteinander, die alle in ihrem Namen das Wort „deutsch" trugen. Zwar entstand 1993 der „Verband der Vereinigungen der deutschen Bevölkerung im ehemaligen Ostpreußen", der insgesamt 15000 Mitglieder vertrat, doch beanspruchten daneben vier weitere, teilweise miteinander zerstrittene Organisationen, die Minderheit zu vertreten.[21]

Die Oppelner Organisation, die ihren Sitz in Gogolin hat, änderte im selben Jahr ihre Bezeichnung: Sie strich das Wort „Minderheit" und nannte sich nun „Sozialkulturelle Gesellschaft der Deutschen im Oppelner Schlesien". Außerdem beschlossen die Mitglieder in einem Zusatz zur Satzung, daß „jeder Einwohner deutscher Nationalität“ Mitglied der Gesellschaft werden könne. Die Oppelner Behörden untersagten die Streichung des Zusatzes und die Satzungsänderung mit der Begründung, daß beides darauf abziele, Bundesbürgern die Mitgliedschaft zu erlauben. Die Vertreter der Minderheiten klagten daraufhin bis zum Obersten Verwaltungsgericht, das ihnen 1995 schließlich recht gab.

Zwei Jahre später mußten die Organisationen der deutschen Minderheit hingegen ihren ersten großen Rückschlag verkraften: Bei den Parlamentswahlen im September 1997 büßten sie zwei ihrer bisherigen Mandate im Sejm ein und verloren ihren Sitz im Senat, den bislang Professor Bartodziej innegehabt hatte. Für ihre Sejmkandidaten hatten sich nur noch 51 200 Wähler entschieden, ein Verlust von 9000 Stimmen. Die Wahlbeteiligung in ihrem Siedlungsgebiet lag deutlich unter dem Landesdurchschnitt. In einer Wahlanalyse der liberalen „Gazeta Wyborcza“ hieß es dazu: „Die Deutschen haben die deutsche Staatsbürgerschaft erhalten, können in Deutschland wie in Polen leben und arbeiten. Sie haben nicht mehr das Gefühl einer starken Bedrohung, das normalerweise eine Gruppe mobilisiert, zusammenschweißt.“[22] Als Grund für die niedrige Wahlbeteiligung wurde auch angeführt, daß viele Wahlberechtigte nach dem vorangegangenen Oderhochwasser in finanzielle Schwierigkeiten geraten seien und in der Bundesrepublik arbeiteten.

Das Ergebnis der Wahlen schwächte auch die Position der Vertreter der Minderheit gegenüber Bonn. Unvermutet bekamen sie jedoch – ungewollte – politische Schützenhilfe aus Warschau. Anfang 1998 wurden die Pläne der Mitte-Rechts-Regierung zur Verwaltungsreform bekannt: Aus den bisherigen 49 Woiwodschaften sollten 15 werden, mit deutlich größeren politischen und finanziellen Kompetenzen. Die Pläne sahen die Zusammenlegung der bisherigen Verwaltungsbezirke Oppeln und Kattowitz zur neuen Woiwodschaft Schlesien (Śląsk) vor.

Dagegen protestierte der VdG. Denn in der neuen Woiwodschaft würde die Minderheit kaum noch fünf Prozent der Bevölkerung ausmachen, während ihr Anteil im bisherigen Bezirk Oppeln fast ein Drittel betrug. Die VdG-Spitze um Bartodziej wandte sich mit der Bitte um Vermittlung an Bundeskanzler Kohl und Außenminister Kinkel. Offiziell ließ die Regierung in Bonn verlauten, daß die Verwaltungsreform eine innere Angelegenheit Polens sei. Doch machten deutsche Diplomaten hinter verschlossenen Türen gegenüber polnischen Spitzenpolitikern ihre Bedenken angesichts der Pläne geltend.

Daß die bisherige Woiwodschaft Oppeln letztlich doch weiter bestehen blieb, war allerdings weniger den Initiativen der deutschen Diplomaten zu verdanken. Vielmehr bildete sich in Oppeln ein Komitee zur Erhaltung der Woiwodschaft, dem nicht nur die Vertreter der Minderheit angehörten, sondern auch die Mandatsträger aller polnischen Parteien.

Mit gelb-blauen Fahnen – den traditionellen Farben der Woiwodschaft – organisierte das „Komitee zur Verteidigung des Oppelner Schlesiens" im April 1998 eine Großdemonstration vor dem Gebäude des Ministerrats und vor dem Sejm in Warschau. Unterschriftensammlungen und schließlich eine Menschenkette quer durch die Woiwodschaft verschafften dem Anliegen landesweite Aufmerksamkeit. Die Warschauer Medien berichteten erstaunt von dieser „deutsch-polnischen Verbrüderung" im Oppelner Land. Das Staunen war groß, denn das letzte Oppelner Thema, das die Hauptstadtpresse beschäftigt hatte, war neben dem Oder-Hochwasser von 1997 der ein halbes Jahrzehnt zurückliegende Konflikt um die wiederaufgestellten Kriegerdenkmäler.

Die Gründe für das Zusammengehen der polnischen Mehrheit und der deutschen Minderheit in Oppeln waren vor allem in der Furcht vor Nachteilen für die Region in einer neuen Großwoiwodschaft Schlesien zu sehen. Strukturhilfe aus dem Staatshaushalt würde vor allem in die marode oberschlesische Schwerindustrie fließen. Oppeln würde zur Kreisstadt zurückgestuft, alle wichtigen Entscheidungen würden in dem als Hauptstadt vorgesehenen fernen Kattowitz fallen. Die ländlich geprägte Woiwodschaft Oppeln, deren Agrarbetriebe weitaus besser funktionieren als die im gesamten Rest des Landes, war bislang die wohlhabendste Region Polens: Zum einen arbeiteten Zehntausende von Angehörigen der Minderheit in der Bundesrepublik, den Großteil ihrer Ersparnisse gaben sie in ihren Heimatorten aus. Zum anderen achtete die Bundesregierung sorgfältig darauf, daß die von ihr zur Verfügung gestellten Mittel zur Verbesserung der Infrastruktur im Siedlungsgebiet der Minderheit auch der polnischen Bevölkerung zugute kamen.

Die Regierung in Warschau lenkte schließlich ein. Die Woiwodschaft Oppeln blieb erhalten; sie wurde sogar um mehrere Gemeinden aus der bisherigen Woiwodschaft Tschenstochau erweitert. Sie hatten vor dem Zweiten Weltkrieg zum Deutschen Reich gehört, in ihnen stellte seit Anfang der 90er Jahre die Minderheit die größte Fraktion im Gemeinderat. Mehrheit und Minderheit feierten den Erhalt ihrer gemeinsamen Woiwodschaft Anfang August 1998 mit einem großen Fest in der Oppelner Altstadt.

Das Engagement für den Fortbestand der Woiwodschaft hatte die Angehörigen der Minderheit in höchstem Maße mobilisiert. Davon profitierten ihre Kandidaten bei den am 9. Oktober stattfindenden Kommunal-, Kreistags- und Woiwodschaftswahlen: Sie errangen auf den drei Ebenen insgesamt 600 Mandate, fast ein Drittel aller Sitze. Im Sejmik, dem Woiwodschaftsparlament, stellte sie 13 der 45 Abgeordneten; in den neugegründeten Landkreisen Oppeln, Groß-Strehlitz (Strzelce Opolskie), Krappitz (Krapkowice) sowie Kandrzin-Cosel (Kędzierzyn-Koźle) erreichte sie jeweils die absolute Mehrheit der Kreistagssitze.

Zwar konnte die Minderheit nun auf lokaler und regionaler Ebene auf die Politik erheblich Einfluß nehmen, doch hatten sich ihre Rahmenbedingungen geändert: In der Bundesrepublik war es zum Regierungswechsel gekommen, die Ära Kohl, der als ein Förderer der Minderheit angesehen wurde, war zu Ende. Die neue rot-grüne Koalition strich die Finanzhilfe für die Minderheit deutlich zusammen.

Der Vorstand des VdG schickte deshalb Anfang 2000 einen Brandbrief nach Berlin, in dem vor einer neuen Ausreisewelle gewarnt wurde. Die Zahl der Übersiedler war seit der politischen Wende in Polen drastisch gesunken, der Bundeshaushalt war somit erheblich entlastet worden. Waren 1989 noch 250 340 Personen aus den Gebieten östlich von Oder und Neiße in der

Bundesrepublik eingebürgert worden, so belief sich 1999 ihre Zahl auf 428.

Die Gründe für den Rückgang sind nicht nur in der Aufbauhilfe für die Organisationen und Siedlungsgebiete der Minderheit zu suchen, die sich in den 90er Jahren auf insgesamt 210 Millionen Mark belief, sondern auch in der Aufhebung der Visumspflicht für die Staatsbürger Polens. Hinzu kam, daß ein beträchtlicher Teil der Angehörigen der Minderheit nach Feststellung der deutschen Staatsangehörigkeit den bundesdeutschen Reisepaß beantragte und erhielt. Dies erleichtert das Pendeln zwischen den beiden Ländern: In Polen werden Geschäfte mit polnischen Ausweispapieren getätigt, in der Bundesrepublik wird mit deutschen Papieren verdient. Der rechtliche Status quo wurde daher kaum noch in Frage gestellt, er bedeutete faktisch die doppelte Staatsangehörigkeit.

Doch nicht nur der deutsche Paß war begehrt, sondern auch der polnische. Die Feststellung ihrer polnischen Staatsangehörigkeit beantragten im Jahr 2000 mehrere Spätaussiedler aus Masuren, die in den 60er Jahren in der Bundesrepublik eingetroffen waren. Der Grund: Nur polnische Staatsbürger werden bei der Reprivatisierung von Immobilien berücksichtigt. Die Antragsteller wollten ihre bei der Ausreise aufgegebenen Häuser zurückbekommen.

Die doppelte Staatsangehörigkeit war indes für nationalistische Kreise, darunter Abgeordnete der Bauernpartei, Beleg für die „schleichende Neugermanisierung" Oberschlesiens. Sie versuchten in den ersten Monaten des Jahres 2000, eine Kampagne gegen die Minderheit zu entfachen. Polnische Regionalpolitiker, auch aus der Oppelner Unterorganisation der Bauernpartei, bescheinigten indes den Vertretern der Minderheit, daß sie loyal zu Warschau stünden.

In dieser Zeit fand ein Wechsel an der Spitze des VdG statt. Nicht zuletzt auf Betreiben des Sejm-Abgeordneten Heinrich Kroll trat Bartodziej als Vorsitzender zurück. Sein Nachfolger wurde Friedrich Petrach, der Vorsitzende der Deutschen Sozialkulturellen Gesellschaft von Breslau. Zu dem Rücktritt Bartodziejs gab der VdG keine offizielle Erklärung ab. Doch wurde öffentlich über die Gründe spekuliert: Zum einen hatte er zugegeben, daß seine Tätigkeit als SB-Informant doch weit umfangreicher war, als er ursprünglich eingeräumt hatte. Zum anderen konnte er sich nicht mit der Konzeption durchsetzen, den Großteil der Finanzhilfe aus der Bundesrepublik für Sprachförderung und Kultur einzusetzen. Hingegen bestanden Kroll und andere VdG-Vorstandsmitglieder darauf, weiterhin die Infrastruktur zu verbessern, vor allem in Wasserleitungen, Kläranlagen und Krankenhäuser zu investieren. Nur so sei garantiert, daß die polnische Bevölkerung auch davon profitiere und in ihr keine Stimmung gegen die Minderheit aufkomme.

Der neue Vorsitzende Petrach machte nach seiner Wahl keinen Hehl daraus, daß er nur für eine Übergangszeit zur Verfügung stehe.

5. Die Arbeitsgemeinschaft „Versöhnung und Zukunft"

In der oberschlesischen Industriemetropole Kattowitz konnte sich der Deutsche Freundschaftskreis nicht als alleinige Vertretung der deutschstämmigen Bevölkerung betrachten. Dem DFK, den in der Woiwodschaft ein Aktivist der ersten Stunde führte, der Handwerksmeister Blasius Hanczuch, erwuchs ein Konkurrent in der Deutschen Arbeitsgemeinschaft „Versöhnung und Zukunft". Die programmatischen Unterschiede waren eindeutig: Die DFK-Gruppen grenzten sich von polnischen Organisationen ab, ihre politische Ausrichtung wurde oft als nationalkonservativ umschrieben. Der Gründer der Deutschen Arbeitsgemeinschaft, der Soziologe Dietmar Brehmer, verstand hingegen die Organisation als Forum für Deutsche und Polen.

Brehmer wurde 1944 in Kattowitz geboren. Die Stadt war 1922 zu Polen gekommen, obwohl 82 Prozent der Einwohner für den Verbleib beim Deutschen Reich gestimmt hatten. Sie stellte zwischen den Weltkriegen daher eine Hochburg der deutschen Volksgruppe in Polen dar, trotz der harten Repressionspolitik des Woiwoden Grażyński. Nach dem Krieg schlug sich Brehmers Vater nach Deutschland durch, während der Mutter mit den Kindern die Flucht nicht gelang. Als Schüler hatte er keinen Deutsch-Unterricht, das einzige Kattowitzer Gymnasium, an dem Deutsch gelehrt wurde, stand Oberschlesiern nicht offen. In seiner Heimatstadt und in Warschau studierte er Biologie, Soziologie und Sport. In der Hauptstadt nahm er auch Kontakt zu oppositionellen Kreisen auf. Die unruhigen Jahre 1980/81 erlebte er aus der Ferne: Er hatte ein Promotionsstipendium für die Universität und die Sporthochschule Köln erhalten.

Zahlenmäßig liegt die von ihm gegründete Arbeitsgemeinschaft in der Woiwodschaft Kattowitz deutlich hinter dem DFK zurück, der seine Mitgliederzahl im Wahljahr 1991 auf 70000 bezifferte. Brehmers Arbeitsgemeinschaft zählte nur knapp 3000 Mitglieder. Doch war ihr Einfluß wesentlich größer, als diese Zahl vermuten ließ. Denn Brehmer erreichte als Kandidat bei den Senatswahlen vom Oktober 1991 knapp 130000 Stimmen. Diese Stimmenzahl – die neunthöchste in ganz Polen – langte in dem mehr als zwei Millionen Einwohner zählenden Wahlkreis Kattowitz-Ost aber nicht für den Einzug in den Senat. In der Stadt Kattowitz selbst bekam er rund 30 Prozent der Stimmen, in Gleiwitz gar 40 Prozent. Demnach haben auch mehrere zehntausend Polen für ihn votiert.

Nach Brehmers eigener Einschätzung wirkte sich bei den Wahlen sein Engagement für ehemalige Wehrmachtsangehörige negativ aus. Er hatte sich zum Anwalt für die früheren Soldaten gemacht, die keine Rente bekamen – weder von polnischer Seite, weil sie in feindlichen Streitkräften gekämpft hatten, noch aus der Bundesrepublik, weil sie nirgendwo erfaßt waren und in vielen Fällen auch die Staatsbürgerschaft nicht feststand. Das Präsidialamt in Warschau teilte Brehmer mit, daß die Bundesrepublik für ehemalige deutsche Soldaten zahlen müsse. Das Arbeits- und Sozialministerium in Bonn aber wies darauf hin, daß nach dem Sozialabkommen von 1975 derjenige Staat zahlt, in dem der Rentner wohnt. Die Arbeitsgemeinschaft schätzte die Zahl der Betroffenen auf 35000, von denen ein beträchtlicher Teil nach dem Krieg Zwangsarbeit hatte leisten müssen. Im Zweiten Weltkrieg hatte die Wehrmacht auch Einwohner des

Ostteils Oberschlesiens, der 1922 polnisch geworden war, eingezogen, unabhängig von der Volkszugehörigkeit.

Brehmer erklärte wiederholt, es handle sich nicht um ein politisches, sondern ein humanitäres Problem, weil die meisten der Betroffenen in bitterer Armut lebten. Doch löste sein Engagement eine politische Kontroverse aus: Polnische Parteien hielten ihm vor, er wolle die früheren Feinde des Volkes alimentieren. Eine Zeitung schrieb gar, er habe eine Organisation der Alt-Nazis gegründet. Von seiten des Zentralrates der Deutschen wurde ihm vorgeworfen, seine Aktion sei ein „billiges Wahlkampfmanöver". Vor allem der Sejmkandidat Heinrich Kroll griff Brehmer wiederholt öffentlich an. Auch der BdV sah in ihm einen „Störer der Einheit der deutschen Minderheit". In BdV-Zeitungen wurde die Arbeitsgemeinschaft regelmäßig als „Spaltergruppe" angegriffen.

Dabei hatte Brehmer ursprünglich dem Zentralrat angehört. Zum Bruch war es bei der Vorstellungsreise seiner Mitglieder in die Bundesrepublik gekommen. Brehmer wehrte sich nach seiner eigenen Darstellung dagegen, daß einige der Mitglieder ihr Gremium „Zentralrat der Deutschen in Ostdeutschland" nennen wollten. Er habe auch nicht hinnehmen wollen, daß Vorstandsmitglieder des BdV dem Zentralrat die Verhandlungslinie vorgeben wollten. Einen weiteren Streitpunkt habe sein Beharren auf die Einbeziehung der polnischen Botschaft in die Gespräche im Außenministerium in Bonn dargestellt, während die Mehrheit im Zentralrat sich gegen die Betreuung durch Botschafter Janusz Reiter gesträubt habe.[23]

Der Kattowitzer Soziologe wurde daraufhin wiederholt als „polnischer Agent" bezeichnet. Daß er das „Geschäft der Polen" besorge, mußte Brehmer auch hören, nachdem bekannt geworden war, daß er als Sachverständiger bei der Untersuchung des Falles Morel, des ehemaligen Kommandanten des Lagers „Zgoda" (vgl. Kap. III.1, S. 73–74), prozeßentscheidende Tatsachen verschwiegen hat. Brehmer las im Auftrag der Kattowitzer Staatsanwaltschaft auf deutsch verfaßte Zeugenaussagen gegen Morel. Um das „Rad der Rache" anzuhalten, habe er erklärt, den schriftlichen Unterlagen zufolge seien die Menschen in

„Zgoda“ an Typhus gestorben und nicht an den Folgen von Mißhandlungen.[24] Brehmer wiederum hielt DFK-Vertretern vor, sie hätten fälschlicherweise verbreitet, die Mitgliedschaft in ihrer Organisation sei Voraussetzung für die Anerkennung als Deutscher im Sinne des Grundgesetzes. In den Reihen der DFK-Führer befinden sich seinen Worten zufolge viele frühere PZPR-Mitglieder, zum Teil hätten sie sogar der regionalen Nomenklatura angehört.

Die Spannungen verstärkten sich, als es Brehmer gelang, in seiner Heimatstadt die Genehmigung für die Ausstrahlung einer Rundfunksendung auf deutsch zu bekommen, zunächst eine Stunde wöchentlich. Die erste Sendung ging am 5. Juni 1991 über den Äther. Analysen und Umfragen von Radio Kattowitz ergaben, daß die von Brehmer moderierte Sendung regelmäßig mehr als 800000 Hörer erreichte, mehr als jedes andere Programm des Regionalsenders. Auch der DFK Kattowitz forderte einen Platz im Programm, doch wurde dieses Begehren von den Behörden vorläufig zurückgewiesen.

In Konkurrenz zu dem in der Woiwodschaft verbreiteten, aber in der Bundesrepublik redigierten deutschnational ausgerichteten „Schlesischen Kurier“ brachte die Arbeitsgemeinschaft in Zusammenarbeit mit einer Kattowitzer Zeitung ein eigenes zweisprachiges Wochenblatt heraus. Die ersten Nummern, in teilweise unbeholfenem Deutsch verfaßt, erschienen unter dem Titel „Auf Schlesischer Erde / Na śląskiej ziemi“. Das Hauptanliegen der Zeitung sah die Redaktion nach einer Mitteilung an die Leser in der Überwindung von Vorurteilen, der Förderung der deutsch-polnischen Verständigung und der europäischen Integration der Region Oberschlesien. Im Herbst 1993 wurde der Titel in „Hoffnung/Nadzieja“ geändert.

Schon 1989, im Jahr der politischen Wende, hatte Brehmer den Oberschlesischen Wohlfahrtsverband (Górnośląskie Towarzystwo Charytatywne) gegründet, der in zwei Dutzend Städten Abteilungen eröffnete und 1992 mehr als 16000 Mitglieder, Deutschstämmige wie Polen, zählte. Es handelte sich um die erste nichtkirchliche private karitative Organisation im ehemaligen Ostblock. Der Wohlfahrtsverband übernahm die Bahnhofsmission in Kattowitz und eröffnete dort zwei Häuser mit insgesamt 400 Betten für Obdachlose. Zu seinen Tätigkeiten gehört außerdem die Ausgabe von täglich mehr als 10000 warmen Mahlzeiten an Bedürftige, überdies organisierte er für mehrere tausend Kinder Sommerferien.

Das Engagement Brehmers und seiner Mitstreiter sollte sich allerdings bei den Parlamentswahlen im September 1993 erneut nicht auszahlen. Keinem der Kandidaten der Liste „Versöhnung und Zukunft", die in den oberschlesischen Woiwodschaften antraten, gelang der Einzug ins Parlament. Daran änderte sich auch nichts bei den nächsten Sejm-Wahlen 1997: Die Arbeitsgemeinschaft kam im Wahlkreis Kattowitz, in dem allein sie angetreten war, über 0,7 Prozent der Stimmen nicht hinaus. Für den Senat hatte sie erst gar keinen Kandidaten mehr aufgestellt.

6. Die Rolle des Bundes der Vertriebenen

„Wenn es den Bund der Vertriebenen nicht schon gäbe, so hätten ihn die Kommunisten erfinden müssen", stellte der polnische Dissident Adam Michnik wiederholt zu Zeiten des Parteiregimes fest. Michnik, der 1989 erster Chefredakteur der zunächst von der Solidarität herausgegebenen „Gazeta Wyborcza" werden sollte, spielte damit auf die Tatsache an, daß die organisierten Vertriebenen von den Deutschland-Experten der Arbeiterpartei grundsätzlich als Feinde des polnischen Volkes, der Entspannung und somit des Friedens dargestellt wurden. Mit dem deutschen Revanchismus, der den Parteipropagandisten zufolge im BdV seine Basis hatte, rechtfertigte die PZPR stets ihre enge Anbindung an die Sowjetunion. Nur die Sowjetarmee könne die polnische Westgrenze an Oder und Neiße garantieren.

Die Vertriebenen, in der kommunistisch kontrollierten polnischen Presse stets in Anführungszeichen geschrieben, wurden als der Hauptfeind des polnischen Staatswesens dargestellt. Die polnischen Zeitungen wiesen immer wieder darauf hin, daß führende Positionen in den Organisationen der Vertriebenen von Altnazis eingenommen wurden – was sicher nur in Einzelfällen zutraf. Unerwähnt blieb, daß zu den führenden Vertriebenenpolitikern aktive Gegner der Nazidiktatur gehörten. Der polnischen Öffentlichkeit blieb auch vorenthalten, daß ein Großteil von ihnen eng mit den Kirchen verbunden war. So gehörte der BdV-Vorsitzende Czaja viele Jahre dem Zentralkomitee der deutschen Katholiken an. Daß in der „Charta der Heimatvertriebenen" von 1950 der Gewaltverzicht festgeschrieben war, erfuhr der polnische Zeitungleser ebenfalls nicht. Die Familiennamen der späteren Vorstandsmitglieder Czaja, Hupka und Koschyk waren in Polen wesentlich bekannter als in der Bundesrepublik.

Noch während des Kriegsrechts drückte der bekannte Publizist Konstanty Gebert in einer Untergrundzeitschrift die Überzeugung aus, daß die Existenz der Landsmannschaften keine Gefahr für den Frieden darstelle, sondern vielmehr eine normale Erscheinung in einem demokratischen Staat. Unter seinem Pseudonym Dawid Warszawski schrieb er: „In einem unabhängigen Polen würden Landsmannschaften der Wilnaer und Lemberger entstehen. Sie würden berechtigtes Mißtrauen bei den Litauern und Ukrainern erwecken."[25] Seine Vermutung erwies sich als prophetisch: Nach der Wende entstanden Vereinigungen der Polen, die 1945 ihre der Sowjetunion einverleibten Heimatstädte Wilna (Vilnius) und Lemberg (Lwow) hatten verlassen müssen. Diese Verbände wurden wiederum von den litauischen und ukrainischen Behörden als revanchistisch eingestuft. Doch stellte Gebert auch fest, daß ein Teil der aktiven BdV-Mitglieder in ihrer Argumentation die deutsche Schuld gegenüber Polen völlig ausklammere und den politischen Zusammenhang zwischen Nazi-Verbrechen und Vertreibung nicht sehen wolle.

Einen ähnlichen Standpunkt vertrat der exilierte Publizist Maciej Rybiński in der Pariser Emigrantenzeitschrift „Kontakt". Nach seinen Worten wurden die Vertriebenen in Polen mit Erfolg „als Inbegriff der deutschen Raubgier verteufelt". Völlig verschwiegen habe man dagegen, daß sich unter den führenden Vertretern der Vertriebenen auch Menschen befunden hätten, die sich für einen Ausgleich mit Polen eingesetzt hätten. Dazu habe der erste Vertriebenenminister der Bundesrepublik, Hans Lukaschek, gehört, der als Gegner Hitlers und Mitglied des Kreisauer

Kreises ins KZ deportiert worden war.[26] Lukaschek, ein Mitglied der katholischen Zentrumspartei, war 1933 von den Nationalsozialisten als Oberpräsident von Oppeln abgelöst worden. Den Nazis war es unter anderem ein Dorn im Auge gewesen, daß er das polnische Schulwesen in Oberschlesien gefördert hatte.

Rybiński bekräftigte, daß die Oder-Neiße-Gebiete polnisch bleiben müßten, doch kam er nach dem Besuch mehrerer Vertriebenentreffen zu dem Schluß: „Die Mehrheit indes, das sind – trotz allem – Menschen, denen jedwede revanchistische Tendenzen fremd sind und die mit den Landsmannschaften die Erinnerung an das Land der Väter und der eigenen Kindheit verbindet. Sollten wir ihnen etwa das Recht auf Gefühle absprechen wollen, verlangen, daß ihre Empfindungen politisch eingeengt und die natürlichen Sehnsüchte als antipolnische Aktivitäten abgestempelt werden?“ Nicht um die Revision von Grenzen gehe es der überwältigenden Mehrheit der Vertriebenen, sondern um die Anerkennung des von ihnen erlittenen Unrechtes, das in Polen tabuisiert und von dem nicht betroffenen Teil der deutschen Bevölkerung bagatellisiert werde. Rybiński drückte seine Verwunderung darüber aus, daß auch in Teilen der deutschen Öffentlichkeit, vor allem von linker und liberaler Seite, die organisierten Vertriebenen „dämonisiert“ würden. Dem ehrlichen Dialog zwischen Deutschen und Polen sei es dienlicher, wenn der BdV emotionslos als Interessenverband betrachtet werde, der allerdings keine Mehrheit mehr für die Durchsetzung seiner politischen Ziele in der Bundesrepublik finde. Daß nach einer Emnid-Umfrage von November 1985 drei Viertel der befragten Bundesbürger für die Anerkennung der Oder-Neiße-Grenze waren, blieb der polnischen Öffentlichkeit vorenthalten. Bemerkenswert an der Umfrage: Auch 70 Prozent der Vertriebenen waren dafür, unter ihren Kindern gar 77 Prozent. Die Zahl der Befürworter ist seitdem weiter deutlich gewachsen.

Daß der BdV im Gegensatz zu den offiziellen polnischen Darstellungen nicht den Kurs der Bonner Politik bestimmte, belegte auch die Tatsache, daß sein Vorsitzender Herbert Czaja 1987 aus dem CDU-Landesvorsitz von Baden-Württemberg abgewählt wurde und erst im Wege der Kooption in das Gremium zurückkehrte. Im selben Jahr hatte sein Vertreter Herbert Hupka auf eine Kandidatur bei den Bundestagswahlen verzichtet, nachdem ihm kein sicherer Listenplatz garantiert worden war.

Die Zahl der aktiven Mitglieder, die persönlich noch die Vertreibung erlebt hatten, hatte mit den Jahren auf natürliche Weise – nämlich mit dem Tod der Betroffenen – abgenommen. Doch nach der deutschen Gesetzgebung war der Vertriebenen-Status erblich. Führende Vertreter der Landsmannschaften sprachen denn auch von der Abstammungs- und der Bekenntnisgeneration. Die überwiegende Mehrheit der Kinder und Enkel der Vertriebenen trat jedoch keiner Landsmannschaft bei. Zu der Minderheit der Aktiven unter den Nachkommen gehörte der 1959 im fränkischen Forchheim geborene Hartmut Koschyk, der als 28jähriger das Amt des BdV-Generalsekretärs übernahm.

Mit der politischen Wende in Polen und dem Fall der Berliner Mauer ergab sich für den BdV eine völlig neue Lage. In der Endzeit der Parteiherrschaft hatten einzelne Mitglieder des BdV bereits Kontakte zur deutschen Minderheit geknüpft. Seit der Übernahme der Regierungsgewalt durch die Opposition um die Gewerkschaft Solidarität reisten zahlreiche BdV-Delegationen vor allem nach Schlesien. Koschyk persönlich trug Sorge für die Einrichtung Dutzender von Büros der Deutschen Freundschaftskreise mit Fotokopiergeräten und Satellitenfernsehen. Außerdem organisierte er Konzerte deutscher Folkloresänger, die mit alten Volksliedern ihr Publikum teilweise zu Tränen rührten, wie in den Mitteilungsblättern des BdV wiederholt festgestellt wurde. Ebenso organisierte der BdV noch vor den Lokalwahlen von 1990 Schulungen für Kandidaten der DFK.

Polnische Politiker und Publizisten auch aus dem Bürgerkomitee Solidarität verfolgten mit Unbehagen das neue Engagement des BdV. Noch stieß Senator Jan Józef Lipski, der als Mitbegründer des „Komitees zur Verteidigung der Arbeiter“ (KOR) von der kommunistischen Geheimpolizei verhaftet worden war und in Kreisen der Solidarität über große Autorität verfügte, auf Unverständnis, als er bereits Ende 1989 für die Einbeziehung der Vertriebenen in den Dialog zwischen beiden Völkern plädierte: „Wer eine wirkliche deutsch-polnische Verständigung als stabiles Element einer künftigen gesamteuropäischen Friedensordnung will, der darf die deutschen Heimatvertriebenen und ihre Anliegen aus der Neuordnung unserer Beziehungen zu Deutschland nicht ausgrenzen. Wer wirkliche und dauerhafte Verständigung zwischen Deutschen und Polen will, der muß dafür sorgen, daß Wahrheit und Recht zu den Grundfaktoren der deutsch-polnischen Beziehungen werden."[27]

Die Zentrale des BdV in Bonn aber tat aus polnischer Sicht zunächst alles, um das ihr bislang entgegengebrachte Mißtrauen zu bestätigen. Sie entwickelte politische Konzepte, die scharfe Kommentare der polnischen Presse hervorriefen und auch beim Auswärtigen Amt in Bonn auf wenig Gegenliebe stießen. Die erste BdV-Initiative stützte sich auf Artikel 23 des Grundgesetzes, nach dem „andere Teile Deutschlands" dem Geltungsbereich des Grundgesetzes beitreten können. In diesem Sinne war die deutsche Wiedervereinigung vom 3. Oktober 1990 ein Beitritt der DDR zur Bundesrepublik. Im gleichen Sinne strebte der BdV eine Abstimmung über die politische Zukunft der Oder-Neiße-Gebiete an. Dieses Referendum würde dem BdV zufolge im Einklang mit der bisherigen Rechtsauffassung der Bundesregierung stehen, nach der bis zu einem Friedensvertrag die Grenzen des Deutschen Reiches von 1937 maßgebend waren.

An der BdV-Aktion „Frieden durch freie Abstimmung" sollten nicht nur die in den Oder-Neiße-Gebieten lebenden Menschen teilnehmen können, sondern auch die von dort vertriebenen Deutschen und ihre Nachkommen. Sie sollten entscheiden, ob diese Gebiete zu Deutschland gehören sollten, zu Polen beziehungsweise zur Sowjetunion (der nördliche Teil Ostpreußens) oder zu einem „neuen europäischen Territorium". Eine Unterschriftensammlung zugunsten des Referendums wurde allerdings bald wieder eingestellt: Nur 200000 Personen hatten die Listen unterschrieben, also nur ein kleiner Teil der mehr als 2,5 Millionen BdV- und der rund 300000 DFK-Mitglieder. Allerdings hatte die Aktion gerade in Oberschlesien ein weites Echo gefunden und bei vielen Menschen offensichtlich nicht erfüllbare Hoffnungen erweckt.

Diesen Hoffnungen setzte Bundeskanzler Kohl im August

1990 ein Ende. Auf einer Feier zum 40. Jahrestag der Charta der Heimatvertriebenen erklärte er, die Anerkennung der polnischen Westgrenze an Oder und Neiße sei der Preis für die deutsche Einheit. Diese Grenze sei unverrückbar. Für diese Passage wurde Kohl von einem Teil der Anwesenden ausgepfiffen, in der polnischen Presse erntete er dafür aber höchstes Lob. Die Regierungszeitung „Rzeczpospolita" veröffentlichte lange Auszüge aus der Rede und bezeichnete den Bundeskanzler als „Politiker mit Gefühl für seine große Verantwortung".[28]

Die Unterzeichnung des Grenzvertrages durch die beiden Regierungschefs Kohl und Mazowiecki konnte der BdV auch nicht mit seinem Vorschlag über die „Europäisierung" der Oder-Neiße-Gebiete verhindern. Dieser Plan sah vor, daß Stettin ein exterritorialer Freihafen werden sollte. Die seit dem Zweiten Weltkrieg geteilten Städte Frankfurt/Oder, Küstrin, Görlitz sollten eine gemeinsame deutsch-polnische Verwaltung erhalten. Überdies sollte beiderseits von Oder und Neiße ein gemeinsamer Wirtschaftsraum geschaffen werden, der in die EG einzubinden wäre. Zwar stimmten einige der Punkte mit dem später vorgestellten Stolpe-Plan überein, in dem der brandenburgische Ministerpräsident ebenfalls ein Modell der grenzüberschreitenden Zusammenarbeit entwickelte. Doch wurde die BdV-Aktion sowohl in Bonn als auch in Warschau zurückgewiesen.

Auch der dritten großen BdV-Initiative des Jahres 1990, die auf die deutsche Minderheit jenseits von Oder und Neiße abzielte, war kein Erfolg beschieden. Der Bund der Vertriebenen forderte für sie das Recht, an den ersten gesamtdeutschen Bundestagswahlen teilzunehmen. Die Bundeswahlleitung aber lehnte dieses Ansinnen mit dem Hinweis ab, die Betroffenen hätten nicht entsprechend der Wahlordnung zuvor im Geltungsbereich des Grundgesetzes gelebt.

Im Bündnis mit dem Zentralrat der Deutschen Gesellschaften in Polen, der sich im Herbst 1990 konstituierte, richtete der BdV nach der Besiegelung der Oder-Neiße-Grenze sein Hauptaugenmerk auf den deutsch-polnischen Nachbarschaftsvertrag. Der Vertrag, den Kohl und der polnische Ministerpräsident Bielecki im Juni 1991 unterzeichneten, ließ nach Meinung sowohl des

BdV-Vorstandes als auch des Zentralrates viele Fragen offen. Beide Gremien kritisierten übereinstimmend, daß der Vertrag die polnische Seite nicht verpflichtet, Ausführungsbestimmungen zu erlassen oder eine unabhängige Schiedsstelle bei Streitfragen einzurichten.

Mitglieder des Zentralrates betonten wiederholt bei Besuchen in der Bundesrepublik, daß sie den BdV als ihren „natürlichen Partner“ betrachteten. Er sei die einzige Organisation gewesen, die die Deutschen jenseits von Oder und Neiße nicht vergessen habe. Auf Ablehnung stießen daher Warnungen vor dem BdV, wie sie beispielsweise der SPD-Vorsitzende Björn Engholm bei einem Besuch in Warschau aussprach. Die SPD mußte sich von der Senatorin Dorota Simonides, einer polnischen Oberschlesierin, sogar den Vorwurf gefallen lassen, durch ihr früheres, allzu willfähriges Eingehen auf Positionen der kommunistischen Führung und die Nichtbeachtung der Minderheit die Deutschstämmigen geradezu in die Arme des BdV getrieben zu haben. Die SPD schickte erst 1991 die erste ranghohe Delegation nach Oberschlesien.

Heinrich Kroll lieferte eine weitere Begründung für die enge Zusammenarbeit zwischen dem Zentralrat und der Organisation der Vertriebenen: „Sie vertreten schließlich die andere Hälfte unserer Bevölkerung.“ Doch legen die Vertreter der Minderheit ebenso Wert auf die Feststellung, daß sie in manchen Punkten nicht mit dem BdV übereinstimmen. Beim ersten Besuch des neuen Bundesaußenministers Klaus Kinkel in Polen Ende Juli 1992 baten ihn Mitglieder des Zentralrats, Sorge dafür zu tragen, daß die Organisationen der Minderheit unmittelbar Gelder aus Bonn bekommen, nicht nur über den Umweg über den BdV. Zu diesem Zweck kündigten sie die Einrichtung einer Stiftung an.

Schon zuvor hatte die Grenzfrage Differenzen zwischen gemäßigten DFK-Vertretern und einem Teil der BdV-Spitze zutage treten lassen. So distanzierte sich Johann Kroll, der Initiator der DFK im Oppelner Land, wiederholt von Kommentaren der „Schlesischen Nachrichten“, der Zeitung der Landsmannschaft, die für Protestaktionen gegen die Anerkennung der Oder-Neiße-Grenze antrat. Nach Krolls Worten stellten die

DFK die polnische Westgrenze an Oder und Neiße nicht in Frage. Die dem BdV angehörenden oder ihm nahestehenden Bundestagsabgeordneten aber stimmten gegen den Grenzvertrag und später gegen das Abkommen über gutnachbarschaftliche Beziehungen. BdV-Präsident Czaja nannte ebenso wie sein Vertreter Hupka die damit als polnisches Territorium festgeschriebenen Oder-Neiße-Gebiete weiterhin „Ostdeutschland". Auf dem Bundestreffen der Landsmannschaft der Oberschlesier im Juni 1992 rief Czaja unter tosendem Beifall: „Anpasser, Maulwürfe, Wühlmäuse, Verzichtler gibt es überall. Wir lassen uns unser Oberschlesien auf Dauer nicht nehmen, weder von Warschau, noch von Bonn!"

Nach Auffassung des BdV-Generalsekretärs Koschyk, der im Dezember 1990 für die CSU in den Bundestag eingezogen war, brachte sich die Spitze seines Verbandes mit ihrer Verweigerungshaltung in die politische Isolation. Zwar hatte er auch das Fehlen von Garantien für die Minderheit in dem Nachbarschaftsvertrag kritisiert, doch forderte er, der BdV müsse sich umgestalten zu einem Verband für die „Versöhnung zwischen Deutschen und Polen". Zahlreiche Begegnungen mit polnischen Politikern aus dem Lager der Solidarität hatten Koschyk nach eigenen Angaben zu dieser Erkenntnis gebracht.

Die Debatte über den künftigen Kurs des BdV führte zum Bruch zwischen Koschyk und Czaja, der diesen als seinen Nachfolger hatte aufbauen wollen. Im Juni 1991 wurde er von seinen Pflichten als Generalsekretär entbunden. Czaja warf ihm verbittert in einem offenen Brief vor, seine Haltung diametral geändert zu haben.[29] Der BdV-Präsident vertrat weiterhin den Standpunkt, daß die polnische Regierung den Vertriebenen das Niederlassungsrecht gewähren und Entschädigungen zugestehen sowie der Minderheit Volksgruppenrechte garantieren müsse. Czaja hatte bereits Ende der 60er Jahre in seinem Buch „Ausgleich mit Osteuropa" für eine Kooperation beider Völker in einer „europäischen Friedensordnung" plädiert, wobei er ein Ende der kommunistischen Herrschaft voraussetzte. Zu seinen Vorschlägen hatten auch gemischte Siedlungen mit gemeinsamer Verwaltung gehört – damals wie später für Polen eine unannehmbare Konzeption. Der Philologe war in Ost-Oberschlesien, das 1922 zu Polen gekommen war, aufgewachsen, in Krakau hatte er studiert. Daher rühren seine exzellenten Polnisch-Kenntnisse. Im Zweiten Weltkrieg hatte er Gegnern der nationalsozialistischen Diktatur Schutz vor Verfolgung geboten, was ihn jedoch nicht vor der Vertreibung schützte.

Der polnische Botschafter in der Bundesrepublik, Janusz Reiter, wies Czaja darauf hin, daß die Forderung nach dem Niederlassungsrecht für die vertriebenen Deutschen in ihrer Heimat sich erübrige, sobald Polen der EG angehöre. Der BdV hatte als Begründung für diese Forderung immer wieder angeführt, daß in Schlesien sowie in Masuren Tausende, wenn nicht gar Zehntausende von Häusern verlassen stehen und verkommen. Mit Billigung Czajas kamen in der BdV-Presse allerdings weiter Kommentatoren zum Zuge, die sich eher einer kämpferischen Sprache befleißigten und für einen Konfrontationskurs gegenüber Polen eintraten.

Die Diskussion über eine Neuorientierung der Organisation ließ sich aber nicht aufhalten, zumal die Bundesregierung den BdV zur aktiven Teilnahme am deutsch-polnischen Dialog drängte. So erklärte der Aussiedlerbeauftragte Bonns, Staatssekretär Horst Waffenschmidt, wiederholt, Vertriebenenverbände und Minderheit müßten eine Brückenfunktion zwischen Deutschland und Polen übernehmen.

In diesem Sinne fanden 1992 die ersten Vertriebenentreffen in den Heimatorten statt, z. B. im ehemaligen Landkreis Neustadt/Oberschlesien (Prudnik), in Himmelwitz (Jemielnica) bei Oppeln, in Reinswalde (Złotnik) bei Grünberg (Zielona Góra), in Niederschlesien oder in den masurischen Gemeinden Goldap, Lötzen (Giżycko) und Sorquitten (Sorkwity). Gastgeber waren meist die polnischen Bürgermeister und Pfarrer. Das Feld für diese Treffen hatten Tausende von Vertriebenen bereitet, die seit Jahren in ihre Heimatorte reisten und – oft nach mühsamem Anfang – freundschaftliche Beziehungen zu den polnischen Besitzern ihrer früheren Häuser pflegten.

Im folgenden Jahr 1993 war schließlich doch deutlich Bewegung in der Führung des BdV festzustellen. Zum einen wurde dort das Zugehen der Regierungschefin Hanna Suchocka auf die Minderheit sehr positiv gewürdigt, zum anderen sah sich Czaja angesichts der Diskussionen über den aufkommenden Rechtsradikalismus in Deutschland veranlaßt, an die BdV-Mitglieder ausdrücklich zu appellieren: „Man sollte nicht an den Rand drängen, daß auch unsere Nachbarn Opfer schwerer Untaten, die Deutsche begangen haben, waren. Man muß auch versuchen, wirksam der Furcht vor deutscher Hegemonie zu begegnen."

Die nächsten Jahre waren bestimmt von ersten vorsichtigen Kontakten zwischen der Führungsspitze des BdV und polnischen Politikern. 1996 nahm Hupka in Warschau an einer Konferenz über den „Vertreibungskomplex" – die Zwangsaussiedlung der Deutschen aus den Oder-Neiße-Gebieten sowie der Polen aus Ostpolen – teil. Er wurde öffentlich vom ehemaligen Premierminister Mazowiecki begrüßt, was die Presse durchaus als Politikum verstand.[30] Auf dem Podium saß auch der frühere Außenminister Władysław Bartoszewski, ein Deutschland-Experte, der Hupka, Czaja und andere führende Köpfe der organisierten Vertriebenen bereits seit langem persönlich kannte.

Czaja, mittlerweile aus Altersgründen als BdV-Vorsitzender zurückgetreten, reiste 1996 erstmals seit dem Zweiten Weltkrieg in seine Heimat. Sein früheres Institut an der Krakauer Universität bereitete ihm einen freundlichen Empfang, seine Gesprächspartner bescheinigten ihm „ein exzellentes Wissen über die polnische Kultur und ein geradezu aristokratisches Polnisch". Nach seiner Rückkehr appellierte er an die Vertriebenen, den Dialog mit Polen zu suchen. Wenige Monate später, im April 1997, starb er im Alter von 83 Jahren.

Czaja erlebte nicht mehr die Publikation der ersten in Polen erschienenen wissenschaftlichen Untersuchung der BdV-Politik, einer an der Breslauer Universität entstandenen Dissertation. Darin wurde der von ihm 24 Jahre lang geführten Organisation bescheinigt, „keineswegs Avantgarde des deutschen Revisionismus" zu sein.[31] Zu einer weiteren Aufhellung des Bildes der Vertriebenen in Polen trugen die von ihnen aufgebrachten Gelder für mehrere schlesische Gemeinden bei, die besonders vom großen Oderhochwasser im Juli 1997 betroffen waren.

So waren die Voraussetzungen für die erste offizielle Reise der Sprecher der Landsmannschaften nach Warschau günstig. Im März 1998 trafen dort Hupka und die Vorsitzenden anderer Landsmannschaften mit Vertretern fast aller Parteien und Sejm-Abgeordneten zusammen, darunter Mazowiecki und Heinrich Kroll. Außerdem wurden sie im Generalsekretariat der katholischen Kirche Polens empfangen. Zu diesem Klima des Dialogs paßte es, daß im Mai 1998 erstmals eine polnische Stadt einen Partnerschaftsvertrag mit dem Kreisverband der aus ihr stammenden Vertriebenen schloß: Es handelte sich um die Kleinstadt Pasłęk bei Elbing, früher offiziell Preußisch Holland genannt.

Wenig später aber zeigte sich, daß der Prozeß der Verständigung zwischen Polen und Vertriebenen noch äußerst fragil war: Am 29. Mai 1998 verabschiedete der Bundestag mit den Stimmen der Regierungsparteien eine Resolution, in der die Einbeziehung der Heimatvertriebenen, Aussiedler und der deutschen Minderheiten in die politische Zusammenarbeit zwischen der Bundesrepublik und ihren östlichen Nachbarn gefordert wurde. Der im Geist des Dialogs verfaßte Text, zu dessen Initiatoren die Bundestagspräsidentin Rita Süssmuth gehörte, fand in Polen indes ein überaus negatives Echo. Kommentatoren wie auch Politiker störten sich vor allem an der Feststellung, daß Bundesregierung und Bundestag die Vertreibung nach wie vor als völkerrechtswidrig ansähen. Diese Passage wurde so verstanden, als ob die Bundestagsmehrheit die Regierung zur Revision des Grenzvertrags von 1990 aufforderte.

Am 3. Juli 1998 wies der Sejm in Warschau die Bundestagsresolution in scharfer Form zurück. Der Bonner Text enthalte „Zweideutigkeiten" und „gefährliche Tendenzen". Der Antwortresolution stimmten sämtliche anwesenden Abgeordneten zu, nur die beiden Vertreter der deutschen Minderheit enthielten sich. Bundestagspräsidentin Süssmuth reiste wenig später nach Warschau, um Vertretern der Sejm-Fraktionen darzulegen, daß sie in die Bundestagsresolution Dinge hineininterpretiert hätten, die deren Intention zuwiderliefen.

Kaum hatte sich die Aufregung um den Text gelegt, erregte das Thema erneut die Aufmerksamkeit der Hauptstadtpresse: Mit großem Unverständnis wurde in Warschau festgestellt, daß der polnische Bürgermeister der oberschlesischen Stadt Ratibor nicht nur zum Heimattreffen der von dort stammenden Deutschen einlud, sondern außerdem als einen von ihnen Hupka mit der Verdienstmedaille der Stadt auszeichnete. Hupka habe entscheidenden Anteil daran gehabt, daß die Stadt nach dem Oderhochwasser deutsche Finanzhilfe zum Bau einer neuen Kläranlage erhalten habe.

Angesichts der erneut geweckten Emotionen empfahl die in Paris erscheinende Zeitschrift „Kultura“, die während der Parteiherrschaft die Stimme des demokratischen Polens im Exil war, den polnischen Intellektuellen, den Dialog mit den Heimatvertriebenen zu suchen. Der Essay fand ein großes Echo, die von Michnik geleitete „Gazeta Wyborcza“ druckte ihn nach.[32]

Allerdings wurde die Debatte über die Vertreibung bald von der Kontroverse über die Entschädigung für Zwangsarbeiter überlagert. Die Polen fühlten sich bei den von der Bundesregierung vorgeschlagenen Lösungen nicht angemessen berücksichtigt. In dieser Zeit häuften sich in der Presse auch Berichte über die von Vertriebenen gestellten Anträge auf Rückübertragung ihrer 1945/46 zwangsweise aufgegebenen Immobilien.

Hinzu kam, daß die neue BdV-Vorsitzende, die CDU-Abgeordnete Erika Steinbach, forderte, die deutsche Unterstützung für den Beitritt Polens zur Europäischen Union von einer Lösung dieser Frage abhängig zu machen. Zwar lehnte die Bundesregierung ein derartiges Junktim ab, doch entsprach Erika Steinbach damit in den Augen vieler polnischer Kommentatoren dem Klischee der Revanchistin. In der gesamten polnischen Presse wurde ihr Satz zitiert, die Bundesregierung brauche keine Bomber wie die Nato im Kosovo-Konflikt, denn es genüge ein Veto in Brüssel, um ihre Interessen durchzusetzen.

Als die BdV-Vorsitzende im Oktober 1999 erstmals nach Warschau kam, um vor der Theologischen Akademie einen Vortrag zu halten, wiederholte sie ihre Forderung, Polen müsse als Vorbedingung für den Beitritt zur EU einen Beitrag zur „Heilung des Vertreibungsunrechts“ leisten. Kroll legte ihr indes dar, daß diese Forderung nicht im Interesse der Minderheit liegen könne;

vielmehr werde „positive Reklame“ für die EU benötigt.[33] Zwar bescheinigte Bartoszewski ihr Sensibilität und Lernfähigkeit, doch blieb Erika Steinbachs Bild in den polnischen Medien zunächst überaus negativ.[34]

7. Rechtsradikale entdecken Oberschlesien

Die Unterzeichnung des deutsch-polnischen Grenzvertrages im Juni 1991 stellte für viele deutschstämmige Oberschlesier einen Schock dar. Das rasche Entstehen deutscher Vereine sowie die Aktivität des Bundes der Vertriebenen hatte gerade in Oberschlesien die Hoffnung entstehen lassen, daß zumindest die Region, in der die Minderheit die Bürgermeister stellte, wieder zu Deutschland kommen werde. Da sich diese Hoffnungen als Illusionen erwiesen hatten, verlor der BdV bei manchen Aktivisten der Deutschen Freundschaftskreise an Kredit. Unzufriedene Vertriebene agitierten in Oberschlesien gegen die eigene Verbandsspitze, die die „Verzichtspolitik“ Kohls und des „Polenfreundes“ Genscher mitgetragen habe.

Dabei hatte das BdV-Präsidium mit allen zur Verfügung stehenden politischen Mitteln die als unzureichend empfundenen Verträge mit Polen zu verhindern getrachtet. Nach Abschluß des Vertragswerks aber verzichtete das eng mit CDU und CSU verquickte Präsidium auf weitere Initiativen zur „Internationalisierung“ oder „Europäisierung“ Oberschlesiens. Hupka, der Vorsitzende der Landsmannschaft Schlesien, erklärte, daß es nach Abschluß der Verträge, auch wenn es „Verträge des Unrechts“ seien, nur die Chance des *peaceful change*, des friedfertigen Veränderns von bestehenden Grenzen in Übereinstimmung mit den Nachbarn, gebe.[35] Er verwies bei Reisen nach Schlesien seine dortige Zuhörerschaft auf die Perspektiven der europäischen Einigung.

Hupka wurde dafür von rechtsradikalen und nationalistischen Kräften auf eine Stufe gestellt mit deren traditionellen Feindbildern Brandt und Genscher – die allerdings auch von der BdV-Presse stets angegriffen worden waren. Sowohl Zeitungen der

Vertriebenen als auch rechtsradikale Blätter unterstellten Genscher, er habe 1992 das Große Verdienstkreuz der Republik Polen erhalten, weil er „mehr als 100000 Quadratkilometer deutschen Landes gratis weggegeben“ habe, ein Vorwurf, der nach dem Abschluß des Warschauer Vertrages von 1970 schon dem damaligen Bundeskanzler Brandt gemacht wurde, vor allem aus Kreisen der CDU/CSU.

Für rechtsradikale Blätter, darunter die Wochenzeitung „Der Schlesier“, herausgegeben von einem „Förderkreis Deutsche Einheit für die Ostprovinzen und das Sudetenland“, gehörte nun auch Hupka zum Kreis der „Verzichtspolitiker“. Ebenso wurde der vormalige BdV-Generalsekretär und CSU-Abgeordnete Koschyk als „antideutscher Wendehals“ attackiert.[36] „Der Schlesier“, nicht zu verwechseln mit den von Hupka verantworteten „Schlesischen Nachrichten“, druckte großformatige Wahlaufrufe und -anzeigen rechtsradikaler Gruppierungen ab. Das Blatt, dessen Kommentatoren jeden Kompromiß mit Polen ablehnten, veröffentlichte aber auch Erklärungen des BdV und erweckte somit den Eindruck, es sei dessen offizielles Sprachrohr.

Sowohl das BdV-Präsidium als auch der Zentralrat der deutschen Gesellschaften in Polen distanzierten sich von rechtsradikalen Gruppierungen, doch fanden diese offensichtlich Anhänger in Oberschlesien und versorgten sie finanziell wie materiell. In mehreren oberschlesischen Dörfern, darunter in Schewkowitz (Dziewkowice) bei Groß-Strehlitz (Strzelce Opolskie), mieteten Vertreter rechtsradikaler Gruppierungen Häuser, teilweise mit Unterstützung der deutschstämmigen Ortsvorsteher. So sagte Helmut Wieschollek, der Ortsvorsteher von Schewkowitz, der auf den aus der Hitlerzeit stammenden Ortsnamen Frauenfeld Wert legte, auf die Vorhaltungen, er habe ein Haus an Rechtsradikale vermietet, einem deutschen Fernsehsender: „Ich bin selbst ein rechtsradikaler Deutscher!“[37]

Erst im Herbst 1992 fanden die Spannungen um das Haus, das die rechtsradikale Nationale Offensive in Schewkowitz angemietet hatte, ein Echo in Warschau. Die Hauptstadtzeitungen schreckten mit einer Reihe von Berichten über die deutschen Neonazis, die sich auf polnischem Territorium eingenistet hatten, die Öffentlichkeit auf. Ein größeres Polizeiaufgebot hinderte polnische Skinheads an der Erstürmung des Hauses.

Präsident Wałęsa stellte sich persönlich an die Spitze der Kräfte, die in Oberschlesien für Ruhe sorgen wollten. Er kündigte Schritte gegen die Gemeinden an, die ohne Genehmigung der Behörden Kriegerdenkmäler wiedererrichtet hatten und die Rechtsradikalen aus der Bundesrepublik Obdach boten: „Wenn jemand Krieg will, dann soll er ihn haben. Wir wollen zusammen in einem Europa sein, aber werden solche Faxen nicht dulden."[38] Bei einer feierlichen Vereidigung von Rekruten sagte er, Polen brauche nach wie vor eine starke Armee. Man müsse nur nach Osten, nach Westen und nach Schlesien schauen.

Die polnischen Behörden aber hatten rechtlich zunächst keine Handhabe gegen die ungebetenen Gäste. Immerhin distanzierte sich der Ortsvorsteher Wiescholłek von ihnen, zumindest für die Öffentlichkeit. Wiescholłek hatte früher der regionalen Parteinomenklatura angehört. Doch gelangte weiter nationalsozialistische Hetzliteratur nach Oberschlesien, es wurden „Personalausweise der Notverwaltung des deutschen Ostens" verteilt und Landkarten mit den Grenzen von 1914, als Polen noch zwischen dem Deutschen Reich, Rußland und Österreich aufgeteilt war. Auf Flugblättern wurde die Regierung in Bonn angegriffen. Auf einem Blatt, das eine polnische Zeitung abdruckte, hieß es: „Deutsche in Schlesien, Pommern, Posen, Ost- und Westpreußen! Ihr wurdet verraten und verkauft!"[39]

Bei manchen älteren Oberschlesiern verfestigte sich tatsächlich der Eindruck, mit dem Grenzvertrag ein zweites Mal nach der Konferenz von Potsdam der ungeliebten polnischen Obrigkeit preisgegeben worden zu sein. In einer soziologischen Untersuchung des Schlesischen Instituts in Oppeln wurde festgestellt, daß der überwiegende Teil der älteren Generation fast ausschließlich positiv an die Zeit vor 1945 zurückdenkt. Der katholische Vikar von Gogolin, Czesław Olszak, faßte seine Eindrücke von der Stimmungslage in den Sätzen zusammen: „1945 war hier nicht das Jahr der Befreiung. Das letzte Mal, als es den Leuten hier gutging, das war unter den Nazis."

Eine Aufarbeitung der Nazi-Zeit, eine Vergangenheitsbewältigung, wie sie in der Bundesrepublik angestrebt wurde, beginnend mit der *reeducation* der Amerikaner, hat es für sie nicht einmal ansatzweise gegeben. Dafür sahen sich die Oberschlesier mit der polnischen Darstellung der Geschichte konfrontiert, die für sie vor allem aus Fälschungen und Verdrehungen bestand. Berichte über Verbrechen der Nazi-Zeit tat manch ein Oberschlesier als kommunistische Greuelpropaganda ab. Statt dessen erinnerten sich viele an die Schreckenszeit nach dem Einmarsch der Roten Armee und die Internierung in Lagern wie Lamsdorf (Łambinowice) bei Oppeln (vgl. Kap. III. 1., S. 74–78).

Auf diese Grundstimmung versuchten Rechtsradikale aus der Bundesrepublik aufzubauen, die seit Anfang 1994 wieder verstärkt in Oberschlesien agitierten. Ihnen hatte der Wahlerfolg der Ultranationalisten bei den Parlamentswahlen in Rußland Auftrieb gegeben. Deren Führer hielten schon lange enge Kontakte zu Neo-Nazis in der Bundesrepublik. Der Vorschlag russischer Nationalisten, Schlesien, Pommern und den Südteil Ostpreußens wieder Deutschland anzugliedern, fand bei ihren deutschen Gesinnungsgenossen ein begeistertes Echo.

Presseberichte darüber riefen polnische Nationalisten auf den Plan. Immer häufiger wurden DFK-Häuser und deutsche Denkmäler mit Hakenkreuzen und deutschfeindlichen Parolen beschmiert; in mehreren Orten wurden Brandanschläge verübt. Ein internationales Presseecho fanden Ausschreitungen nach einer Feier zum Gedenken an die Schlesischen Aufständischen auf dem Annaberg am 3. Mai 1994. Zwei Busse mit Rechtsradikalen fuhren nach Schewkowitz, um zu randalieren und Dorfbewohner zu malträtieren. Die Vorfälle kamen sogar im Sejm zur Sprache. Heinrich Kroll warf der Polizei Untätigkeit vor. Regierungsvertreter drückten vor dem Parlament ihr Bedauern über die Vorfälle aus. Auf Flugblättern, die in Oberschlesien verbreitet wurden, schworen deutsche Rechtsextreme Rache.

Doch kam es nicht zu den angedrohten Racheakten. Vielmehr beruhigten sich die Gemüter in Oberschlesien wieder rasch. Seit Mitte der 90er Jahre wurden keine schwerwiegenden Zusammenstöße und Übergriffe gemeldet.

Mit der Errichtung der polnischen Verwaltung in den Oder-Neiße-Gebieten nach dem Zweiten Weltkrieg wurde der öffentliche Gebrauch der deutschen Sprache verboten. Wer gegen das Verbot verstieß, wurde im Regelfall mit Geldstrafen belegt; im Wiederholungsfalle wurden die „Täter" in Arbeitslager eingewiesen.[40]

Nach Auffassung der Partei gab es außer geduldeten Facharbeitern seit Ende der 40er Jahre keine Deutschen mehr in Polen. Den Oberschlesiern und Masuren, die nicht das Hochpolnische beherrschten, wurden Übergangsfristen zum Erlernen der Sprache eingeräumt. Die schulpflichtigen Kinder hatten keine andere Wahl, wollten sie nicht ihre Ausbildung insgesamt gefährden.

In mehreren Erlässen verbot das Kultusministerium im Juni und im August 1945 den Deutschunterricht nicht nur in den unter polnische Verwaltung gekommenen deutschen Ostgebieten, sondern auch in Posen, vor dem Krieg eine der Hochburgen der deutschen Minderheit in Polen.[41] In der oberschlesischen Industriemetropole Kattowitz wurde ab 1951 an einem Gymnasium wieder Deutsch unterrichtet; allerdings stand die Schule nicht Oberschlesiern offen, sondern vor allem Kindern von Parteimitgliedern.[42]

Die Unterdrückung der deutschen Sprache war das entscheidende Element zur Polonisierung oder, wie es die Arbeiterpartei ebenso wie die katholische Kirche nannten, zur „Repolonisierung" der Westgebiete. In Oberschlesien und Masuren war Deutschunterricht grundsätzlich verboten, die Folge: Kinder und Enkel der Zurückgebliebenen lernten nicht mehr Deutsch. Der schlesische Woiwode Zawadzki erklärte: „Der Deutschunterricht wird vollständig abgeschafft werden. Die Kinder sollen so schnell wie möglich die uns verhaßte deutsche Sprache vergessen. Wir müssen diesen Haß vertiefen, denn wir stehen vor dem Problem: entweder wir oder sie."[43] Um Ruhe vor den Behörden zu haben und die Berufsaussichten ihrer Kinder nicht zu verschlechtern, drangen viele Einwohner dieser beiden Regionen auch gar nicht darauf, ihnen wenigstens zu Hause Deutsch beizubringen. An ihrer Entschlossenheit, die deutsche Sprache auszumerzen, ließen die Behörden nämlich keinen Zweifel. So änderte das Standesamt von Oppeln noch Ende der 60er Jahre deutsche Vor- und Familiennamen. Neugeborene durften keine typisch deutschen Namen wie Helmut, Siegfried oder Hedwig bekommen.

Hingegen boten in Niederschlesien und Pommern sowie in Danzig die Schulen ab Ende der 60er Jahre wieder Deutschunterricht an, die Lehrstühle für Germanistik durften sich mit deutscher Sprache und Literatur befassen. In Oberschlesien, wo der Strom der Menschen, die einen Antrag auf Ausreise in die Bundesrepublik stellten, nicht abnahm, wurde das Verbot des Deutschunterrichts bis zum letzten Jahr der Parteiherrschaft aufrechterhalten. Die Folge war, daß weniger als ein Drittel der Angehörigen der Minderheit nach eigener Einschätzung gut deutsch sprach. Erst mit dem Schuljahr 1988/89 wurde an den oberschlesischen Schulen wieder Deutsch angeboten, zumindest auf dem Papier. Denn es fehlten die Lehrer. Die in der Praxis fast folgenlose Aufhebung des Verbots wurde vielmehr als Propagandaaktion der Führung in Warschau angesehen, der es um weitere Kredite aus Bonn ging.

Mit der Wende nach den Sejm-Wahlen vom Juni 1989 und der Niederlage der Kommunisten bei den Lokalwahlen ein Jahr danach waren die Hindernisse für einen Ausbau des Deutschunterrichts gefallen. Doch waren die oberschlesischen Schulverwaltungen auf die riesige Nachfrage seitens der Eltern nicht eingerichtet. Die überwältigende Mehrheit der Kinder hatte weiter als erste Fremdsprache Russisch und dann Englisch zu lernen, weil es an Lehrkräften fehlte.

1991 trat das Gesetz über das Bildungssystem in Kraft, das die öffentlichen Schulen verpflichtete, den Schülern durch Unterricht in der Muttersprache sowie der eigenen Geschichte und Kultur den Erhalt der nationalen Identität zu ermöglichen. Laut einer Verordnung des Bildungsministeriums konnte dies durch Unterricht in der Muttersprache von mindestens drei Wochenstunden oder durch zweisprachigen Unterricht umgesetzt werden.

Die Regierungen in Warschau und Bonn vereinbarten ein Programm zur Ausbildung von Deutschlehrern. In Oppeln und Ratibor wurden Drei-Jahres-Kollegs eingerichtet. Das Goethe-Institut begann mit der Umschulung von Russischlehrern, das Auswärtige Amt bezahlte die Kurse. Bislang war Russisch Pflichtfach, nach der Wende vermochten sich nur noch ganz wenige Schüler dafür zu begeistern. Außerdem entsandte die Zentralstelle für das Auslandsschulwesen Deutschlehrer, für das Schuljahr 1990/91 ganze 19, im folgenden Jahr aber bereits 120. Nach Angaben von polnischen Regionalpolitikern wären allein in den Woiwodschaften Kattowitz und Oppeln aber 1000 Lehrkräfte benötigt worden, so groß war die Nachfrage.

Vertreter der Deutschen Freundschaftskreise beklagten bald, daß die Lehrer aus der Bundesrepublik, die auch von dort ihr Gehalt erhielten, von den Behörden vor allem in Orten eingesetzt würden, in denen es kaum Deutschstämmige gebe. Die Einsatzpläne wurden geändert, nachdem die deutsche Botschaft im Warschauer Bildungsministerium darum gebeten hatte. Dennoch gelang es im Schuljahr 1991/92 nicht, im Siedlungsgebiet der Minderheit für mehr als ein Drittel der Fünftkläßler Deutschunterricht anzubieten, obwohl nach DFK-Angaben nahezu 100 Prozent der Eltern ihre Kinder dafür angemeldet hatten. Die deutschen Diplomaten organisierten auch ein Treffen zwischen den Lehrern aus der Bundesrepublik und den zuständigen Ministerialbeamten. Auf diese Weise zerstreuten sie offenbar erfolgreich Bedenken mancher Beamter, daß die jungen Lehrer nichts anderes seien als die Vorhut bei der „Regermanisierung" Schlesiens.

Einige der Pädagogen berichteten, daß ihnen DFK-Vertreter vorgehalten hätten, sie seien gar keine „richtigen Deutschen", wenn sie sich nicht von den Polen abgrenzten. Wie groß die Vorbehalte auch von polnischer Seite waren, bekamen einige der jungen Deutschen zu spüren: An ihre Haustüren wurden Hakenkreuze geschmiert, Autoreifen zerstochen. Allerdings handelte es sich um Einzelaktionen. Die meisten der Lehrkräfte bestätigten, sie seien mit offenen Armen aufgenommen worden.

Da der Deutschunterricht wegen der begrenzten Möglichkeiten der polnischen Behörden nur schleppend in Gang kam, ergriffen die DFK fast überall selbst die Initiative. Sie wurden dabei aus Bonn finanziell unterstützt – unter der Voraussetzung, daß die Kurse auch der polnischen Bevölkerung offenstünden. Das Auswärtige Amt in Bonn stellte in den ersten beiden Jahren nach der Wende in Polen mehr als sieben Millionen Mark für die Anschaffung von Deutschbüchern in Oberschlesien zur Verfügung. Dabei kam es allerdings auch zu Mißklängen, weil die polnischen Zollbehörden Gebühren für die Einfuhr des Lehrmaterials verlangten. Der deutsche Botschafter in Warschau, Günter Knackstedt, wurde deshalb mehrmals beim Außenministerium in Warschau vorstellig.

Der Zentralrat der Deutschen stellte die Einrichtung von muttersprachlichen Schulen in den Mittelpunkt seiner Bemühungen, wohl wissend, daß dafür zunächst keine Basis vorhanden war. In Polen gab es Anfang der 90er Jahre mehr als 120 Schulen, meist Zwergschulen, für Angehörige der litauischen, weißrussischen und ukrainischen Minderheit. Sie waren von den Behörden geduldet. Denn eine rechtliche Grundlage für ihre Existenz wurde erst im März 1992 mit der Verordnung des Erziehungsministers über die Ausbildung für Angehörige der Minderheiten geschaffen. Mit Unterstützung des deutschen Generalkonsulats in Breslau war schon wenige Wochen zuvor in Wengern-Königshuld (Węgry-Osowiec) in der polnischen Schule der muttersprachliche Deutschunterricht mit drei Wochenstunden eingeführt worden. Im Schuljahr 1993/94 war in rund 30 Grundschulen der erweiterte Deutschunterricht eingeführt.

Der Zentralrat stellte fest, daß weniger die Regional- als vielmehr die Warschauer Zentralbehörden den Ausbau des Deutschunterrichts bremsten. Die DFK-Vertreter bescheinigten vor allem dem Oppelner Woiwoden Zembaczyński guten Willen. „Je mehr Menschen bei uns deutsch können, desto besser ist es für die Entwicklung der Region, die von der wirtschaftlichen Zusammenarbeit mit Deutschland nur profitieren kann", erklärte dieser wiederholt öffentlich, handelte sich mit diesen Äußerungen allerdings auch Kritik ein.

Die Zahl der Schulen, an denen Deutsch gelehrt wurde, nahm in Oberschlesien in den nächsten Jahren rasch zu. An immer mehr Schulen wurde der „muttersprachliche Unterricht" eingeführt. Der Begriff bedeutete, daß die Kinder nicht zwei, sondern drei Wochenstunden auf deutsch unterrichtet wurden. Doch führte er zu Mißverständnissen. Zum einen ist die Muttersprache der Teilnehmer am „muttersprachlichen Unterricht" polnisch; denn ihre Eltern durften nicht Deutsch lernen. Zum anderen wurde er oft so verstanden, als ob der gesamte Unterricht auf deutsch gehalten werde.

Im Frühjahr 1999 führte der mißverständliche Begriff zu einer Kontroverse, die ein landesweites Echo fand: Im Ortsteil Kotlarnia der Gemeinde Bierawa unweit von Kandrzin-Cosel wurde nämlich ein „Verband der polnischen Minderheit" ausgerufen. Die Nachricht sorgte für Schlagzeilen im ganzen Land; Berichte über die angebliche Unterdrückung von Polen im Siedlungsgebiet der deutschen Minderheit riefen erregte Kommentare von Politikern und Publizisten aus dem nationalen Lager hervor.[44]

Dabei war der Anlaß für die Kontroverse eine einzige zusätzliche Wochenstunde im Fach Deutsch. Der Gemeinderat von Bierawa hatte mit seiner deutschen Mehrheit beschlossen, die Schule in dem Ortsteil zu schließen und die Kinder von dort mit Schulbussen zur Nachbarschule bringen zu lassen. Dagegen protestierten die betroffenen polnischen Eltern, weil in dieser Schule der „muttersprachliche Deutschunterricht" Programm war. In einem Teil der Hauptstadtmedien hieß es fälschlicherweise, daß polnische Kinder eine Schule mit Deutsch als Unterrichtssprache in allen Fächern besuchen müßten. Dabei bestand der Unterschied zum Programm der normalen polnischen Schulen nur in der einen zusätzlichen Deutschstunde. In ganz Polen gibt es nur eine deutschsprachige Schule: die nach Willy Brandt benannte Schule der deutschen Botschaft in Warschau.

Im Jahr 2000 beschlossen Vertreter Warschaus und Berlins, in Oppeln ein durchgängig zweisprachiges Gymnasium einzurichten. Die Bundesregierung sagte finanzielle Zuschüsse sowie die Entsendung von Lehrern aus der Bundesrepublik zu.

9. Streit um Ortsschilder und Straßennamen

Wenige Tage nach der Unterzeichnung des deutsch-polnischen Nachbarschaftsvertrags im Juni 1991 griff Bürgermeister Helmut Wiescholłek zur Selbsthilfe: Er und einige Gesinnungsfreunde bauten die alten Ortstafeln ihrer Gemeinde, auf denen der polnische Name Dziewkowice stand, ab und stellten neue Schilder auf. Auf ihnen war nun unter der polnischen Ortsbezeichnung auch die deutsche zu lesen: Frauenfeld. Dafür erntete der deutschstämmige Bürgermeister teils großes Lob in seiner Gemeinde, teils stieß er auf heftige Ablehnung. Die zuständige Straßenmeisterei der Woiwodschaft Oppeln montierte die Schilder nach vier Tagen wieder ab – auf Kosten der Gemeinde. Ortsvorsteher Wieschollek aber weigerte sich, die Zahlung anzuweisen. Zu einer rechtlichen Auseinandersetzung kam es jedoch nicht, die zuständige Staatsanwaltschaft wollte kein Aufsehen erregen.

Das Beispiel der Gemeinde nördlich von Oppeln fand Nachahmer im Siedlungsgebiet der deutschen Minderheit. Doch jedesmal blieben die Regionalbehörden bei ihrem Kurs. Ein Sprecher des Woiwoden Zembaczyński verwies darauf, daß eine Entscheidung über den Ortstafelstreit Sache des Innenministers in Warschau sei. Da Warschau aber nicht für Straßennamen zuständig ist, ließen einige Gemeinden zweisprachige Straßenschilder anbringen, so in Himmelwitz (Jemielnica), wo sich das DFK-Büro auf der *Ulica Szkolna/Schulstraße* befindet.

Im deutsch-polnischen Nachbarschaftsvertrag war die delikate Frage ausgespart worden. Im ergänzenden Briefwechsel der beiden Außenminister hatte Skubiszewski dazu nur festgehalten: „Die Regierung der Republik Polen erklärt, daß sie derzeit keine Möglichkeit der Zulassung offizieller topographischer Bezeichnungen in traditionellen Siedlungsgebieten der deutschen Minderheit in der Republik Polen auch in deutscher Sprache sieht." Doch hatte der Bundestag in einer Entschließung zur Ratifizierung des Vertrages die Erwartung ausgedrückt, daß „in nicht allzu ferner Zukunft" im kompakten Siedlungsgebiet der Minderheit auch deutschsprachige Ortsnamen zugelassen werden.

Dieselbe Forderung erhoben die Lokalpolitiker aus den DFK-Reihen. Sie führten als Argument an, daß die polnische Regierung stets erklärte, sie werde Minderheitsrechte „nach internationalem Standard“ garantieren. Zum internationalen Standard gehören nach Auffassung der DFK-Vertreter die Regelungen in Südtirol, in Teilen Belgiens, im Gebiet der Sorben in Sachsen und Brandenburg, in einigen Kantonen der Schweiz sowie im Siedlungsgebiet der Slowenen in Kärnten, wo die zweisprachige Beschilderung gesetzlich garantiert ist.

In Polen strebte der Zentralrat der Deutschen Gesellschaften derartige Regelungen vor allem für die Osthälfte des Oppelner Landes sowie einige Gemeinden in der bisherigen Woiwodschaft Tschenstochau an, die mit der kommunalen Neuordnung von 1998 zur Woiwodschaft Oppeln kamen. In diesem Gebiet bezeichnet sich die Mehrheit der Einwohner als Deutsche. Es lag dem Zentralrat fern zu fordern, daß etwa unter dem polnischen Ortsnamen Wrocław noch Breslau stehen sollte, oder unter Gdańsk Danzig. Immerhin akzeptierte die polnische Seite nach der Unterzeichnung des Nachbarschaftsvertrags die deutschen Namen für die vormals deutschen Städte im offiziellen Schriftverkehr sowie in Dokumenten. Bis 1990 bearbeitete die polnische Botschaft in Köln keine Visaanträge von Personen, die vor 1945 in den deutschen Ostgebieten geboren worden waren, wenn unter der Rubrik Geburtsort die deutsche Ortsbezeichnung eingetragen war.

Die Unterhändler Bonns hatten nach der politischen Wende ihre polnischen Gesprächspartner davon überzeugt, daß der Gebrauch des deutschen Namens noch lange keinen Besitzanspruch bedeute. Die Polen hätten schließlich auch ihre eigenen Bezeichnungen, etwa Monachium für München, Moguncja für Mainz und Lipsk für Leipzig. Außerdem legten die Polen ja großen Wert darauf, für die Hauptstadt Litauens die polnische Bezeichnung Wilno und nicht die litauische Vilnius zu verwenden oder für das früher zu Österreich und Polen gehörende Lemberg den polnischen Namen Lwów und nicht den ukrainischen Lwiw. Allerdings war man in Polen lange nicht bereit, die Vorschriften für die Standesämter dem Nachbarschaftsvertrag anzupassen. So mußten Heimatvertriebene, die in ihrer Geburtsstadt Breslau oder Glatz eine Geburtsurkunde beantragten, staunend zur Kenntnis nehmen, daß sie aus Wrocław oder Kłodzko stammen. Die Standesämter verwandten dafür die üblichen Vordrucke der Republik Polen, ohne jeglichen Hinweis darauf, daß die Personenstandsbücher von den deutschen Behörden angelegt wurden. So entsprach es dem polnischen Gesetz über Personenstandsurkunden von 1986. Da diese Praxis aber zu Schwierigkeiten bei der Anerkennung dieser Urkunden durch deutsche Behörden führte, einigten sich Warschau und Bonn 1996 schließlich auf einen Kompromiß: Die polnischen Standesämter fügen auf Antrag der polnischsprachigen Bescheinigung eine Fotokopie aus den deutschen Personenstandsbüchern hinzu.

In Oberschlesien warf die Diskussion über zweisprachige Ortsschilder besondere Probleme auf. Denn es standen an vielen Orten zwei deutsche Namen zur Auswahl. Mitte der 30er Jahre hatten die nationalsozialistischen Behörden alle Namen, die offenkundig slawisch waren, durch eindeutig germanische ersetzt. Die entsprechende Anordnung war vom Reichsinnenministerium gekommen. Die NSDAP-Gauleitung von Oppeln gab die Parole aus, im Regierungsbezirk müßten jegliche polnische Spuren ausgelöscht werden. Ähnliches galt für Masuren. Auch dort war die überwältigende Mehrheit der Orts- und Flußnamen slawischen Ursprungs. Manchmal handelte es sich beim Versuch ihrer Auslöschung um annähernde Übersetzungen, so wie bei dem Flecken Zlattnik südlich von Oppeln, der zu Goldenau wurde. Seit dem Krieg heißt er Złotniki, eine neupolnische Version des ursprünglichen Namens (das polnische Wort *złoty* ist sprachgeschichtlich mit dem germanischen *Gold* verwandt.) Das gleiche gilt für den Ort Dziewkowice, der, für deutsche Ohren von der Aussprache her sehr ähnlich, vor der Nazizeit Schewkowitz hieß. *Dziewica* heißt auf deutsch *Jungfrau*, daher der Name Frauenfeld.[45]

Nach Angaben des „Amtsblattes der Regierung zu Oppeln" wurden in dem Bezirk insgesamt 1120 Ortsnamen geändert. In vielen Fällen hatte man dabei einfach deutsche Namen erfunden, so für Leschnitz (polnisch: Leśnica), das zu Bergstadt wurde, oder für Zawadzki (heute: Zawadzkie), dessen Namen durch Andreashütte ersetzt wurde. In Masuren wurde die Stadt Magrabowa unweit des deutsch-polnisch-litauischen Dreiländerecks in Treuburg umgetauft. Denn beim Referendum in Ostpreußen 1920 hatten nur zwei Einwohner für Polen optiert, 28627 aber für das Deutsche Reich. Heute heißt sie polnisch Olecko.

In einigen Fällen waren die Behörden wohl außerdem bestrebt, für deutsche Zungen kaum zu Bewältigendes auszumerzen. So mußte die slawisch-germanische Mischform Chrzumczütz (polnisch: Chrząszczyce) dem deutschen Schönkirch weichen. Ein ebenfalls im Oppelner Land gelegenes Dorf mit dem zungenbrecherischen Namen Szczedrzyk erhielt zu Ehren des Reichskanzlers den Namen Hitlersee. Heute heißt es wieder so wie in den Zeiten der Weimarer Republik. In ähnlichem Sinne wurde Kandrzin (Kędzierzyn), ein wichtiger Eisenbahnknotenpunkt am Westrand des oberschlesischen Industriegebietes, 1933 in Heydebreck umbenannt. Hans-Peter von Heydebreck war ein hoher SA-Führer. 1921 hatte er als Freikorpsmann in Oberschlesien gekämpft. Schon wenige Monate nach der Umbenennung wurde er beim angeblichen Putsch der SA im Juni 1934 auf Anweisung Hitlers erschossen. Der Name aber blieb erhalten, auch weil die Gefolgsleute Hitlers ihre Täterschaft kaschieren wollten. Reisende erinnern sich, daß in den ersten Monaten nach der Umbenennung auf dem Bahnhof der Stadt ein respektloser Bahnhofsvorsteher rief: „Toter Mann, alles umsteigen." Von diesem Ursprung des deutschen Namens ihrer Stadt wußten die Mitglieder des DFK Heydebreck bei ihrer Konstituierung nichts, wie ein Vorstandsmitglied bestätigte. Der Verband heißt heute DFK Kandrzin.

Mitglieder des Zentralrates empfahlen den deutschen Gemeindevorstehern die Rückkehr zu den Namen von vor 1933. Allerdings hatten sich in den meisten Gemeinden ganz offensichtlich die Bezeichnungen der 30er Jahre eingebürgert, nicht zuletzt deshalb, weil ein Großteil der heute aktiven Mitglieder der DFK mit diesen Namen aufgewachsen war.[46] Indes signalisierten die polnischen Behörden, daß die Bezeichnungen der Nazizeit nicht zur Debatte stünden. In Warschau sträubte man sich lange dagegen, überhaupt über zweisprachige Ortstafeln zu debattieren, für die Mehrheit der Polen waren Hinweise auf die deutsche Vergangenheit der „wiedergewonnenen Gebiete“ offensichtlich kaum zu akzeptieren.

Den Ton gab Präsident Wałęsa an, der aus Anlaß seines Besuchs in der Bundesrepublik im März 1992 erklärte: „Ich bin nicht nur für zweisprachige, sondern meinetwegen für siebensprachige Schilder. Meinetwegen können alle europäischen Staaten ihre Schilder aufstellen, aber bitte nur auf eigene Kosten. Denn ich habe kein Geld dafür. Ich habe nichts dagegen, aber es sollte auf der Basis der Gegenseitigkeit geschehen, damit sich auch die Polen besser zurechtfinden.“[47] Daß diese Äußerungen Wałęsas völlig dem Anspruch, den „europäischen Standard“ der Minderheitsrechte zu respektieren, zuwiderliefen und sie somit die in Bonn akkreditierten polnischen Diplomaten in eine peinliche Bredouille brachten, fiel dem präsidialen Pressestab nicht auf. Dort fand man sie so gelungen und witzig, daß man eine Aufzeichnung dieser Sätze mehrmals im Fernsehen zeigen ließ.

In Oberschlesien selbst wurde die Diskussion weitaus gelassener geführt. Nach einer Umfrage der Oppelner Tageszeitung „Nowa Trybuna Opolska“ haben 82 Prozent der polnischen Einwohner der Gemeinden mit deutscher Mehrheit keine Einwände gegen zweisprachige Ortstafeln.[48]

Die polnische Führung bewegte sich in dieser Frage jedoch zunächst nicht. Noch 1998 erklärte Mazowiecki, damals Vorsitzender des Europa-Ausschusses des Sejms, daß seine Landsleute Zeit bräuchten, diese „psychologische Frage“ zu lösen. Auch der Abgeordnete Kroll wollte angesichts der Stimmung in Polen noch abwarten.[49]

Im selben Jahr wurde der Regierungsentwurf eines Minderheitengesetzes veröffentlicht. Ein Artikel sah die Erstellung eines offiziellen Namensverzeichnisses für Orte, Straßen und Behörden in kompakten Siedlungsgebieten von Minderheiten vor. Mehrere Gemeinderäte schickten in dieser Zeit Appelle an den Staatspräsidenten sowie an den Sejm, endlich für zweisprachige Schilder eine gesetzliche Grundlage zu schaffen.

9. Das litauische Beispiel

Während der Blütezeit des sozialistischen Systems und des Warschauer Paktes erzählte man sich in Polen folgenden Witz: „Warum nennen wir unsere Verbündeten Bruderländer? – Weil man sich Brüder, im Gegensatz zu Freunden, nicht aussuchen kann!" Nach dem Zusammenbruch des von Moskau erzwungenen Paktes konnten die Polen ebenso wie ihre ehemaligen Bündnisgenossen darauf verzichten, sich bei jeder Gelegenheit deklamatorisch „unverbrüchlicher Freundschaft zwischen den Völkern" zu versichern – im Gegenteil: Alte nationale Gegensätze brachen wieder auf; Konflikte der Vorkriegszeit lebten wieder auf, so, als hätte es in Mittelosteuropa weder die Besatzung durch die Deutschen noch die auf Moskau ausgerichteten Parteiregimes gegeben.

Besonders schwierig gestalteten sich Anfang der 90er Jahre die Beziehungen zwischen Warschau und Wilna (polnisch: Wilno, litauisch: Vilnius), vor allem wegen der polnischen Minderheit in Litauen, die auf etwa eine Viertelmillion Angehörige beziffert wird. Knapp die Hälfte von ihnen lebt im Bezirk Salčininkai (polnisch: Soleczniki) in einem geschlossenen Siedlungsgebiet, in dem sie mehr als 80 Prozent der Einwohner ausmachen, die andere Hälfte im Bezirk Wilna. Im Umland der Hauptstadt sind zwei von drei Einwohnern Polen, in Wilna selbst bekennt sich jeder Fünfte zur Minderheit.

Nicht nur die Behandlung der Minderheit, die aus polnischer Sicht von den Litauern unterdrückt wurde, stellte einen Konfliktpunkt zwischen beiden Regierungen dar, sondern auch die gemeinsame Grenze, die nach Meinung litauischer Politiker nationalistische Kräfte in Polen revidieren wollen. Diese Grenze besteht erst seit dem Zweiten Weltkrieg, in der Zwischenkriegszeit verlief sie anders, weiter im Nordosten. Denn damals gehörte Wilna zu Polen. 1920 hatte eine polnische Armee unter Befehl von General Lucjan Żeligowski mit Rückendeckung des späteren Staatsoberhaupts Józef Piłsudski Wilna besetzt, die Hauptstadt der erst nach dem Zusammenbruch des Zarenreiches zwei Jahre zuvor gegründeten Republik Litauen. Żeligowski sorgte für die Einsetzung einer von Warschau abhängigen Regierung, die in dem besetzten Gebiet eine Republik Mittellitauen ausrief. 1922 bat deren Führung – in der heutigen litauischen Geschichtsschreibung eine Marionettenregierung – um den Anschluß an Polen, eine Bitte, die man in Warschau nur allzugern erfüllte. Wegen der Wilna-Frage blieben die Beziehungen zwischen beiden Staaten äußerst gespannt, sie nahmen erst am Vorabend des Zweiten Weltkriegs diplomatische Beziehungen zueinander auf, die gemeinsame Grenze blieb geschlossen.

Mitte September 1939 marschierte die Rote Armee infolge des Hitler-Stalin-Paktes in Ostpolen ein. Wilna wurde Hauptstadt der ein Jahr später nach Scheinwahlen ausgerufenen Sowjetrepublik Litauen, die Masse der polnischen Bewohner mußte unmittelbar nach dem Zweiten Weltkrieg ihre Häuser aufgeben und westwärts, meist nach Schlesien und Pommern, ziehen. Der Ring der Dörfer um Wilna und der Bezirk Salčininkai blieben indes von der erzwungenen Emigration weitgehend ausgespart.

Mehr als vier Jahrzehnte später, im März 1989, erklärte das erste seitdem frei gewählte litauische Parlament, zu dessen Vorsitzendem der Musikprofessor Vytautas Landsbergis bestimmt wurde, die Unabhängigkeit der Republik. Im nationalen Überschwang beging die Sammelbewegung Sąjudis, die die Regierung übernommen hatte, einen kapitalen Fehler: Sie setzte einen Parlamentsbeschluß durch, nach dem Litauisch innerhalb von zwei Jahren einzige Amtssprache werden sollte. Diese Maßnahme zielte vor allem auf die Russen im Lande ab, etwa acht Prozent der Bevölkerung, die auf diese Weise zur Rückkehr nach Rußland gebracht werden sollten. Sie traf aber auch die polnische Minderheit, deren politische Vertreter dadurch erst recht in der Sowjetmacht den Verteidiger ihrer Interessen sahen. Die polnischen Regionalpolitiker, die durchweg der Kommunistischen Partei angehörten, erklärten das Gebiet für autonom und kündigten die Schaffung einer Polnischen Sowjetrepublik an. An der prosowjetischen Ausrichtung der meisten von ihnen änderte sich auch nichts, als das litauische Parlament unmittelbar nach dem Militäreinsatz der Truppen Moskaus in Wilna am 13. Januar 1991, der mindestens 14 unbewaffneten Demonstranten das

Leben kostete, den Sprachenbeschluß wieder aufhob. So zogen einige polnische Regionalpolitiker während der Moskauer Putschtage im August 1991 vor ihren Amtssitzen rote Sowjetfahnen auf. Nach dem Scheitern der Putschisten, die Litauen wieder zwangsweise in die Sowjetunion eingliedern wollten, reagierte die Führung in Wilna: Sie verbot die beiden Regionalräte der Minderheit. Aber in die Lokalverwaltung griff sie nicht ein: Keine der mehr als 130 polnischen Schulen und keines der Bürgermeisterämter wurde geschlossen, der staatliche Fernsehsender in Wilna strahlte weiter das erste polnische Fernsehprogramm aus, die polnischen Zeitungen durften weiter erscheinen.

In derselben Zeit wurde bekannt, daß das Stadtgebiet von Wilna auf das mehrheitlich von Polen bewohnte Umland ausgedehnt werden sollte. Da die Hauptstadt selbst vorläufig vom Gesetz über die Privatisierung von Grund und Boden ausgespart blieb, interpretierte man in Warschau die Pläne als gezielte Maßnahme gegen die polnische Minderheit. Ihren Angehörigen solle es unmöglich gemacht werden, ihre Grundstücke und Häuser, die 1945 kollektiviert worden waren, zurückzubekommen.

Die Nachrichten aus Wilna führten zu einem Sturm der Entrüstung in Warschau. Die Spannungen zwischen den katholischen Polen und den katholischen Litauern, die beide die Muttergottes vom Spitzen Tor (*Ostra Brama*) in Wilna verehren, erreichten einen neuen Höhepunkt. Polnische Zeitungen berichteten auf den Titelseiten über die angebliche Unterdrückung der Landsleute im Nachbarland. Präsident Wałęsa lehnte mehrmals Begegnungen mit Landsbergis ab. Landsbergis hatte im September 1991 bei Reisen zur und von der UNO in New York Zwischenaufenthalte auf dem Warschauer Flughafen, doch entgegen sämtlichen diplomatischen Gepflogenheiten wurde er von keinem Vertreter des Präsidentenamtes oder des Außenministeriums begrüßt. Der polnische Außenminister Skubiszewski verlangte wiederholt sofortige Neuwahlen zu den Regionalräten, was Wilna mit dem Hinweis, erst müßten sich neue politische Gruppierungen bilden, ablehnte. Die Wahlen wurden schließlich für November 1992 angesetzt.

Das von Skubiszewski geführte Auswärtige Amt in Warschau übermittelte dem Außenministerium in Wilna auf dem Höhepunkt der Auseinandersetzungen im November 1990 ein Aide-Mémoire, in welchem Wünsche bezüglich der Minderheit formuliert waren. Das nicht für die Öffentlichkeit bestimmte Dokument gelangte indes aus Wilna nach Bonn, wo es vor allem in der CDU/CSU-Fraktion und beim Bund der Vertriebenen ein Echo fand. Denn das Aide-Mémoire aus Warschau enthielt nach Auffassung von Wilnaer wie Bonner Politikern Forderungen, die die polnische Seite gegenüber der deutschen Minderheit nicht zu erfüllen bereit war. Von Bonn gelangten die Papiere nach Oberschlesien zum Zentralrat der Deutschen. Vertreter der Minderheit, darunter Kroll, fuhren daraufhin nach Litauen, um sich bei den dortigen Behörden eingehend über die Warschauer Forderungen sowie die Lage der Polen im Gebiet Salčininkai zu informieren.

Ohnehin waren einige Parallelen in der Ausgangslage der deutschen Minderheit in Polen und der polnischen in Litauen nicht zu übersehen. Beide Gruppen gehörten bis zum Ende des Zweiten Weltkrieges zum jeweiligen Staatsvolk, erst die Westverschiebung Polens hat sie zu Minderheiten gemacht. Die Mehrheit ihrer Landsleute mußte die Heimat verlassen, die Siedlungsgebiete der Zurückgebliebenen – das Oppelner Land bzw. der Bezirk Salčininkai – sind Enklaven, jeweils rund 200 Kilometer von der Grenze entfernt. Beide Minderheiten verfügen nur über eine dünne Schicht von Akademikern, die Mehrheit der Intellektuellen wurde ausgesiedelt. Unter den Bedingungen des sozialistischen Regimes konnten sie ihre Kultur nur eingeschränkt oder überhaupt nicht pflegen – daher ist die junge Generation der deutschen Minderheit in Polen kaum des Deutschen mächtig, die jüngeren Polen in Litauen sprechen meist eine Mischung aus Polnisch und Russisch. Schließlich wurden und werden teilweise noch die Deutschstämmigen in Oberschlesien als „zwangsgermanisierte Polen“ angesehen, entsprechend handelt es sich bei der Masse der Einwohner des Bezirks Salčininkai und des Umlandes von Wilna in den Augen der Vertreter des nationalistischen Flügels von Sąjudis um „zwangspolonisierte Litauer“.

Vor allem aber interpretierte die litauische Führung ihre Lage gegenüber Warschau ähnlich wie manche polnischen Politiker die ihre gegenüber Bonn: Ein großes Land versucht, auf den schwächeren Nachbarn Druck auszuüben. So wie in Polen der Einfluß des BdV auf die Bonner Politik überbewertet wurde, so hält man in Litauen das „Bürgerkomitee zur Verteidigung der Polen" (OKOP) für eine entscheidende Kraft. Immerhin kann sich das OKOP – im Gegensatz zum BdV in der Bundesrepublik – auf einen Großteil der Presse und weite Bevölkerungskreise stützen. Das Thema „Unterdrückung unserer Landsleute in Litauen" beschäftigte alle polnischen Leitartikler, in der Bundesrepublik fanden Anliegen der deutschen Minderheit nur ein schwaches Echo. Aufgrund dieser Einstimmung durch die Presse waren zwei Drittel der Polen für einen härteren Kurs Warschaus gegenüber Wilna. Die Demokratische Union (UD) unter Führung Mazowieckis und die ihr nahestehende liberale „Gazeta Wyborcza" standen fast auf verlorenem Posten, als sie an ihre Landsleute appellierten, Verständnis für die schwierige psychologische Lage der Litauer aufzubringen, die sich von zwei mächtigen Nachbarn unter Druck gesetzt sähen. Auch die der UD angehörende Oppelner Senatorin Dorota Simonides sprach sich für einen Dialog aus, der nur ein positives Echo im ebenfalls von Spannungen geprägten Oberschlesien finden könnte.

Hingegen trat das OKOP, das sich vor allem auf die polnischen Christ-Nationalen (ZChN) stützte, dafür ein, mit Wilna nur aus einer Position der Stärke heraus zu verhandeln. Das OKOP wollte sich – wie auch der BdV – nicht mit den von Stalin nach dem Zweiten Weltkrieg durchgesetzten Grenzen abfinden. BdV wie OKOP forderten auch für die jeweils von ihnen betreute Minderheit die doppelte Staatsbürgerschaft.

Diesen Punkt machte sich auch das polnische Außenministerium in dem von Skubiszewski genehmigten Aide-Mémoire zu eigen, während man die doppelte Staatsbürgerschaft für die deutsche Minderheit ablehnte. Die Regierung in Warschau forderte auch einen Autonomie-Status für die beiden Bezirke mit polnischer Mehrheit – dies wäre für den Ostteil der Woiwodschaft Oppeln mit seinen rund 400000 Einwohnern undenkbar.

Warschau war nicht einmal bereit, über zweisprachige Ortstafeln im Oppelner Land mit sich reden zu lassen – doch forderte man genau dies von Wilna und noch mehr: in den Bezirken Wilna und Salčininkai sollte nach Warschauer Vorstellungen Polnisch zweite Amtssprache werden. Nicht länger hinnehmen wollte die polnische Seite dem Aide-Mémoire zufolge auch die Zerstörung von Denkmälern polnischer Kultur und Geschichte oder die Verheimlichung deren polnischen Ursprungs. Hingegen vermieden die staatlichen polnischen Behörden jeglichen Hinweis auf die deutsche Vergangenheit der Oder-Neiße-Gebiete. Für die Lehrwerke an den Schulen war, den deutsch-polnischen Schulbuchkonferenzen zum Trotz, die Version von den „wiedergewonnenen Gebieten" nach wie vor verbindlich.

Ferner forderte Warschau zu den bereits vom litauischen Staat finanzierten 130 polnischsprachigen Schulen die Einrichtung von Fachhochschulen und einer polnischen Universität in Wilna. Doch gab es in Polen keine einzige Lehranstalt mit der Unterrichtssprache Deutsch – allerdings hätte es wohl auch nicht genügend Schüler oder Studenten mit den entsprechenden Sprachkenntnissen gegeben. Als sich der Filmregisseur Andrzej Wajda für die Einrichtung einer polnischen Universität in Wilna und einer deutschen in Breslau aussprach, stieß der zweite Teil seines Vorschlags auf heftige Proteste von seiten seiner Landsleute. Diese Proteste belegen, daß man sich polnischerseits mit den Forderungen im moralischen Recht sieht: Die Polen sind Opfer des Zweiten Weltkrieges, sie haben sich die Verschiebung ihres Staatsgebietes nicht ausgesucht. Hingegen haben die Deutschen den Krieg begonnen, die Beschneidung der Rechte von Deutschen ist in den Augen vieler Polen daher eine moralisch vertretbare Folge des Krieges.

Allerdings warfen deutsche Politiker aus den Reihen der CDU/CSU im Gleichklang mit Vertretern fast aller litauischen Parteien dem Auswärtigen Amt in Warschau unter Hinweis auf das Aide-Mémoire vom 26. November 1990 eine „doppelte Moral" vor. Aus Stellungnahmen polnischer Politiker ging hervor, daß dort das Problem geradezu entgegengesetzt interpretiert wurde. Die vorherrschende Stimmung gab Präsident Wałęsa wieder, als er danach gefragt wurde, ob das, was Polen in Litauen erreichen wolle, auch Modell für die deutsche Minderheit in Oberschlesien sein könne: „Die deutsche Minderheit in Polen sollte eher ein Beispiel für Litauen abgeben. Wir werden nicht die Organisationsfreiheit beschränken. Wir werden uns kein Beispiel an Litauen nehmen, denn dann müßten wir der Minderheit ebenfalls viele Dinge untersagen und sie isolieren."[50]

Überraschend schlossen beide Regierungen im Herbst 1991 einen Kompromiß: Die Litauer erklärten, sie wollten nicht die nationale Struktur in den einzelnen Verwaltungsbezirken durch administrative Maßnahmen ändern. Warschau ließ einen Großteil der Forderungen aus dem Aide-Mémoire fallen, darunter die nach Autonomie, und akzeptierte schließlich, daß die litauische Regierung von der polnischen Minderheit eine Loyalitätserklärung verlangte. Die Litauer hatten als Argument dafür auch angeführt, daß die Polen ebendies von der deutschen Minderheit im eigenen Lande forderten. Außerdem verzichteten beide Seiten auf Gebietsansprüche. Skubiszewski, der nach der unbeabsichtigten Veröffentlichung des Aide-Mémoire sehr schnell einen moderaten Ton gefunden hatte, unterzeichnete eine entsprechende Gemeinsame Erklärung beider Regierungen am 13. Januar 1992 in Wilna und nahm an den Gedenkfeiern zum ersten Jahrestag des sowjetischen Panzereinsatzes teil, was als besondere Geste gemeint war und auch so begriffen wurde. Der polnische Außenminister wurde aber aus den Reihen des OKOP und der ZChN, die damals im Kabinett Olszewski die stärkste Kraft war, als „Verzichtspolitiker" angegriffen.

Die Verhandlungen über einen Nachbarschaftsvertrag aber kamen lange nicht voran. Daß es schließlich doch zu einem Durchbruch kam, dazu mag auch der Besuch von Papst Johannes Paul II. in Litauen im September 1993 beigetragen haben. Zum einen vermied der Papst alles, was die nationalen Empfindlichkeiten der Gastgeber treffen konnte; zum anderen warnte er beide Seiten, wobei er ausdrücklich die polnische Minderheit einbezog, vor einem „Übermaß nationaler Ambitionen". Seine Landsleute sprach er dabei als „Bürger Litauens polnischer Nationalität" an.[51]

Im April 1994 war der Nachbarschaftsvertrag schließlich unterschriftsreif. Nach der Unterzeichnung in Wilna appellierte Präsident Wałęsa an den litauischen Sejm, die Rechte der polnischen Minderheit zu garantieren. Seine dort lebenden Landsleute ermahnte er zur Loyalität zu Wilna. Der Vertrag sichert ihnen unter anderem das Recht auf Bildung in der Muttersprache sowie auf zweisprachige Orts- und Straßenschilder. Die litauische Seite akzeptierte aber nicht die Zulassung des Polnischen als zweite Amtssprache für Salčininkai.

Dafür hatten sich die Polen im Streit um eine „historische Präambel" durchgesetzt. Bei den Verhandlungen hatte die Wilnaer Delegation zunächst die Aufnahme eines Passus gefordert, in dem das Vorgehen des Generals Żeligowski 1920 verurteilt werden sollte. Schließlich einigte man sich auf die Formulierung, beide Seiten „drücken ihr Bedauern über die vergangenen Konflikte zwischen beiden Völkern" aus.

Der Sejm-Abgeordnete Kroll, der als Mitglied des Außenpolitischen Ausschusses über die Verhandlungen im Detail unterrichtet war, erklärte dazu, die deutsche Minderheit könne sich bei ihren künftigen Zielen und Forderungen an dem Vertrag orientieren.[52]

Eine der Folgen des Vertragsabschlusses war die Eröffnung eines polnischen Gymnasiums in Wilna zum Schuljahr 1994/95. Die nach Papst Johannes Paul II. benannte Schule wurde von den Regierungen in Warschau und Wilna gemeinsam finanziert. Die polnische Seite störte sich indes daran, daß die Zeugnisse nicht auf polnisch verfaßt werden durften. Nach zwischenzeitlich unterbrochenen Verhandlungen lenkte das litauische Bildungsministerium schließlich 1999 ein.

Im selben Jahr zeigte sich indes, daß die polnisch-litauische Verständigung nach wie vor fragil war. Vor allem die konservative Warschauer Presse reagierte heftig auf die Verurteilung von Angehörigen der polnischen Minderheit wegen Landesverrats. Es handelte sich um die prokommunistischen Führer der Organisation der Polen in Litauen, die in den Tagen des August-Putsches 1991 die „Sowjetrepublik Polen" ausgerufen hatten. Polnische Kommentatoren verstanden das Urteil als Schlag gegen die Minderheit. Dabei war das Urteil ohnehin nur symbolisch: Das Gericht verhängte nämlich lediglich Bewährungsstrafen.

V. Die Rolle der katholischen Kirche

Die katholische Kirche Polens hat während der Zeiten der Fremdherrschaft den Zusammenhalt der Nation bewirkt, sowohl während der Aufteilung des Landes zwischen Preußen, Österreich und Rußland von 1795 bis 1918 als auch während der deutschen Besatzung im Zweiten Weltkrieg und des Regimes der von Moskau abhängigen kommunistischen Partei. Katholische Priester nahmen aktiv am Kampf für die „Wiedergeburt Polens" am Ende des Ersten Weltkriegs teil, einige von ihnen kämpften mit der Waffe in der Hand im polnisch-sowjetischen Krieg 1920 gegen die Rote Armee, andere vertraten engagiert die polnische Sache bei den Volksabstimmungen und den Schlesischen Aufständen 1920/21. Priester gehörten zu den Widerstandskämpfern gegen den nationalsozialistischen Terror, die katholische Geistlichkeit, mit Papst Johannes Paul II. an der Spitze, hatte entscheidenden Anteil am Zusammenbruch der Parteiherrschaft. Die katholische Kirche und die Nation galten als eins, die Kirche war Träger des Nationalbewußtseins. Diese Idee verkörperten auch die drei Kardinäle, die als letzte das Amt des Primas bekleideten: August Hlond von 1926 bis 1948, Stefan Wyszyński anschließend bis 1981, nach dessen Tod trat Józef Glemp an die Spitze des polnischen Episkopats.

Nach dem Zweiten Weltkrieg stellte die Kirche die Seelsorge der Neusiedler in den Oder-Neiße-Gebieten in den Mittelpunkt ihrer Tätigkeit. Polnische Historiker bewerten ihren Beitrag zur Angliederung dieser Gebiete ausnahmslos positiv. Ein Teil der deutschen Historiker beurteilt die Rolle der Kirche jedoch anders, vor allem wegen ihrer Haltung zur Vertreibung wie zur deutschen Minderheit. Die unterschiedliche Rückschau belastete auch über Jahrzehnte das Verhältnis zwischen den Bischofskonferenzen beider Länder. Ohne daß es je zu einer offenen Aussprache darüber kam, wurde von deutscher Seite nämlich den polnischen Amtsbrüdern vorgeworfen, nicht nur vor dem „Unrecht der Vertreibung“ die Augen verschlossen, sondern sich sogar aktiv daran beteiligt zu haben. Der polnische Klerus habe sich dabei die „zutiefst unchristliche Kategorie der Kollektivschuld“ zu eigen gemacht. Gleichzeitig wird anerkannt, daß das polnische Episkopat mit seiner Botschaft an die deutschen Bischöfe von 1965, die in dem Satz „Wir vergeben und bitten um Vergebung“ gipfelte, einen eminent wichtigen Schritt auf dem beschwerlichen Weg zur Aussöhnung zwischen beiden Völkern getan hat.

Nicht nur zwischen den Deutschen und der polnischen katholischen Kirche sind die Beziehungen ambivalent. Auch andere religiöse und nationale Minderheiten, wie Litauer und Ukrainer, haben ihre Vorbehalte, die denen von deutscher Seite entsprechen: Der polnische katholische Klerus habe das von der politischen Führung vorgegebene Ziel, ein „ethnisch homogenes Polen“ zu schaffen, engagiert mitgetragen und somit auch Assimilierungsdruck ausgeübt.

Mit dem Ende der Parteiherrschaft wurde auch diese Idee aufgegeben. Doch wiederholen kirchennahe Politiker auch in der Gegenwart das Motto: „Wer nicht katholisch ist, ist kein Pole.“ Staatspräsident Wałęsa hielt es für ganz selbstverständlich, ständig ein kleines Abbild der Muttergottes von Tschenstochau, der „Königin Polens“, am Revers seines Anzuges zu tragen, ungeachtet seines Anspruchs, „Präsident aller Polen“ zu sein.

1. Die Übernahme der Oder-Neiße-Gebiete

Im März 1945 übergab die sowjetische Militärkommandantur Oberschlesien an die polnischen Behörden, im Juni kam Niederschlesien unter polnische Verwaltung. In dieser Zeit, noch vor der Potsdamer Konferenz, begann die systematische Vertreibung der deutschen Bevölkerung. Repatrianten und Siedler aus Zentralpolen übernahmen deren verlassene Wohnungen oder wurden oft zusätzlich in noch bewohnte Häuser einquartiert.

Mit ihnen kamen auch polnische Geistliche und begannen mit dem Aufbau einer Kirchenverwaltung, ungeachtet der Tatsache, daß noch mehr als tausend ihrer deutschen Amtsbrüder in ihren Pfarreien ausharrten. Von den Zivilbehörden wurde der polnische Klerus dabei nicht behindert.

Den Kommunisten in der Regierung war bewußt, daß sie nur einen schwachen Rückhalt im Volke hatten. Großen Zulauf verzeichnete dagegen die Bauernpartei unter Führung Stanisław Mikołajczyks, des ehemaligen Premierministers der Londoner Exil-Regierung. Die kommunistische Führung um Gomułka konzentrierte sich daher zunächst darauf, die Bauernpartei auszuschalten: Die von ihr kontrollierte Geheimpolizei UB schüchterte aktive Mitglieder ein, sie nahm willkürlich Verhaftungen vor und organisierte Mordanschläge auf einige Führer der Bauernpartei; schließlich wurden in großem Maßstab Wahlen manipuliert. Daneben hatten sich die Kommunisten mit dem Widerstand von Abteilungen der antikommunistischen „Heimatarmee“ (AK) auseinanderzusetzen. In den ersten beiden Nachkriegsjahren kamen bei Gefechten und Anschlägen mehr als 50 000 Menschen um. Angesichts dieser instabilen politischen Lage wollten die Kommunisten unter Führung Gomułkas sich zumindest gegenüber der Kirche den Rücken freihalten. Die bereits völlig von ihnen beherrschten Streitkräfte schickten sogar Soldatenabordnungen zu den Fronleichnamsprozessionen; Parteiführer, darunter der spätere Staats-, Regierungs- und Parteichef Bierut, nahmen an religiösen Feiern teil.

Im Episkopat machte man sich indes keine Illusionen, daß das gute Einvernehmen zwischen Katholiken und Kommunisten ewig währen könne. So versuchte der polnische Primas, Kardinal Hlond, in der Zeit bis zur ihm unvermeidlich erscheinenden Konfrontation die Stellung der Kirche im Land zu stärken. Für ihn galt es zunächst, die Kirchenverwaltung neu aufzubauen. Der katholische Klerus hatte während des Terrors der deutschen Besatzung im Zweiten Weltkrieg einen hohen Blutzoll gezahlt: mehr als 2 000 Priester hatten ihr Leben verloren, darunter fünf Bischöfe.[1] Ein Teil von ihnen war erschossen oder erhängt worden, teils als angebliche oder tatsächliche Helfer von Widerstandsgruppen, teils als Geiseln bei Vergeltungsmaßnahmen der Besatzer. Die Mehrheit aber war im KZ oder während der Deportation umgekommen, darunter die fünf Bischöfe. Die Opfer machten ein Viertel aller Priester aus, die zu Beginn des Krieges aktiv gewesen waren. Es kann kein Zweifel daran bestehen, daß die Nationalsozialisten langfristig die katholische Kirche Polens vernichten wollten.

Wie mehreren Mitgliedern der polnischen Regierung war Kardinal Hlond, dem Erzbischof von Warschau und Gnesen, zwei Wochen nach dem deutschen Überfall auf Polen die Flucht nach Rumänien geglückt. Nach einem längeren Rom-Aufenthalt wählte er sein Exil in Frankreich. Im Februar 1943 wurde er jedoch von der deutschen Polizei in Paris verhaftet und interniert, zunächst bei Verdun, dann in Westfalen. Nach der Befreiung durch die Amerikaner begab er sich wieder nach Rom. Dort erhielt er von Papst Pius XII. am 8. Juli 1945 eine päpstliche Sondervollmacht, nach der er in Polen Apostolische Administratoren für durch die Kriegsereignisse vakant gewordene Stellen einsetzen durfte. Nach dem Kirchenrecht stehen sie in außerordentlichen Situationen an der Spitze eines Bistums und dürfen fast alle wichtigen Aufgaben eines Bischofs versehen. Die Formulierung in dem auf italienisch verfaßten Schreiben der Heiligen Kongregation für außerordentliche kirchliche Angelegenheiten lautete: *in tutto il territorio polacco* (‚auf dem gesamten polnischen Gebiet').

Nach Hlonds Interpretation gehörten zu *tutto il territorio polacco* auch die deutschen Ostgebiete. Von deutscher Seite wurde diese Auffassung später energisch zurückgewiesen mit dem Argument, die Oder-Neiße-Linie sei als Grenze für die Gebiete, die unter polnische Verwaltung kamen, erst auf der Potsdamer Konferenz festgelegt worden. Und diese Konferenz war erst vier Wochen, nachdem Hlond die päpstliche Vollmacht empfangen hatte, abgeschlossen worden. Polnische Historiker vertreten allerdings die Auffassung, Hlonds Interpretation sei durch die Konferenz von Jalta im Februar 1945 gedeckt, in der sich Stalin, Churchill und Roosevelt auf „einen großen Gebietszuwachs für Polen im Norden und Westen" verständigt hatten.

Bislang wurde das Dokument allerdings nur inoffiziell und ohne Autorisierung veröffentlicht.[2] Es bleibt die Frage, warum das polnische Episkopat es bis in die Gegenwart nicht zur Veröffentlichung freigegeben hat.

Noch bevor der Primas nach fast sechsjähriger Abwesenheit nach Polen zurückkehrte, hatte ein anderer polnischer Bischof seine deutschen Amtsbrüder in den Ostgebieten bereits darauf vorbereitet, daß sie das Land verlassen müßten: Nur zehn Tage nach der Kapitulation Breslaus am drittletzten Kriegstag erschien der Bischof von Kattowitz, Stanisław Adamski, in der Stadt. Er suchte Weihbischof Joseph Ferche und Generalvikar Josef Negwer auf, um ihnen mitzuteilen, daß es nach Beschluß der polnischen Regierung in den besetzten Gebieten keine Minderheitenfrage geben werde, Breslau und Stettin würden polnisch. Viereinhalb Millionen Menschen kämen aus den polnischen Ostgebieten in den Raum rechts der Oder. Je eher die Deutschen freiwillig aus diesen Gebieten gingen, desto besser würde es für sie sein. Jedenfalls werde es dort keine deutschen Schulen mehr geben.[3] Einigen Mitgliedern des Domkapitals war Adamski ein alter Bekannter: Als Prälat hatte er während der Schlesischen Aufstände von 1920/21 zu den engsten Mitarbeitern des polnischen Plebiszitkommissars Wojciech Korfanty gehört. Er hatte unter oberschlesischen Geistlichen für den Anschluß an Polen geworben, obwohl der zuständige Diözesanbischof, der Breslauer Kardinal Bertram, jegliche politische Agitation innerhalb des Klerus verboten hatte. Während des Kriegs hatte Adamski zunächst in Kattowitz unter Hausarrest gestanden; später wurde er in das Generalgouvernement abgeschoben.

Die im weitgehend zerstörten Breslau zurückgebliebenen deutschen Priester waren nach Adamskis Aufforderung, die Heimat zu verlassen, ebenso schockiert wie ratlos. Der mittlerweile 86 Jahre alte Kardinal Bertram war auf Anraten seines Arztes im Januar, bevor sich der Ring der Roten Armee um die „Festung Breslau" schloß, zum Schloß Johannesberg bei Jauernig (Javornik) im sudetendeutschen Teil seiner Erzdiözese aufgebrochen. Vertreter des Generalvikariats versuchten in dieser Zeit vergeblich, die örtlichen Befehlshaber der Wehrmacht zur

Kapitulation zu bewegen. Offensichtlich aus Angst vor dem NSDAP-Gauleiter und Reichsverteidigungskommissar Karl Hanke, der Dutzende von Bürgern wegen „Verlassen ihrer Posten“ oder wegen Defätismus erschießen ließ, wurde dieses Anliegen zurückgewiesen. Hanke selbst floh am 6. Mai mit einem kleinen Flugzeug aus der Stadt – es war der einzige Start von einem mühsam angelegten Hilfsflugplatz – und gilt seitdem als verschollen.

Die zurückgebliebenen Mitglieder des Domkapitels versuchten, mit der sowjetischen Militärkommandantur Fühlung aufzunehmen. Doch konnten sie die Plünderungen und Vergewaltigungen nicht verhindern. In der ganzen Erzdiözese Breslau starben mindestens 75 Priester in den ersten Wochen nach dem Vordringen der Roten Armee eines gewaltsamen Todes, meist, weil sie ihre Gläubigen, vor allem Frauen und Mädchen, vor Übergriffen der Rotarmisten schützen wollten.[4] Außerdem wurden zahlreiche Priester nach Rußland und Sibirien verschleppt.

In den Wochen nach der deutschen Kapitulation bereiste Bischof Adamski, in einem Wagen mit Fahrer und geschützt durch die polnische Miliz, den oberschlesischen Teil der Erzdiözese und erteilte den dortigen Dechanten weitgehende Befugnisse.[5] Kardinal Bertram, der davon im wieder der Tschechoslowakei angegliederten Sudetenland erfuhr, zeigte sich entrüstet über die Einmischung eines fremden Bischofs in die Angelegenheiten seiner Erzdiözese; doch war er, auf zu Fuß reisende Boten angewiesen, so gut wie von allen Verbindungen zur Außenwelt abgeschnitten. Im Auftrag Bertrams nahm Generalvikar Negwer Kontakt zur polnischen Bischofskonferenz auf und bat um Fürsprache bei den neuen Behörden, den deutschen Gläubigen die Seelsorge in ihrer Muttersprache zu gestatten. Adamski antwortete ihm: „Kirche, Schule, Religionsunterricht sollen vollständig polonisiert werden, da Deutsche hier nicht zurückbleiben können.“ Davon sei allerdings die Sprache im Beichtstuhl nicht berührt.[6]

Wenige Tage bevor der Antwortbrief Adamskis bei Negwer eintraf, war Kardinal Bertram am 6. Juli 1945 in Jauernig gestorben. Das Breslauer Domkapitel wählte zehn Tage nach seinem Tod den bisherigen Domdechanten Ferdinand Piontek zum Kapitelsvikar, somit an die Spitze des Erzbistums. Piontek stammte aus Oberschlesien und sprach gut polnisch.

Doch am 12. August ließ sich Kardinal Hlond persönlich in einer Limousine mit Stander des Vatikans nach Breslau fahren, um Piontek zum Verzicht auf seine Jurisdiktion in den polnisch verwalteten Gebieten der Erzdiözese zu drängen. Zur Begründung führte er an, daß keine normalen Beziehungen zwischen der Kirche und der Volksrepublik Polen zu erreichen wären, wenn nicht polnische Administratoren eingesetzt würden. Piontek unterschrieb das vorbereitete Schreiben, nachdem Hlond ihm versichert hatte, daß es im Vatikan abgefaßt worden sei.[7] In den folgenden Tagen erreichte Hlond unter Berufung auf Anordnungen des Vatikans auch den Rücktritt des Bischofs des Ermlandes, Maximilian Kaller, sowie der Vertreter des katholischen Prälaten im pommerschen Schneidemühl (Piła).[8] Wenige Tage später ernannte Hlond fünf Apostolische Administratoren für die vakant gewordenen Bischofssitze in den Oder-Neiße-Gebieten und in Danzig. Die deutschen Geistlichen wurden davon nicht unterrichtet, sie erfuhren es aus einer polnischen Zeitung. Der Danziger Bischof Carl Maria Splett war in den Tagen, als Hlond die Oder-Neiße-Gebiete bereiste, wegen „Polenfeindlichkeit" verhaftet und einige Monate später zu acht Jahren Gefängnis verurteilt worden. Erst 1956 kam er frei. Während der deutschen Besatzung Polens war er vom Vatikan mit der Administratur der polnischen Diözese Kulm beauftragt worden. Wie erst nach Öffnung der Archive in den 90er Jahren bekannt wurde, hatte sich für Splett der Kattowitzer Bischof Adamski eingesetzt. Dieser war zu Anfang des Zweiten Weltkrieges nämlich in derselben Lage: Er mußte in Ostoberschlesien, das wieder an das Reichsgebiet angeschlossen worden war, auf Druck der Nazibehörden das Polnische als Liturgiesprache verbieten. Er tat dies nach Rücksprache mit der polnischen Exilregierung in London, um noch größeren Schaden von den polnischen Priestern und Gläubigen abzuwenden.[9]

Da sich im Sommer 1945 die Lage der deutschen Bevölkerung

weiter zuspitzte, schickte das Breslauer Domkapitel den Konsistorialrat Johannes Kaps nach Rom, wo er den Papst um Hilfe bitten sollte. Kaps schlug sich auf abenteuerliche Weise in die amerikanische Zone durch und konnte mit Hilfe des Nuntius von dort aus sein Reiseziel erreichen. Anfang Oktober gewährte ihm Papst Pius XII., der ausgezeichnet deutsch sprach und bereits über den Grund des Anliegens unterrichtet war, eine Privataudienz. „Der Hl. Vater zeigte sich erstaunt, daß Kardinal Hlond polnische Administratoren in Schlesien ernannt habe", berichtete Kaps später. Der Papst habe vielmehr erklärt, er habe nach dem Tod Kardinal Bertrams nur an Priester der Erzdiözese Breslau als Administratoren gedacht, besonders an Generalvikar Negwer.[10]

Nach Auffassung deutscher Kirchenhistoriker belegen diese Zitate, daß Hlond die päpstliche Sondervollmacht überschritten und überdies gegen das kanonische Recht verstoßen hat, indem er ihm nicht unterstehende Geistliche zum Verzicht auf ihre Ämter gedrängt hat. Überdies habe seine Aussage gegenüber Piontek und Kaller, die Rücktrittsurkunden seien im Vatikan aufgesetzt worden, nicht den Tatsachen entsprochen.

Polnische Historiker halten dem entgegen, daß die päpstliche Vollmacht „für eine kirchliche Notsituation" gegolten habe. Diese Lage sei angesichts des Nachkriegschaos mit Flüchtlings- und Siedlerströmen, sowjetischen Besatzungstruppen, einer noch nicht funktionierenden Verwaltung und der damit fehlenden Kommunikation mit Rom sehr wohl gegeben gewesen. Der Primas habe angesichts der von der polnischen Regierung angeordneten Umsiedlung der deutschen Bevölkerung und der Ansiedlung vor allem von Repatrianten gar keine Möglichkeit gehabt, sich streng an den Buchstaben des kanonischen Rechts zu halten. Die deutschen Priester wären ohnehin ausgewiesen worden. Hlond aber habe die Seelsorge der Neusiedler sichern müssen. Sonst wäre es der kommunistischen Obrigkeit möglicherweise gelungen, aus den Kindern der entwurzelten Umsiedler einen polnisch sprechenden *homo sovieticus* zu machen.

Erst Mitte der 90er Jahre wurde ein Brief Hlonds vom Oktober 1946 an Pius XII. bekannt, in dem der Kardinal bekannte, seine Kompetenzen irrtümlicherweise überschritten zu haben. Ausführlich rechtfertigte er die umstrittene Einsetzung von Apostolischen Administratoren in den deutschen Ostgebieten. Der zurückgebliebene deutsche Klerus sei „in Stille und Handlungsunfähigkeit versunken“ gewesen. Die neuen polnischen Behörden, bestehend „zumeist aus Kommunisten, ungebildeten Menschen und rachsüchtigen Juden“, hätten den deutschen Priestern das Recht abgesprochen, sich der „neuen polnischen Bevölkerung“ anzunehmen. Der Kapitelsvikar Piontek sei gegenüber den „Behörden in Wrocław, den rötesten und am stärksten verjudeten von ganz Polen“, absolut machtlos gewesen. Hlond wies darauf hin, daß er dazu beigetragen habe, der „Häresie“ und dem „germanischen Protestantismus“ in den Oder-Neiße-Gebieten ein Ende zu bereiten.[11]

Die römische Kurie nahm traditionsgemäß öffentlich dazu keine Stellung. Daß Hlonds Vorgehen, das den Vatikan vor vollendete Tatsachen stellte, nicht mit Wohlgefallen aufgenommen wurde, schlossen Beobachter auch daraus, daß die von ihm eingesetzten Administratoren in den Päpstlichen Jahrbüchern der kommenden Jahre nicht erwähnt wurden. Die von ihm vorangetriebene Neugliederung der Diözesen im Oder-Neiße-Gebiet wurde vom Vatikan erst 1972 bestätigt, nachdem der Deutsche Bundestag den knapp zwei Jahre zuvor von Willy Brandt unterzeichneten Warschauer Vertrag gebilligt hatte.

Papst Pius XII. hatte den Politikern nicht vorgreifen wollen; der Vatikan wollte einen Eingriff in die Struktur der Diözesen, die durch Konkordate abgesichert war, vor einer Friedenskonferenz nicht hinnehmen. Überdies lag es der römischen Kurie fern, die von den sowjetischen und polnischen Kommunisten vorgenommene Grenzverschiebung zu sanktionieren. Der Vatikan erkannte die kommunistisch dominierte Führung in Warschau nicht an, vielmehr unterhielt er weiter diplomatische Beziehungen zur polnischen Exilregierung in London.

Für Pius XII. waren die schriftlichen Berichte, die ihm Kaps im Herbst 1945 übergeben hatte, der Anstoß, sich eingehend mit der Vertreibung zu befassen. Zuvor waren nur spärliche Berichte darüber in den Vatikan gedrungen. In einem Schreiben an die deutschen Katholiken vom 1. November 1945 bekundete der Papst sein Mitgefühl mit den Vertriebenen. Entschieden verurteilte er die These von der Kollektivschuld der deutschen Nation. Knapp zweieinhalb Jahre später ging er in einem Brief an die deutschen Bischöfe noch weiter. Er stellte nicht nur die Frage nach der Rechtmäßigkeit der Vertreibung, sondern sprach sich sogar für die Rücksiedelung der Deutschen aus: „Wir glauben zu wissen, was sich während der Kriegsjahre in den weiten Räumen von der Weichsel bis zur Wolga abgespielt hat. War es jedoch erlaubt, im Gegenschlag zwölf Millionen Menschen von Haus und Hof zu vertreiben und der Verelendung preiszugeben? ... Ist es wirklichkeitsfremd, wenn Wir wünschen und hoffen, es möchten alle Beteiligten zu ruhiger Einsicht kommen und das Geschehene rückgängig machen, soweit es sich noch rückgängig machen läßt?“[12]

Polnische Historiker bewerten diese Schreiben als Beleg für die Deutschfreundlichkeit des Papstes. Eugenio Pacelli, wie er vor seiner Wahl zum Oberhaupt der katholischen Kirche hieß, hatte den Heiligen Stuhl ab 1917 in Bayern und von 1920 bis 1929 im gesamten Deutschen Reich als Nuntius vertreten. Jedenfalls war sein Brief an die Deutschen vom 1. März 1948 den polnischen Kommunisten nur allzu willkommen. Sie hatten mittlerweile dank der Unterstützung der sowjetischen Armee und Geheimpolizei ihre Position ausbauen können. Im „Verfassunggebenden Sejm“ verfügte der von ihnen beherrschte Block dank vorangegangener Wahlmanipulationen über die absolute Mehrheit. Ihr größter Widersacher Mikołajczyk, der Vorsitzende der Bauernpartei, war zum zweiten Mal nach 1939 ins Exil geflohen. Unter den Kommunisten hatte die „Moskauer Gruppe“ des 1947 zum Staatspräsidenten gewählten Bierut zunehmend an Einfluß gewonnen. Angesichts ihrer innenpolitischen Stärke waren sie nicht mehr auf gutes Einvernehmen mit der Kirche angewiesen. Das päpstliche Schreiben diente ihnen nur als Anlaß, den offenen Kirchenkampf einzuläuten: Sie konnten dem polnischen Episkopat vorwerfen, daß der Vatikan deutschfreundlich und polenfeindlich gesinnt sei, da er die Oder-Neiße-Linie nicht als polnische Westgrenze anerkennen wolle.

Das Papstschreiben wurde in Polen nicht veröffentlicht, doch machten Gerüchte die Runde, Pius XII. spreche sich dafür aus, daß die Polen die neuen Siedlungsgebiete aufgeben sollten. Hlond sah sich also genötigt, in einem Hirtenbrief die verunsicherten polnischen Siedler zu beruhigen: „Laßt Euch nicht täuschen und gebt dem Zweifel keinen Raum in Eurer Seele, die Kirche könnte eine polnische Zukunft der wiedergewonnenen Gebiete in Frage stellen. Es gibt nämlich keine *raison*, warum sich die Kirche für eine Verkleinerung Polens aussprechen sollte.“[13]

Hlond starb fünf Monate nach Verlesen dieses Hirtenbriefes am 22. Oktober 1948. Zu seinem Nachfolger als Primas bestimmte der Papst den jüngsten der polnischen Bischöfe, den damals 47 Jahre alten Stefan Wyszyński. Die polnische Geschichtsschreibung stellte besonders Hlonds entscheidenden Anteil an der Polonisierung der Oder-Neiße-Gebiete heraus. Die katholische Kirche propagierte im Gleichklang mit der Partei das Schlagwort von den „wiedergewonnenen Gebieten“, die – urpolnisch – in den vergangenen Jahrhunderten unter Fremdherrschaft gestanden hätten. Sie hatte es sich zur Hauptaufgabe gemacht, Repatrianten, Siedler aus Zentralpolen sowie die zurückgebliebenen Oberschlesier und Masuren zu einer Gemeinschaft zu verschmelzen. Die Pfarrer hatten den gläubigen Katholiken die Gewißheit zu verleihen, daß sie rechtmäßig fremde Häuser und fremdes Eigentum übernahmen. Zu den ersten Tätigkeiten der neuen polnischen Pfarrer gehörte auch das Ausmerzen von deutschen Inschriften in den Kirchen, auf Wegekreuzen und in Heiligenhäuschen. Vielerorts wurden sogar Grabinschriften zerkratzt oder mit Kitt zugeschmiert.

Der Woiwode, General Zawadzki, und der Chef der Kattowitzer Kommunisten, Ochab, wiesen die ihnen unterstehenden Stellen an, entsprechenden „Druck auf die Pfarrämter“ auszuüben.[14]

Die damals noch nicht völlig von der Zensur beherrschte polnische Presse begrüßte die Maßnahmen gegen den deutschen Klerus. Das in Kattowitz erscheinende Blatt „Dziennik Zachodni“ (Westzeitung) schrieb im August 1945, die deutsche

Geistlichkeit wolle weiter „im Geiste Hitlers" wirken. Die sozialistische Zeitung „Robotnik" (Arbeiter) bezeichnete Kardinal Bertram und Bischof Splett als „Hitlerleute im bischöflichen Gewand".[15]

Deutsche Priester, die in den ersten Nachkriegsmonaten noch ihr Amt versehen wollten, hielten ihren polnischen Amtsbrüdern vor, nur ihre eigenen Landsleute seelsorgerisch betreut zu haben. Die zurückgebliebenen Deutschen seien mitsamt ihren Geistlichen nicht nur ignoriert, sondern teilweise als Feinde behandelt worden. Ein beträchtlicher Teil der neuangekommenen polnischen Priester, die meist völlig mittellos waren, hatte schlimme Erfahrungen mit den deutschen Besatzern gemacht, von Folter, Gefängnis und KZ bis zur Ermordung von Familienmitgliedern und Freunden. Die gegen manche von ihnen erhobenen Vorwürfe sind durch polnische Quellen nicht belegt, doch gibt es dazu eine Fülle von Memoiren und Tagebuchaufzeichnungen aus der Feder deutscher Priester, die mit ihren Gemeindemitgliedern vertrieben wurden. Doch sind ebenso Berichte von der Hilfsbereitschaft polnischer Priester gegenüber ihren deutschen Amtsbrüdern überliefert.

Der Breslauer Weihbischof Joseph Ferche hielt in einem Bericht über seine Ausweisung aus Schlesien im September 1946 fest: „In Niederhannsdorf, wo der Apostolische Administrator selbst gewünscht hatte, daß ich die polnischen Kinder auch firmen soll, rief der Jesuit Spitzkowski von der Kanzel: ‚Ihr werdet euch doch nicht von einem deutschen Bischof firmen lassen!' ... Die polnischen Priester wirken sich weit und breit als großes Unheil aus für das Glaubensleben und die Kirche. Sie arbeiten vielfach Hand in Hand mit der Vertreibung der Deutschen und der Priester. Der polnische Dechant Grabowski in Waldenburg hat noch wenige Tage vor meiner Evakuierung gesagt: ‚Ich lasse den deutschen Bischof nicht hinein in die Kirche. Ich verbiete es ihm zu firmen. Ich lege sofort Protest ein gegen die deutsche Firmung bei der Bischofskonferenz in Tschenstochau.' Es ist oftmals erwiesen, daß verschiedene (deutsche) Priester durch den polnischen Pfarrer der Miliz zur Ausraubung und Ausplünderung angezeigt wurden, ja einige deutsche Pfarrer sind daraufhin in fürchterlichster Weise mißhandelt und geschlagen worden." In einem anderen Ort sei ihm unterstellt worden, er habe bei der Beichte „Hitler-Propaganda" betrieben.[16] Der in Oberschlesien geborene Ferche war von Bertram ins Domkapitel berufen worden, weil er sehr gut polnisch und tschechisch sprach, somit vor allem für die Gläubigen dieser Muttersprachen seelsorgerisch tätig sein konnte.

Ausgewiesen wurde der Weihbischof aufgrund einer Bescheinigung des von Hlond eingesetzten Apostolischen Administrators Karol Milik, in der es hieß, er habe „kein hundertprozentig polnisches Herz". Milik setzte bei der Durchsetzung seiner Aufgabe ganz auf staatliche Unterstützung. So ließ er sich in Begleitung von Soldaten mit aufgepflanztem Bajonett vom Generalvikar der Grafschaft Glatz die kirchlichen Siegel aushändigen und erklärte ihm, er habe sein Amt aufzugeben. Daß Glatz (Kłodzko) bis dahin zur Erzdiözese Prag gehörte, störte ihn dabei nicht. Die Kurie in Prag wurde ebenfalls vor vollendete Tatsachen gestellt.[17]

Ferche war tief betroffen vom Verhalten mancher seiner polnischen Amtsbrüder, zumal er sich wie sein Erzbischof Bertram in der Nazizeit auch für von der Gestapo verfolgte Polen eingesetzt hatte. Bertram wurde in späteren polnischen Veröffentlichungen, die mit Genehmigung der kommunistischen Zensur erschienen, stets als Anhänger des Nationalsozialismus dargestellt, der Beleg: Er gratulierte Hitler ab 1940 jährlich schriftlich zum Geburtstag. Zahlreiche Veröffentlichungen von Zeitzeugen belegen indes, daß er Tausende von Eingaben an die Nazibehörden richtete und durch diese „leise Diplomatie", zu der der Vatikan ihn verpflichtete, manche Untat verhindern konnte. Seine besondere Sorge galt dabei den Polen unter seinen Diözesanen. Zu den Glückwunschschreiben an Hitler mußte der Breslauer Kardinal sich überwinden, wie er privat festhielt. Bereits 1930 hatte er als Vorsitzender der deutschen Bischofskonferenz in einem „Offenen Wort in ernster Stunde" seine Landsleute vor den Ideen des Nationalsozialismus gewarnt und die Ideologie der Rassenverherrlichung als „zutiefst unchristlich" gebrandmarkt. Für die polnische Minderheit in Oberschlesien ließ er religiöses

Schrifttum, darunter seine Hirtenbriefe, in deren Muttersprache herausbringen. Deutsche Priester, die dort tätig werden wollten, mußten während des Studiums auch Polnisch lernen – alles Tatsachen, die nicht in das von der kommunistischen Zensur in Polen vorgegebene Bild paßten und deshalb verschwiegen werden mußten.[18]

Wie Ferche und viele andere Geistliche – nicht nur Katholiken, sondern vor allem auch Protestanten – erfahren mußten, betrachteten die polnischen Behörden ebenso wie die Kirche offensichtlich alle Deutschen als Anhänger des Naziregimes. In der Presse der Nachkriegszeit tauchte immer wieder das Motiv auf, deutsche Pfarrer und Bischöfe hätten die Kanonen der Wehrmacht gesegnet. Gerade in Schlesien hatten sich viele katholische Priester als Nazigegner gezeigt. Mehr als hundert wurden verhaftet und zum großen Teil in Konzentrationslager gebracht, sieben von ihnen fanden dort den Tod.[19] Desgleichen bildeten sich auch in evangelischen Kreisen Widerstandszirkel gegen das Regime der Nationalsozialisten.

Der Breslauer Generalvikar Negwer schrieb in einem Bericht an den Papst: „Sprache im Gottesdienst und Unterricht nach staatlicher Anordnung nur polnisch... Die ausgesiedelten Deutschen sind vielfach vorübergehend für Monate oder Wochen in Lager gebracht worden, wo sie nur durch die Caritas der Umwohnenden gepflegt werden. Als gottesdienstliche Betreuung derselben ist nur die hl. Messe ohne deutsches Wort erlaubt. In den Lagern deutscher Zivilgefangener und in den Gefängnissen ist keinerlei religiöse Betreuung erlaubt, auch nicht in Todesgefahr."[20]

In einem anderen Bericht über die ersten Monate der polnischen Zivilverwaltung im niederschlesischen Kreis Glogau (Głogów) hieß es: „In Brostau sangen die Milizsoldaten am Schluß der heiligen Messe die Nationalhymne und verlangten, daß die Deutschen dabei aufstünden wie bei der Verkündung des Evangeliums. Bei der Fronleichnamsprozession stellte die polnische Miliz die Ehreneskorte. Dieselben Soldaten taten sich in den folgenden Tagen durch Plünderungen hervor."[21]

Das Einvernehmen zwischen katholischer Kirche und kommunistisch kontrollierter Staatsgewalt wurde auch auf höchster Ebene demonstriert. So trat der Kattowitzer Bischof Adamski gemeinsam mit dem schlesischen Woiwoden Zawadzki im August 1945 auf einer Veranstaltung auf, auf der die Öffentlichkeit von der Einsetzung der Apostolischen Administratoren für die „wiedergewonnenen Gebiete“ unterrichtet wurde. Adamski erklärte, Papst Pius XII. habe die Administratoren „im Augenblick der endgültigen Festlegung der polnischen Westgrenze in Potsdam“ ernannt. Damit gehöre endlich ein „brennender Schmerz“ der Vergangenheit an, nämlich die Gegenwart des deutschen Klerus in diesen Gebieten, der deren „Entdeutschung“ behindert habe.[22] Der Kattowitzer Bischof war auch dem Westbund eng verbunden, der schon in der Zwischenkriegszeit die Westausdehnung „bis zu den historischen Grenzen“ an Oder und Neiße, teilweise darüber hinaus, gefordert hatte.

Unter den von Hlond eingesetzten Apostolischen Administratoren hatte der damals 42 Jahre alte Prälat Bolesław Kominek an der Spitze des von Breslau abgetrennten und somit neugeschaffenen Kirchensprengels Oppeln eine besonders schwierige Aufgabe zu bewältigen: die „Rückführung der Autochthonen zur polnischen Nation“ im Sinne der Kirche. Kominek war 1903 als deutscher Staatsbürger bei Oppeln geboren worden. Er studierte Philosophie und Theologie in Krakau, nach der Priesterweihe wurde er zu weiterführenden Studien für drei Jahre an das Institut Catholique nach Paris entsandt. Im Zweiten Weltkrieg gehörte er als Kreisdekan von Kattowitz zur prowestlichen „Heimatarmee“ (AK), die, von Großbritannien unterstützt und der polnischen Exilregierung in London unterstellt, gegen die deutschen Besatzer kämpfte. Kominek empfing 1973, ein Jahr vor seinem Tod, als erster polnischer Erzbischof von Breslau den Kardinalshut.

In seinen Erinnerungen, die nach seinem Tod erschienen, ging er auch auf die Berichte deutscher Priester über die erste Nachkriegszeit ein. Namentlich der Breslauer Konsistorialrat Kaps habe mit seinem Bericht für den Papst den Polen schweres Unrecht getan: „Die Deutschen hielten sich an einzelne Vorkommnisse und schufen eine Publikation neuen Stiles, nämlich ein

Martyrologium des deutschen Volkes unter polnischer Herrschaft."[23] Ob der veröffentlichte Memoirenband aber tatsächlich in allen Punkten mit der ursprünglichen Niederschrift übereinstimmt, wird von Bekannten Komineks bezweifelt. Vielmehr dürften manche besonders aussagekräftigen Sätze eher ein Werk der kommunistischen Zensoren sein.

Im Rückblick auf das Jahr 1945 hielt Kominek in seinen Erinnerungen fest, daß damals den Behörden an der Bestallung von Pfarrern in den zunehmend von Deutschen evakuierten Gebieten gelegen war. „Die Schaffung einer polnischen Pfarrgemeinde versprach gewöhnlich die Stabilisierung der jeweiligen Umgebung." Sogar die sowjetischen Besatzer hätten gelegentlich um die Entsendung von Priestern an bestimmte Orte gebeten, weil es dort zu Spannungen zwischen Einheimischen und Neusiedlern gekommen war.[24] Kominek appellierte immer wieder in seinen Predigten sowohl an Repatrianten als auch an Autochthone, die Angehörigen der jeweils anderen Gruppe anzunehmen und in Frieden mit ihnen zu leben. Zahlreiche zeitgenössische Berichte belegen, daß die rund 300 000 nach Oberschlesien verschickten Repatrianten sich als Sieger, teilweise sogar als Eroberer betrachteten, die sich Rechte gegenüber den Besiegten, den Wasserpolnisch sprechenden Oberschlesiern, anmaßen konnten. Um dieser Konfrontation entgegenzuwirken, berief der Apostolische Administrator in seinen „Diözesanrat" acht einheimische Priester, die alle zweisprachig waren.

Doch in konsequenter Beachtung der behördlichen Anordnungen vom März 1945 unterband Kominek, der polnischer Oberschlesier war und selbst ausgezeichnet deutsch sprach, den Gebrauch des Deutschen im Gottesdienst und, wie sich Zeitzeugen erinnerten, auch bei der Beichte. Mehrere Priester berichteten später, Kominek habe sie schriftlich aufgefordert, das Gebiet seiner Administratur zu verlassen, da sie als „unverbesserliche Deutsche" eine Gefahr für Polen seien. Ihm wurde später auch vorgehalten, daß er nichts gegen die massenhaften Enteignungen der Deutschen, gegen die Einrichtung von Lagern wie Lamsdorf, das zu seiner Administratur gehörte, sowie die Vertreibung der Menschen, die nicht als Polen verifiziert worden waren, unternommen hat. Ob diese Vorwürfe zutreffen oder ob Kominek, ähnlich wie Kardinal Bertram in der Nazi-Zeit, versucht hat, direkt auf die Behörden einzuwirken, kann erst eine Öffnung der Archive ergeben. Fest steht immerhin, daß Kominek der Geheimpolizei lästig wurde. Sie verbannte ihn vorübergehend nach Krakau. Überdies wurden 1954 zehn Priester aus der Region zwangsausgesiedelt. Mehreren von ihnen wurde vorgeworfen, die Beichte auf deutsch abgenommen zu haben.

Komineks Tätigkeit in Oberschlesien wurde ebenso wie das Wirken Adamskis und Hlonds von deutschen Kirchenhistorikern lange ausschließlich negativ bewertet. Nach der Öffnung polnischer Archive zu Anfang der 90er Jahre aber wurde bekannt, daß alle drei Bischöfe keineswegs den rücksichtslosen Polonisierungskurs der kommunistischen Führung vorbehaltlos unterstützten, sondern für ein behutsameres Vorgehen plädierten. Die Zwangsaussiedlung der Deutschen zu verhindern, lag ohnehin nicht in ihrer Macht. Allerdings akzeptierten sie sie.

Im Fall Hlond sind die deutsch-polnischen Differenzen keineswegs ausgeräumt. Denn das jetzige polnische Episkopat unter Primas Józef Glemp betreibt seine Seligsprechung. Dagegen haben die deutschen Bischöfe Einwände erhoben. Sie gestehen zwar zu, daß Hlond ein großer Kirchenpolitiker gewesen sei, doch sehen sie ihn aufgrund seiner Eigenmächtigkeiten gegenüber Piontek, Kaller und anderen deutschen Klerikern nicht als Vorbild geeignet.[25] Ein starkes Echo fand auch ein nun wiederveröffentlichter Hirtenbrief Hlonds aus dem Jahr 1936, in dem er den Gäubigen empfahl, nicht bei Juden zu kaufen.

2. Wegbereiter der Versöhnung

Seit der Vertreibung und Aussiedlung der meisten Deutschen aus den Oder-Neiße-Gebieten kam es fast zwei Jahrzehnte lang zu keiner offiziellen Begegnung zwischen den Bischöfen beider Länder. Erst am Rande des II. Vatikanischen Konzils, das im November 1962 begann, ergaben sich wieder Kontakte. Zum

Abschluß des Konzils luden die polnischen Bischöfe im Dezember 1965 ihre Amtsbrüder aus anderen Ländern zur 1000-Jahr-Feier der Christianisierung ihrer Heimat ein, die für den folgenden Sommer geplant war. An das deutsche Episkopat richteten sie dabei einen Brief, der in der Rückschau als Markstein im deutsch-polnischen Dialog gilt – auch weil er heftige politische Diskussionen in beiden Ländern ausgelöst hat.

Autor der Botschaft an die deutschen Bischöfe, die auch Primas Wyszyński mittrug, war Bolesław Kominek, der frühere Apostolische Administrator von Oppeln, zum Ende des Konzils Titularerzbischof von Breslau. Kominek war während des Höhepunktes der von Parteichef Bierut angeordneten kommunistischen Repression gegen die Kirche 1954 heimlich zum Bischof geweiht worden. In dieser Zeit war Wyszyński interniert, er kam erst im Tauwetter, im „Polnischen Oktober" 1956, frei. Im selben Jahr konnte Kominek sein neues Amt als Administrator von Breslau offiziell antreten. Hatte er in Oppeln strikt auf die Einhaltung des Verbots geachtet, die deutsche Sprache öffentlich zu gebrauchen, so predigte er in Breslau zu Ostern 1957 erstmals auf deutsch. Er sorgte dafür, daß die Seelsorger der offiziell in Niederschlesien geduldeten Deutschen, vor allem in Breslau und Waldenburg, auch finanziell abgesichert wurden. Seine beiden Vorgänger hatten dagegen die wenigen deutschen Priester teilweise in Orte abseits ihrer bisherigen Pfarrei versetzt und ihnen auch jegliche materielle Hilfe verweigert. Kominek aber stellte sogar Mittel für die traditionellen Wallfahrten der Deutschen zur Verfügung und verfaßte auch Hirtenbriefe auf deutsch für die in Niederschlesien Zurückgebliebenen. Nach Oberschlesien gelangten diese Texte meist nicht.[26]

Der von ihm in Rom aufgesetzte Brief vom 18. November 1965 an das deutsche Episkopat gipfelte in dem Satz „Wir vergeben und bitten um Vergebung." In der von allen polnischen Bischöfen unterzeichneten Botschaft ging er auch auf das „heiße Eisen", wie er es nannte, der Oder-Neiße-Gebiete ein: „Die polnische Westgrenze an Oder und Neiße ist, wie wir wohl verstehen, für Deutschland eine äußerst bittere Frucht des letzten Massenvernichtungskrieges – zusammen mit dem Leid von Millionen von

Flüchtlingen und vertriebenen Deutschen (auf internationalen Befehl der Siegermächte – Potsdam 1945! – geschehen). Ein großer Teil der Bevölkerung hatte diese Gebiete aus Furcht vor der russischen Front verlassen und war nach dem Westen geflüchtet. – Für unser Vaterland, das aus dem Massenmorden nicht als Siegerstaat, sondern bis zum äußersten geschwächt hervorging, ist es eine Existenzfrage (keine Frage ‚größeren Lebensraumes'!); es sei denn, daß man ein über 30-Millionen-Volk in den engen Korridor eines ‚Generalgouvernements' von 1939 bis 1945 hineinpressen wollte – ohne Westgebiete."[27]

Die Erwähnung der Vertreibung kam einer Sensation gleich, galt doch bislang auch für die katholische Kirche Polens die Sprachregelung von der Aussiedlung. Nicht minder sensationell war die Rechtfertigung für die Übernahme der deutschen Ostgebiete: Im Text fehlt die übliche Formel von den „wiedergewonnenen Gebieten". Statt dessen ist auf den Verlust der von der Sowjetunion annektierten polnischen Ostgebiete und die Beschlüsse der Potsdamer Konferenz verwiesen.

Einer der Kernsätze der Antwort der deutschen Bischöfe, die am 5. Dezember übergeben wurde, lautete: „Wir ergreifen die dargebotenen Hände." Zum Zweiten Weltkrieg schrieben sie: „Furchtbares ist von Deutschen und im deutschen Namen dem polnischen Volke angetan worden. Wir wissen, daß wir Folgen des Krieges tragen müssen, die auch für unser Land schwer sind. Wir verstehen, daß die Zeit der deutschen Besatzung eine brennende Wunde hinterlassen hat, die auch bei gutem Willen nur schwer heilt."

An den Satz über die Vertreibung anknüpfend baten die deutschen Bischöfe um Verständnis für die Vertriebenen: „Millionen von Polen mußten aus dem Osten in die ihnen zugewiesenen Gebiete übersiedeln. Wir wissen wohl, was darum für das heutige Polen diese Gebiete bedeuten. Aber auch Millionen Deutsche mußten ihre Heimat verlassen, in der ihre Väter und Vorfahren lebten. Diese waren nicht als Eroberer in das Land gezogen, sondern im Laufe der Jahrhunderte durch die einheimischen Fürsten gerufen worden. Deshalb müssen wir Ihnen in Liebe und Wahrhaftigkeit sagen: Wenn diese Deutschen von ‚Recht auf

Heimat‘ sprechen, so liegt darin – von einigen Ausnahmen abgesehen – keine aggressive Absicht. Unsere Schlesier, Pommern und Ostpreußen wollen damit sagen, daß sie rechtens in ihrer alten Heimat gewohnt haben und daß sie dieser Heimat verbunden bleiben. Dabei ist ihnen bewußt, daß dort jetzt eine junge Generation heranwächst, die das Land, das ihren Vätern zugewiesen wurde, ebenfalls als ihre Heimat betrachtet.“[28]

Die Botschaft der polnischen Bischöfe hatte sich zwar an ihre deutschen Amtsbrüder gerichtet, doch erzielte sie auch eine enorme Wirkung in politischen Kreisen beider Länder. In Polen sah die PZPR sie als Anschlag auf ihr außenpolitisches Monopol an. Die kommunistisch kontrollierte Presse sprach den Bischöfen die nationale Loyalität ab. Sie hätten sich den Deutschen angebiedert, seien „zu Kreuze gekrochen“, indem sie um „Verzeihung polnischer Schuld“ gebeten hätten. Den Bischöfen wurde sogar unterstellt, die Oder-Neiße-Gebiete zur Disposition gestellt zu haben. Parteichef Gomułka wiederholte diesen Vorwurf nicht, doch befaßte er sich in einer Rede mit dem moralischen Aspekt: „Sie haben im Namen ihrer rückständigen politischen Ziele den hitlerischen Verbrechern ihre Sünden erlassen, sie haben ihnen Auschwitz, Majdanek, Treblinka verziehen, all ihre völkermörderischen Verbrechen, die sie am polnischen Volk und an anderen Völkern begangen haben. Sie haben ‚Dialog‘ und ‚Versöhnung‘ zwischen Polen und der Bundesrepublik Deutschland proklamiert, ohne dabei auch nur die grundlegenden Bedingungen eines solchen Dialoges zu erwähnen.“[29]

Die polnischen Bischöfe hatten bereits wenige Wochen vor der Gomułka-Rede in einem am 6. März 1966 verlesenen Hirtenbrief, als deren Verfasser wiederum Kominek gilt, zu dieser Frage Stellung genommen: „Hat das polnische Volk einen Grund dafür, seine Nachbarn um Verzeihung zu bitten? Sicherlich nicht! Wir sind überzeugt, daß wir als Volk nicht jahrhundertelang dem deutschen Volk politisches, wirtschaftliches und kulturelles Unrecht zugefügt haben. ... Aber wenn sich auch nur ein Pole als unwürdiger Mensch erwiesen hat, wenn auch nur einer im Laufe der Geschichte eine unwürdige Tat begangen hätte, hätten wir schon einen Grund zu sagen: ‚Wir bitten um Vergebung.‘“[30]

Namentlich von deutschen Vertriebenen wurden diese Sätze als Relativierung der polnischen Versöhnungsbotschaft, als die Einengung des Unrechts auf privates Vergehen aufgefaßt, während es doch sehr wohl staatlich organisiertes Unrecht gegeben habe, das die Kirche hingenommen, sogar unterstützt habe. Auch in kirchlichen Kreisen in der Bundesrepublik stießen diese Passagen auf Unverständnis.

Im polnischen Episkopat wurde dieses Hirtenwort später sowohl mit dem Druck von seiten der kommunistischen Führung als auch mit der Enttäuschung über das Antwortschreiben der deutschen Bischöfe auf die Botschaft am Rande des Konzils in Rom erklärt, die als unverbindlich aufgefaßt wurde.

An die Botschaft der polnischen Bischöfe knüpfte Primas Wyszyński am 3. Mai an, wenige Wochen nach dem umstrittenen Hirtenbrief, zum Höhepunkt der 1000-Jahr-Feier der Christianisierung Polens, zu der er auch Papst Paul VI. nach Tschenstochau eingeladen hatte. Parteichef Gomułka verhinderte aber den Papstbesuch, Anlaß bot ihm die angebliche Illoyalität der Kurie, die die Deutschland-Politik der kommunistischen Führung konterkarierte. Die PZPR organisierte im ganzen Land eine Kampagne gegen die Kirche. In manchen Städten wurden Spruchbänder aufgehängt mit Parolen wie: „Wir vergeben niemals" oder „Die Bischöfe sind Verräter". Bei den Demonstrationen zum 1. Mai trugen Deportierte in Sträflingskluft Plakate mit den Zahlen der KZ-Opfer. Vom Lager Auschwitz richtete die politische Führung einen Friedensaufruf an die ganze Welt, doch sein letzter Satz lautete: „Kein Pardon für die Mörder!"

Die Behörden behinderten anschließend nach Kräften die kirchlichen Feierlichkeiten auf dem Hellen Berg (Jasna Góra) in Tschenstochau, dem Klosterberg mit der Ikone der Schwarzen Madonna. Züge und Busse der Pilger wurden umgeleitet, an manchen Stellen Straßensperren errichtet, an denen Milizionäre sogar Bischöfe kontrollierten. Wyszyński gab auf der Abschlußfeier, auf der ein blumengeschmückter päpstlicher Thronsessel die Abwesenheit Pauls VI. symbolisierte, die Antwort der katholischen Kirche auf die Kampagne der Partei gegen die Deutschen. Vor einer auf eine halbe Million Menschen geschätzten

Menge wiederholte er die entscheidende Passage aus der Botschaft an die deutschen Bischöfe mit dem Schlüsselsatz: „Wir vergeben und bitten um Vergebung." Daran schloß er die Worte an: „Von der Höhe des Hellen Berges und zum Zeichen jenes am schwersten zu erringenden Sieges, der in dem Sieg über uns selbst besteht, vergeben wir, wir, die polnischen Bischöfe mit dem Volk Gottes." Die Menge wiederholte im Chor: „Wir vergeben!" Dann folgte lang anhaltender Beifall.

Kominek sprach ebenso wie Wyszyński mehrere Jahre später offen aus, daß die polnischen Bischöfe mit ihrer Versöhnungsbotschaft auch politische Ziele verfolgt hatten: Sie hatten sich als Antwort aus Deutschland eine Anerkennung der von Hlond knapp zwei Jahrzehnte zuvor durchgesetzten Neueinteilung der Diözesen und somit eine Anerkennung der Oder-Neiße-Grenze erhofft.[31] Die deutsche Bischofskonferenz aber sah sich, ebenso wie der Vatikan, nicht dazu berufen, den Politikern vorzugreifen. Ihr Vorsitzender Julius Döpfner, der Erzbischof von München und Freising, wies in einem Brief darauf hin, daß es deutscherseits von fundamentaler Bedeutung sei, die Vertriebenen in den Versöhnungsprozeß einzubinden. Seine polnischen Amtsbrüder wies Kardinal Döpfner auf die Integrationsleistung der bundesdeutschen Gesellschaft hin, die in Polen kaum zur Kenntnis genommen worden war: „Mir scheint, es sei doch eine historische Leistung, an der das deutsche Episkopat einen wesentlichen Anteil trägt, daß es bei Millionen von Heimatvertriebenen gelungen ist, eine nationalistische und revanchistische Bewegung zu verhindern."[32]

Das Thema Vertreibung war damit aber längst noch nicht abgeschlossen, wiewohl es eine immer geringere Rolle spielte. Immerhin blieb es so gewichtig, daß es darüber noch Anfang der 90er Jahre auf den Treffen zwischen deutschen und polnischen Bischöfen, die mittlerweile zu einer ständigen Einrichtung geworden waren, zu Disputen kam. Doch hatte es mittlerweile eine deutliche Entkrampfung zwischen beiden Episkopaten gegeben, nicht zuletzt, weil die deutschen Kardinäle 1978 einen entscheidenden Anteil an der Wahl des Krakauer Erzbischofs Karol Wojtyła zum Oberhaupt der katholischen Kirche hatten

– zumindest gilt dies unter Kirchenhistorikern als verbürgt. Diese Harmonie wurde aber bald wieder getrübt. Zum einen wurde Johannes Paul II. auch in katholischen Kreisen der Bundesrepublik immer häufiger wegen seiner rigiden Haltung zum Zölibat und zur Empfängnisverhütung kritisiert, zum anderen wählte die deutsche Bischofskonferenz den Mainzer Bischof Karl Lehmann zu ihrem Vorsitzenden. Lehmann stand im Ruf, für liberalere Positionen offen zu sein, und war deshalb offensichtlich nicht der Kandidat der Kurie.

Bischof Lehmann stand denn auch an der Spitze der deutschen Delegation bei dem Gnesener Treffen beider Episkopate im Herbst 1990, auf dem stundenlang um ein gemeinsames Kommuniqué gerungen wurde. Die polnische Seite lehnte die Bitte der Gäste ab, darin vom „Unrecht der Vertreibung" zu sprechen. Schließlich einigte man sich auf die Formulierung: „Leiden der Vertreibung". Kardinal Glemp erklärte, Polen treffe keine Schuld an der Vertreibung. Doch könnten die Vertriebenen eine „Brückenfunktion zur Aussöhnung zwischen beiden Völkern" übernehmen.[33] Zur Klärung der Streitfrage gaben beide Seiten völkerrechtliche Gutachten in Auftrag.

Zu Momenten der Verstimmung, aber auch der demonstrativen Eintracht kam es anläßlich der vierten Reise von Papst Johannes Paul II. in seine Heimat im Juni 1991. Vor der Reise wurde ein internes Papier des Leiters der katholischen Hörfunk- und Fernsehprogramme bekannt, nach dem bei der Berichterstattung aus Köslin (Koszalin) in Pommern und Allenstein (Olsztyn) im Ermland jeder Hinweis auf die deutsche Vergangenheit der beiden Städte unterbleiben sollte. Statt dessen sollten die Kommentatoren auf die dortigen „Denkmäler der slawischen Kultur" eingehen. Die Verantwortung für die Kirchenprogramme der staatlichen Sender trug die Kurie des Primas' Glemp.

Zu den Schwerpunkten der Papst-Reise gehörten seine Begegnungen mit den nationalen Minderheiten im Lande. Er traf mit Ukrainern, Weißrussen und Litauern zusammen – nicht aber mit Deutschen, obwohl es sowohl in Pommern als auch im Ermland dazu die Gelegenheit gegeben hätte. In Köslin wie in Allenstein hatten sich nämlich längst Organisationen der deutschen Minderheit gebildet. Für die Woiwodschaft Allenstein gaben die Behörden damals die Zahl der Deutschstämmigen mit 10000 an. Der Allensteiner Bischof Edmund Piszcz erklärte später, die Deutschen Freundschaftskreise hätten nicht die Bitte geäußert, mit dem Papst zusammenzutreffen. DFK-Vertreter mußten dies zugeben.

Doch begrüßte Johannes Paul II. bei der Messe in Allenstein auch Pilger aus der Bundesrepublik, die früher im Ermland gelebt hatten, darunter den Apostolischen Visitator, Prälat Johannes Schwalke, der für die Vertriebenenseelsorge in der Bundesrepublik zuständig ist. Schwalke gehörte zu den Konzelebranten, unter ihnen waren auch Bischof Lehmann aus Mainz sowie der Berliner Bischof Georg Sterzinsky, der aus dem Ermland stammt und als Kind die Vertreibung erlebt hatte. Die Einladung der Deutschen zur Konzelebration mit polnischen Amtsbrüdern wurde als Auszeichnung und Zeichen der Versöhnung verstanden. Der Ortsbischof Piszcz, der seit Jahren gute Beziehungen zu den Ermländer Vertriebenen pflegte, gab am selben Tag die Erlaubnis für deutschsprachige Gottesdienste in seiner Diözese.

Als wichtiger Akt der Versöhnung wurde auch die feierliche Beisetzung der sterblichen Überreste Kardinal Bertrams im Breslauer Dom am 9. November 1991, mehr als 46 Jahre nach seinem Tod, begriffen. An dem feierlichen Requiem nahmen geistliche und politische Würdenträger sowie Politiker aus Deutschland, Polen und der Tschechoslowakei teil. Die deutschen Bischöfe hatten sich erst nach dem Abtreten der sozialistischen Führungen in Warschau und Prag an ihre polnischen und tschechischen Amtsbrüder mit der Bitte um Überführung des Sarkophags aus Jauernig (Javornik) im Sudetenland nach Breslau wenden können.

Das Pontifikalamt hielten deutsche und polnische Bischöfe in Konzelebration, darunter der aus Breslau stammende Kölner Kardinal Joachim Meissner, der auch auf deutsch predigte. Polnische Bischöfe würdigten zum ersten Mal öffentlich das Eintreten Bertrams für die Seelsorge der polnischen Oberschlesier in deren Muttersprache. Zum Abschluß des Requiems sprach erstmals ein Vertreter der Vertriebenen im Dom, der Präsident des Heimatwerkes Schlesischer Katholiken, Clemens Riedel. Noch vor der versammelten Kirchengemeinde dankte Riedel dem polnischen Klerus für den Wiederaufbau des Domes. Einen weiteren politischen Akzent setzte die Anwesenheit des Vorsitzenden der Landsmannschaft Schlesien, Hupka, unter den Gästen der Breslauer Kurie.

Die katholische Kirche Polens tat sich aber weiterhin schwer mit den Themen Vertreibung und deutsche Minderheit. Im Sommer 1995 wurde im ganzen Land in Festgottesdiensten der 50. Jahrestag der „Heimkehr der Westgebiete zum Mutterland" gefeiert. In Predigten war von der „Erfüllung historischer Gerechtigkeit" die Rede.[34]

In dem Schuldbekenntnis der Kirche, das Glemp auf Veranlassung Papst Johannes Paul II. im Mai 2000 verlas, war den „Angehörigen anderer Nationen und Glaubensgemeinschaften" ein halber Satz gewidmet.

3. Konflikte mit den protestantischen Masuren

Mit der „Entdeutschung", wie es der Kattowitzer Bischof Adamski nannte, ging auch die Rekatholisierung der vorher protestantischen Gebiete einher. Pommern war vor dem Krieg zu mehr als 95 Prozent protestantisch, das gleiche galt für Ostpreußen, abgesehen vom katholischen Ermland. In Niederschlesien mit der Metropole Breslau stand knapp eine Million Katholiken etwas mehr als zwei Millionen Protestanten gegenüber. Hingegen war Oberschlesien katholisch geprägt, im Oppelner Land waren acht von zehn Einwohnern Katholiken, im Industriegebiet drei von vier. Daß die Oberschlesier katholisch waren, bestärkte sowohl die polnische Zivilverwaltung als auch das Episkopat in der Auffassung, daß es sich bei den „Autochthonen" um Landsleute handle. Denn die Deutschen waren im Verständnis der meisten Polen Protestanten. Für die nächsten Nachbarn der Polen, die Preußen, hatte dies ja auch überwiegend gegolten.

Im Polen der Zwischenkriegszeit hatte fast eine Million Protestanten gelebt. Ein Teil von ihnen lebte in den Gebieten, die bis 1918 zu Preußen gehört hatten. Beim anderen Teil handelte es sich um die Nachkommen deutscher Einwanderer. Ihre Gemeinschaft hatte Mitte des 19. Jahrhunderts von der Kirchenbehörde des Zarenreichs, zu dem damals Ostpolen einschließlich Warschau gehörte, die Bezeichnung Evangelisch-Augsburgische Kirche erhalten. Viele Pfarrer waren Deutsche und hielten den Gottesdienst für die Gemeindemitglieder in der gemeinsamen Muttersprache. Also war ein Großteil der Protestanten in doppelter Hinsicht von der polnischen Mehrheit isoliert: in der Konfession und der Sprache.

Unter diesen Voraussetzungen war im polnischen Klerus nach dem Krieg die Auffassung verbreitet, daß Pommern, Ostpreußen sowie das mehrheitlich protestantische Niederschlesien für den Katholizismus zurückgewonnen worden seien. Die polnischen Siedler übernahmen die evangelischen Kirchen, auch wenn die deutsche Bevölkerung noch nicht ihre Heimatorte verlassen hatte. Sie hatte ihre Gotteshäuser zu räumen, was oftmals mit Zwang und Gewalt vonstatten ging. In Berichten von Betroffenen taucht immer wieder das Stichwort vom „gegenreformatorischen Eifer" der Polen auf.

Während die Bevölkerung Pommerns und Niederschlesiens zu annähernd 99 Prozent aus Deutschen bestanden hatte, stellte sich den polnischen Behörden die Lage in Ostpreußen weitaus komplizierter dar. Denn dort lebten nach ihrer Auffassung unter der deutschen Mehrheit, die vertrieben wurde, soweit sie nicht schon vor der Roten Armee geflohen war, auch slawische Minderheiten: Kaschuben und vor allem Masuren, die indes ebenfalls Protestanten waren. Nach dem Krieg wurden sie alle per staatlichem Dekret vom 19. September 1946 der Evangelisch-Augsburgischen Kirche mit ihrem Bischofssitz in Warschau angeschlossen.

Vertreter des Westbundes waren ebenso wie katholische Kleriker der Meinung, daß sowohl die Masuren als auch die zweisprachigen Oberschlesier zwangsgermanisiert worden waren. Dafür sprachen in ihren Augen die zahlreichen slawischen Ortsnamen in der Region. Hunderte dieser Namen waren während der Nazizeit durch eindeutig deutsche ersetzt worden. So war aus dem Dorf Pietzarken im Kreis Lötzen Bergensee geworden; heute heißt es Pieczarki. Umgekehrt wurden nach dem Krieg teilweise neue slawische Namen konstruiert. Die frühere Kreisstadt Lötzen mitten in Masuren hieß zunächst Łuczany, dann wurde daraus Giżycko. In gleicher Weise wurde Sensburg zu Mrągowo. Diese neuen Bezeichnungen wurden abgeleitet von den Familiennamen zweier evangelischer Pastoren, die sich im 19. Jahrhundert der Erforschung von Sprache und Volkstum der Masuren widmeten. Nach polnischer Auffassung waren die Pastoren Gisevius und Mrongovius somit Kämpfer für das Polentum. Die Nachkommen der beiden, die in der Bundesrepublik leben, widersprechen dieser These heftig: Vielmehr seien die beiden Pastoren vom Herderschen Neuhumanismus geprägt gewesen, nach dem jede Kultur gepflegt werden müsse.

Daß evangelische Pastoren für das Polentum gekämpft hatten, paßte auch nicht mit der Auffassung des Westbundes und vieler Katholiken in Polen zusammen, daß die Masuren während der Preußenherrschaft zwangsweise der evangelischen Kirche zugeführt worden seien. Es galt also, sie für den Katholizismus zurückzugewinnen. Zeitzeugen berichteten, daß es Versuche gab, Protestanten unter Druck zu setzen, damit sie konvertierten. Evangelische Waisenkinder seien umgetauft worden. Ebenso hätten katholische Pfarrer mit Erlaubnis der Behörden, aber oft gegen die Proteste von evangelischen Gläubigen, die Kirchengebäude übernommen. Inwieweit diese Vorgänge an der Tagesordnung waren oder ob es sich nur um Einzelfälle handelte, ist schwer abzuschätzen. Wissenschaftliche Untersuchungen dazu sind bislang weder in Polen noch in Deutschland erschienen.

Fest steht nur, daß die polnische Verwaltung in Masuren kaum das Vorgehen der Kirche behindert hat, auch wenn es teilweise skeptisch beurteilt wurde. Dies belegen Akten der Woiwodschaft Allenstein aus dem Jahr 1946, in denen es zusammenfassend heißt: „Zur Zeit vergrößert die römisch-katholische Kirche das Mißtrauen der Polen gegenüber den Masuren durch die Parole: ‚Ein Protestant ist ein Deutscher.' Ihre zweite Parole:

‚Die polnische Staatsangehörigkeit bekommt ihr nur, wenn ihr Katholiken werdet.'" Wer nicht die Staatsangehörigkeit zuerkannt bekam, wer also durch die Verifizierung fiel und nicht den „Masurenschein" erhielt, hatte sein Anrecht auf sein Eigentum verloren. Ihm standen meist Sammellager mit Zwangsarbeit und Aussiedlung bevor.

Für die Behörden hatte es höchste Priorität, daß möglichst viele der Einheimischen in dem Verwaltungsgebiet als Masuren und somit als Polen verifiziert wurden. Je größer deren Anzahl war, um so energischer konnte der Anspruch Polens auf Ostpreußen vertreten werden. In der Hochzeit des Stalinismus in Polen ab 1948 setzte vor allem der Allensteiner Woiwode Mieczysław Moczar den Polonisierungskurs durch. Wer Zweifel an seinem Bekenntnis zum Polentum offenbar werden ließ, wurde von der Miliz vorgeladen. Hunderte, nach manchen Schätzungen gar Tausende, wanderten in die Gefängnisse, in denen ein brutales Regime herrschte: Folter war an der Tagesordnung. In der Stalinzeit wurden im ganzen Land Zehntausende von vermeintlichen oder tatsächlichen Regimegegnern eingesperrt, das Los vieler zurückgebliebener Einheimischer unterschied sich also in nichts von dem vieler Polen. Moczar stieg später in Warschau zum Innenminister und Mitglied des Politbüros der PZPR auf. 1968 war er einer der Initiatoren der antisemitischen Kampagne der Parteiführung. Bis zu seinem Tod 1986 galt er als eine der Galionsfiguren der Stalinisten und Nationalisten in der Arbeiterpartei. Polnische Zeitgeschichtler stellen ihn als einen der rücksichtslosesten und grausamsten Exekutoren der Parteipolitik dar.

Allerdings mißlang die von ihm vorangetriebene Polonisierung der Masuren, die sich nach dem Krieg zum Polentum bekannt hatten – wenn auch teilweise unter großem Druck. Ihre überwältigende Mehrheit reiste unter Berufung auf ihre nie erloschene deutsche Staatsbürgerschaft in die Bundesrepublik aus. Zur größten Welle von Spätaussiedlern kam es in der zweiten Hälfte der 70er Jahre, nachdem Parteichef Gierek und Bundeskanzler Schmidt sich auf das „Ausreiseprotokoll" verständigt hatten.[35]

Die Ausreisewelle stellte einen schweren Schlag für das evangelische Gemeindeleben in Masuren dar. Die meisten Pfarreien verloren einen Großteil ihrer Angehörigen. In manchen Orten war die Anzahl der Protestanten so sehr zusammengeschmolzen, daß sich die Unterhaltung ihrer Kirchen nicht mehr lohnte oder nicht mehr finanziert werden konnte.[36] Die polnischen Vorschriften sahen vor, daß die Gebäude zunächst der Woiwodschaft angeboten werden mußten. Die Verantwortlichen in den Bezirkshauptstädten Allenstein und Suwałki aber ließen sich mit ihren Entscheidungen Zeit. So kam es, daß einige Kirchen leer standen – und wie eine Provokation wirkten für viele Katholiken, die seit Jahrzehnten ihre Messen provisorisch in Baracken oder Behelfskirchen feiern mußten, weil die Behörden für Neubauten keine Genehmigung erteilten.

An manchen Orten entluden sich Anfang der 80er Jahre die Spannungen in gewaltsamen Aktionen: Katholiken nahmen, oftmals angeführt von ihren Pfarrern, evangelische Kirchen in Besitz. Dabei blieb es nicht bei der Besetzung von leerstehenden Gebäuden: In Puppen (Pupy) bei Ortelsburg (Szczytno) in der Woiwodschaft Allenstein zogen Katholiken während des Sonntagsgottesdienstes der meist deutschstämmigen Protestanten in die Kirche ein, der Pfarrer mit einem Bild der Muttergottes von Tschenstochau an der Spitze. Der verschreckten evangelischen Gemeinde blieb mitsamt ihrem Pastor nichts anderes übrig, als ihr Gotteshaus fluchtartig durch die Nebeneingänge zu verlassen – für immer. Auf ähnliche Weise wechselten noch andere Kirchen ihren Besitzer, etwa in den ebenfalls bei Ortelsburg gelegenen Dörfern Neuhof (Nowy Dwór) und Theerwisch (Targowo), in Eckersberg (Okartowo) und Barranowen (seit 1938 Hoverbeck, polnisch: Baranowo) bei Nikolaiken (Mikołajki) sowie in Usranken (seit 1938 Königshöhe, polnisch Użranki) bei Lötzen (Giżycko). Parolen, die an Wände und Mauern geschmiert wurden, belegten deutlich, daß es den Besetzern nicht nur darum ging, die „evangelische Kirche“ in Besitz zu nehmen, sondern auch die „deutsche“. In der Tat war ein Großteil der evangelischen Christen deutschstämmig.[37]

Die kommunistischen Behörden sanktionierten überall die

Übernahmen der Kirchengebäude; die rechtlichen Schritte, die mehrere evangelische Gemeindevorstände unternahmen, blieben wirkungslos. Auch bei diesen Übergriffen blieb unklar, ob sie organisiert waren oder dem Eifer örtlicher Pfarrer und ihrer Gläubigen entsprangen. Manche der betroffenen Protestanten sahen damals die Initiatoren in der Ermländischen Kurie in Allenstein. Beweise konnten sie aber nicht vorlegen. An die Spitze des Bistums war 1979 Józef Glemp getreten, der zwei Jahre später, nach dem Tod Kardinal Wyszyńskis, zum Erzbischof von Gnesen und Warschau sowie Primas von Polen berufen wurde. Glemp nahm nie öffentlich zu den Vorgängen Stellung, ebensowenig wie Papst Johannes Paul II. bei seinen Besuchen in Polen.

Evangelische Pastoren sahen mit einigen Jahren Abstand hinter den Zusammenstößen Provokationen der Geheimpolizei SB, die eine vorherrschende Stimmung unter den Katholiken ausgenutzt hätten. Die zuständigen Bischöfe hätten es versäumt, rechtzeitig zueinander Kontakt aufzunehmen, vor allem, um die Fragen des Verkaufes der leerstehenden Kirchengebäude ohne Umweg über die Behörden zu regeln. Diese Einschätzung wird auch von katholischen Kreisen in der Hauptstadt geteilt.

Letzte Spannungen sind in Masuren aber auch nach dem Ende der Parteiherrschaft und der Auflösung des SB geblieben, zumal es in der Region neben den evangelischen Deutschen noch andere Minderheiten gibt: römisch-katholische Litauer, griechisch-katholische sowie orthodoxe Ukrainer. So wandte sich die griechisch-katholische Kirchengemeinde von Lötzen (Giżycko) und Angerburg (Węgorzewo), der ausschließlich Ukrainer angehören, an römisch-katholische Pfarrer mit der Bitte, ihr vorübergehend die Sonntagsmesse zu ermöglichen. Die Ukrainer waren Ende der 40er Jahre nach Masuren zwangsumgesiedelt worden. Damals hatten sich die polnischen Streitkräfte, die Miliz und die Geheimpolizei mit ukrainischen Widerstandskämpfern auseinanderzusetzen, die von polnischem Boden aus gegen das Sowjetregime kämpften. Mit Unterstützung Moskaus führte die Regierung in Warschau die „Aktion Weichsel“ durch: weit mehr als 100000 Ukrainer wurden aus der polnischen Seite des Grenzgebietes in weit entfernte Gegenden verschickt, vor allem nach Pommern und Masuren, teilweise nach Schlesien.

Die meisten der antikommunistisch eingestellten Ukrainer gehörten der unierten, auch griechisch-katholisch genannten Kirche an. Da sie der Jurisdiktion des Papstes unterstand, auch wenn sie den östlichen Ritus beibehalten hatte, wurde sie 1946 in der Sowjetunion verboten. Ihre Einrichtungen und Kirchen übernahm zum größeren Teil der Staat, zum kleineren die russisch-orthodoxe Kirche. Das Verbot der unierten Kirche in Polen folgte auf dem Fuß – sie wurde vom Staat und der römisch-katholischen Kirche beerbt. Die Priester wirkten auch in Polen im Untergrund, sofern sie nicht verhaftet wurden. Erst während des Tauwetters von 1956 wurde ihnen wieder religiöse Betätigung gestattet, allerdings nur in den Kirchenräumen. Der Primas der katholischen Kirche, Wyszyński, unterstellte die Unierten seiner Jurisdiktion. Erst 1990 wurde die griechisch-katholische Kirche in Polen als juristische Person anerkannt. Doch damit waren die Probleme nicht gelöst; die Unierten begannen, ihre 1946 verlorenen Gotteshäuser zurückzufordern. In diesem Konflikt brachen alte polnisch-ukrainische Gegensätze wieder auf, die ihren Höhepunkt in Handgreiflichkeiten und einer Kirchenbesetzung in der Stadt Przemyśl an der Grenze zwischen beiden Ländern fanden. Auch Papst Johannes Paul II. konnte bei seiner Reise nach Polen im Juni 1991 den Streit zwischen den beiden Glaubensgemeinschaften, die ihn beide als höchste Autorität auf Erden anerkennen, nicht schlichten. Er mußte sogar einer Gruppe polnischer Nationalisten nachgeben, die die frühere griechisch-katholische Kathedrale nicht an den unierten Bischof zurückgeben wollte.

Bestärkt vom Sieg ihrer Landsleute, die sich sogar gegenüber dem Papst durchgesetzt hatten, wiesen die römisch-katholischen Pfarrer von Lötzen das Anliegen der griechisch-katholischen Mönche, die die Gemeinde betreuen, zurück. Einer der polnischen Pfarrer sagte: „Ukrainer werden in meiner Kirche keine Messe halten!“ Die Ukrainer wandten sich schließlich an den Allensteiner Bischof Piszcz. Der auslandserfahrene und als weltoffen bekannte Bischof sagte ihnen Hilfe zu, wollte aber angesichts der Widerstände bei seinen Pfarrern eine Zusammenarbeit nicht erzwingen. Schließlich fanden die Ukrainer mit ihrem Anliegen ein offenes Ohr beim evangelischen Pastor Janusz Jagucki. Vom Sommer 1991 an konnten sie in der evangelischen Kirche von Lötzen ihre Sonntagsmesse feiern.

Der Masure Jagucki selbst aber bekam wegen der Öffnung der Kirche für die Ukrainer auch den Unwillen einiger seiner Gemeindemitglieder zu spüren, darunter auch von Vertretern der deutschen Minderheit. Dabei hatte der Pastor sich schon 1988 Ärger mit den Behörden und seinen Vorgesetzten eingehandelt, weil er sich für die Deutschen eingesetzt hatte: Er hatte nämlich begonnen, auch Gottesdienste auf deutsch zu lesen – ein ganzes Jahr, bevor man in Oberschlesien soweit war.

4. Streit um deutschsprachige Gottesdienste

Fronleichnam im Oppelner Land in Oberschlesien: Vor dem Baldachin, unter dem der Pfarrer mit der Monstranz einherschreitet, singen die Gläubigen in der Prozession auf deutsch „Großer Gott, wir loben dich", dahinter erklingt der polnische Text zur selben Melodie. Die Polen in ihrer Minderzahl halten von der Lautstärke sehr gut mit, denn bei der deutschen Mehrheit kennen nur die wenigsten den Text des Kirchenliedes.

Was wie ein selbstverständliches Nebeneinander von polnischen und deutschen Katholiken aussieht, wäre während der 1989 zu Ende gegangenen Parteiherrschaft völlig undenkbar gewesen. Denn die katholische Kirche hielt sich bis dahin an die Empfehlung der Parteiführung, in Oberschlesien deutschsprachige Gottesdienste zu unterbinden. Nur in einigen niederschlesischen Städten durften Sonntagsmessen auf deutsch gelesen werden, zunächst für eine Handvoll Einheimischer, später zusätzlich für Touristen.

Nach Auffassung des Primas' der katholischen Kirche Polens, Józef Glemp, waren Messen auf deutsch überflüssig. In seiner Predigt zum Abschluß der großen Sommerwallfahrten nach

Tschenstochau nahm der Kardinal am 15. August 1984 zu entsprechenden Forderungen Stellung: „Wir können nicht mit gutem Gewissen Andachten in fremder Sprache für diejenigen organisieren, die diese Sprache nicht kennen und sie erst in der Liturgie lernen wollen, denn es kann nicht ein Ausländer sein, wer das Ausland nie im Leben gesehen hat." Glemp, der selbst Verwandte in der Bundesrepublik hat, erläuterte überdies: „Wenn sich jemand nach 40 Jahren, also in der zweiten Generation, als Ausländer erklärt, obwohl er weder die Sprache noch die Kultur noch die Bräuche seines angeblichen Vaterlandes kennt, so haben wir es mit einem künstlichen Prozeß zu tun, der eher durch niedrige Beweggründe ausgelöst wurde, einfach Geld, den Willen zu einem leichteren Leben mit Bequemlichkeiten und manchmal den Wunsch danach, sich von den Mühen des Kampfes für eine bessere Zukunft zu befreien."[38]

Die Predigt fand ein weites Echo in der Bundesrepublik. Für viele Politiker und Kommentatoren paßte sie zur Revanchismus-Kampagne der kommunistischen Führung, die die Beziehung zwischen Bonn und Warschau Mitte der 80er Jahre auf einen neuen Tiefpunkt brachte. Partei- und Regierungschef Jaruzelski bestritt bei mehreren Gelegenheiten die Existenz einer deutschen Minderheit in Oberschlesien. Glemp wurde unterstellt, er blase in dasselbe Horn wie die Parteiführung, um der Kirche weitere Freiräume zu sichern. Zweifelslos hatte der Primas nur einen äußerst engen Spielraum: Ihm konnte in dieser Zeit, als in Polen das Kriegsrecht galt, an einem weiteren Konflikt zwischen Kirche und Staat nicht gelegen sein.

Besonders aus Kreisen der CDU/CSU und vom Bund der Vertriebenen wurde der polnische Primas wegen seiner Predigt angegriffen. BdV-Präsident Czaja empfahl ihm, sich bei einer Pastoralreise nach Oberschlesien von der Notwendigkeit, die Liturgie auf deutsch zu erlauben, überzeugen zu lassen. Die deutsche Bischofskonferenz bat um nähere Erläuterungen. Die deutschen Bischöfe wiesen darauf hin, daß erst vier Jahre zuvor Glemps Vorgänger als Primas, der mittlerweile verstorbene Stefan Wyszyński, erklärt hatte: „Das, was uns vornehmlich interessiert, sind der Gottesdienst und die Seelsorge, die notwendig sind für die Landsleute, die auf dem Gebiet Deutschlands leben, und für Eure Mitbrüder, die auf dem Territorium Polens leben."

Glemp beeilte sich, in einem Schreiben an die deutsche Bischofskonferenz zu versichern, daß das Wort Wyszyńskis weiterhin Gültigkeit besitze. Doch bedürfe diese Frage einer sorgfältigen Klärung, da die Forderung nach deutschsprachigen Gottesdiensten „sich von Gläubigen außerhalb Polens hören ließ, und nicht von Gläubigen, die in Polen selbst wohnen".[39]

Doch bald darauf gingen an den Primas ebenso wie an den Oppelner Bischof Alfons Nossol immer mehr Briefe, in denen um die Erlaubnis gebeten wurde, jeden Sonntag eine Messe auf deutsch abzuhalten. Bei Nossol liefen die Verfasser der Briefe offene Türen ein. Der perfekt zweisprachige Theologieprofessor wurde 1932 im Kreis Neustadt/Oberschlesien (Prudnik) als Bürger des Deutschen Reiches geboren. Schon kurz nachdem er 1977 an die Spitze des Bistums getreten war, setzte er im Oppelner Priesterseminar das Pflichtfach Deutsch auf den Lehrplan. Wie er später erklärte, eiferte er damit unter umgekehrten Vorzeichen dem Vorbild des Breslauer Erzbischofs Bertram nach, der von seinen Seminaristen, die für Ämter in Oberschlesien vorbereitet wurden, ein begleitendes Polnisch-Studium verlangt hatte.

Es dauerte bis zum Frühsommer 1989, bis Nossol die Erlaubnis für regelmäßige deutschsprachige Gottesdienste in seiner Diözese, in der sich jeder Dritte zur deutschen Minderheit bekennt, erteilen durfte. Am 4. Juni war es soweit, es begann mit einer Sonntagsmesse in deutscher Sprache auf dem Annaberg. Dort waren bis 1938 sonntags abwechselnd Messen auf deutsch und auf polnisch gelesen worden. Am selben 4. Juni fanden die Parlamentswahlen statt, in deren Folge die Herrschaft der Arbeiterpartei zusammenbrach. Nossol hatte die kommunistischen Behörden schon gar nicht mehr befragt, damals herrschte in der PZPR bereits Endzeitstimmung. Er bat auch nicht den Primas Glemp um Erlaubnis, sondern Johannes Paul II. persönlich. Im Vatikan berief er sich auf die Päpstliche Botschaft zum Weltfriedenstag 1989, in der auch die Respektierung der Rechte von

Minderheiten angemahnt wurde: „Achtung der Minderheiten – Bedingung für den Frieden."

In den meisten Gemeinden im Ostteil des Oppelner Landes, in dem die Minderheit auch die Bürgermeister stellt, finden seitdem deutschsprachige Gottesdienste statt. Einige Gemeindepfarrer halten die Messe auch zweisprachig. Ein beträchtlicher Teil der Pfarrer stammt, wie Nossol, aus Oberschlesien und ist mit beiden Sprachen aufgewachsen. Der Bischof fand ein positives Echo auch bei vielen Priestern seiner Diözese, die nur des Polnischen mächtig waren. Mehrere Dutzend von ihnen meldeten sich freiwillig zu einem Deutschkurs an.

Mehr als vier Jahrzehnte nach dem Zweiten Weltkrieg, der Verifizierung der meist zweisprachigen Oberschlesier und der Ansiedlung der Repatrianten zeigte sich, daß auch in der zweiten und dritten Generation die Vorbehalte zwischen den einzelnen Gruppen nicht überwunden waren, im Gegenteil, sie schienen sich vertieft zu haben. An die Einwanderer und ihre Kinder appellierte Nossol daher in einem Hirtenbrief zur Fastenzeit 1990: „Niemand sollte es wagen hervorzuheben, die einheimische Bevölkerung möge unsere Diözese verlassen, da sie ‚anders' denkt und fühlt. Ähnlich wie ohne euch, so wäre auch ohne sie unsere Diözese sicher ärmer, und Schlesien würde aufhören, Schlesien zu sein." An die Einheimischen und ihre Nachkommen richtete er die Worte: „Harrt aus im Lande eurer Väter, verlaßt es nicht, denn heute wartet wohl niemand mehr irgendwo auf euch mit ausgebreiteten Armen."[40]

Der Oppelner Bischof wich in diesem Sinne auch Begegnungen mit Vertretern des Bundes der Vertriebenen, die in Oberschlesien die DFK bei der Organisierung von Deutschkursen unterstützten, nicht aus. Im Juli 1992 nahm er erstmals an der Jahreswallfahrt der Heimatvertriebenen zum westfälischen Annaberg in der Nähe der Stadt Haltern teil. In seiner Predigt sagte er: „Ihr seid berufen, in Versöhnungsgnade zu denken, zu handeln und zu leben!"[41]

Der Bischof geriet mit seinem Einsatz für die Verständigung zwischen den beiden Nachbarvölkern aber zunehmend in das Schußfeld polnischer Nationalisten. In Oppeln wurden 1993

Sprüche wie „Nossol ist ein Abtrünniger" und „Nossol ab nach Berlin" an Wände geschmiert. Eine nationalistische Gruppe verbreitete ein Flugblatt mit einer Karikatur, die ihn mit einem Hakenkreuz in der Hand zeigt.

Nossol sah die Rehabilitierung der deutschen Sprache als wichtige Voraussetzung für das Nachlassen der Ausreisewelle in Richtung Bundesrepublik an. Die Unterdrückung des Deutschen betrachtete er daher als Katastrophe für seine Heimat, die von immer mehr Alteingesessenen verlassen wurde: „Wäre Polens katholische Kirche nach dem Krieg über ihren eigenen Schatten gesprungen und hätte sie damals gleich deutsche Messen zu lesen angefangen, dann wären viele Menschen nicht entwurzelt worden."[42]

Deutschstämmige hatte es auch irritiert, daß nach der Wahl des Krakauer Erzbischofs Wojtyła zum Papst Johannes Paul II. die Kirche noch mehr nationale Werte herausgestellt hatte. Der Papst setzte indes auch gegenüber dem polnischen Episkopat ein deutliches Zeichen: Im November 1999 erhob er den vielkritisierten Nossol zum Erzbischof.

Nossol blieb weiterhin Mahner. Im Mai 2000 forderte er die polnische Bevölkerung Oberschlesiens auf, dafür Sorge zu tragen, daß die alten deutschen Friedhöfe erhalten bleiben. In seiner klaren und direkten Sprache sagte er: „Der Zustand der früheren deutschen Friedhöfe ist ein Ergebnis der Fremdenfeindlichkeit, nach wie vor riecht für viele alles, was deutsch ist, nach Regermanisierung."[43]

Der Erzbischof gab bei vielen Gelegenheiten zu verstehen, daß der Prozeß der Verständigung zwischen Deutschen und Polen weiter fortgeschritten sei, als es vor einem Jahrzehnt vorstellbar schien. Die Minderheit habe dabei die Aufgabe angenommen, Brücke zu sein. Doch sei der Prozeß immer noch sehr störanfällig.

Anhang

1. Dokumentation
Deutsch-polnischer Nachbarschaftsvertrag zur Minderheit (Auszüge)

In dem am 17. Juni 1991 von Bundeskanzler Helmut Kohl und Ministerpräsident Jan Krzysztof Bielecki unterzeichneten Zehn-Jahres-Vertrag „über gute Nachbarschaft und freundschaftliche Zusammenarbeit“ werden erstmals Rechte der deutschen Minderheit in Polen festgelegt. Weitere Details regelt ein Briefwechsel der Außenminister.

Artikel 2
Die Vertragsparteien... betrachten Minderheiten und gleichgestellte Gruppen als natürliche Brücken zwischen dem deutschen und dem polnischen Volk und sind zuversichtlich, daß diese Minderheiten und Gruppen einen wertvollen Beitrag zum Leben ihrer Gesellschaften leisten...

Artikel 20
(1) Die Angehörigen der deutschen Minderheit in der Republik Polen, das heißt Personen polnischer Staatsangehörigkeit, die deutscher Abstammung sind oder die sich zur deutschen Sprache, Kultur oder Tradition bekennen, sowie Personen deutscher Staatsangehörigkeit in der Bundesrepublik Deutschland, die polnischer Abstammung sind oder die sich zur polnischen Sprache, Kultur oder Tradition bekennen, haben das Recht, einzeln oder in Gemeinschaft mit anderen Mitgliedern ihrer Gruppe ihre ethnische, kulturelle, sprachliche und religiöse Identität frei zum Ausdruck zu bringen, zu bewahren und weiterzuentwickeln, frei von jeglichen Versuchen, gegen ihren Willen assimiliert zu werden. Sie haben das Recht, ihre Menschenrechte und Grundfreiheiten ohne jegliche Diskriminierung und in voller Gleichheit vor dem Gesetz voll und wirksam auszuüben...
(2) Die Vertragsparteien erklären, daß die in Absatz 1 genannten Personen insbesondere das Recht haben, einzeln oder in Gemeinschaft mit anderen Mitgliedern ihrer Gruppe

sich privat und in der Öffentlichkeit ihrer Muttersprache frei zu bedienen, in ihr Informationen zu verbreiten und auszutauschen und dazu Zugang zu haben,

ihre eigenen Bildungs-, Kultur- und Religionseinrichtungen, -organisationen oder -vereinigungen zu gründen und zu unterhalten, die um freiwillige Beiträge finanzieller oder anderer Art sowie öffentliche Unterstützung im Einklang mit den nationalen Rechtsvorschriften ersuchen können und gleichberechtigten Zugang zu den Medien ihrer Region haben,

sich zu ihrer Religion zu bekennen und diese auszuüben, einschließlich des Erwerbs und Besitzes sowie der Verwendung religiösen Materials, und den Religionsunterricht in ihrer Muttersprache abzuhalten,

untereinander ungehinderte Kontakte innerhalb des Landes sowie Kontakte über Grenzen hinweg mit Bürgern anderer Staaten herzustellen und zu pflegen, mit denen sie eine gemeinsame ethnische oder nationale Herkunft, ein gemeinsames kulturelles Erbe oder religiöses Bekenntnis teilen,

ihre Vor- und Familiennamen in der Form der Muttersprache zu führen,

Organisationen oder Vereinigungen in ihrem Land einzurichten und zu unterhalten und in internationalen nichtstaatlichen Organisationen mitzuarbeiten,

sich wie jedermann wirksamer Rechtsmittel zur Verwirklichung ihrer Rechte im Einklang mit den nationalen Rechtsvorschriften zu bedienen.

(3) Die Vertragsparteien bekräftigen, daß die Zugehörigkeit zu den in Absatz 1 genannten Gruppen Angelegenheit der persönlichen Entscheidung eines Menschen ist, die für ihn keinen Nachteil mit sich bringen darf.

Artikel 21

(1) Die Vertragsparteien werden die ethnische, kulturelle, sprachliche und religiöse Identität der in Artikel 20, Absatz 1, genannten Gruppen auf ihrem Hoheitsgebiet schützen und Bedingungen für die Förderung dieser Identität schaffen...

(2) Die Vertragsparteien werden insbesondere

im Rahmen der geltenden Gesetze einander Förderungsmaßnahmen zugunsten der Angehörigen der in Artikel 20, Absatz 1, genannten Gruppen oder ihrer Organisationen ermöglichen und erleichtern,

sich bemühen, den Angehörigen der in Artikel 20, Absatz 1, genannten Gruppen, ungeachtet der Notwendigkeit, die offizielle Sprache des betreffenden Staates zu erlernen, in Einklang mit den anwendbaren nationalen Rechtsvorschriften entsprechende Möglichkeiten für den Unterricht ihrer Muttersprache oder in ihrer Muttersprache in öffentlichen Bildungseinrichtungen sowie, wo immer dies möglich und notwendig ist, für deren Gebrauch bei Behörden zu gewährleisten,

im Zusammenhang mit dem Unterricht von Geschichte und Kultur in Bildungseinrichtungen die Geschichte und Kultur der in Artikel 20, Absatz 1, genannten Gruppen berücksichtigen,

das Recht der Angehörigen der in Artikel 20, Absatz 1, genannten Gruppen achten, wirksam an öffentlichen Angelegenheiten teilzunehmen, einschließlich der Mitwirkung in Angelegenheiten betreffend den Schutz und die Förderung ihrer Identität...

Artikel 22

(2) Jeder Angehörige der in Artikel 20, Absatz 1, genannten Gruppen in der Republik Polen beziehungsweise in der Bundesrepublik Deutschland ist nach Maßgabe vorstehender Bestimmungen gehalten, sich wie jeder Staatsbürger loyal gegenüber dem jeweiligen Staat zu verhalten, indem er sich nach den Verpflichtungen richtet, die sich aufgrund der Gesetze dieses Staates ergeben...

Der Briefwechsel der beiden Außenminister

Der Briefwechsel der beiden Außenminister enthält einige Klarstellungen zum Vertrag:

Im Zusammenhang mit der heutigen Unterzeichnung des Vertrags... möchte ich in Erinnerung rufen, daß während der Verhandlungen nachfolgende Erklärungen abgegeben wurden:

1. Die Regierung der Bundesrepublik Deutschland erklärt, daß sie sich bemüht, die Möglichkeit zu schaffen, damit auch die in der Bundesrepublik Deutschland lebenden Personen, die polnischer Abstammung sind oder die sich zur polnischen Sprache, Kultur oder Tradition bekennen und die durch die Bestimmungen des Artikels 20, Absatz 1, nicht erfaßt werden, weitgehend in den Genuß der in Artikel 20 genannten Rechte und der in Artikel 21 genannten Möglichkeiten kommen können.
2. Die Regierung der Republik Polen erklärt, daß die in Artikel 8, Absatz 3, erwähnte Perspektive eines Beitritts der Republik Polen zur Europäischen Gemeinschaft zunehmend Möglichkeiten schaffen wird, auch deutschen Bürgern eine Niederlassung in der Republik Polen zu erleichtern...
3. Der Leiter der polnischen Delegation erklärt:

Der Ministerrat der Republik Polen hat im Hinblick auf die Verwirklichung der Rechte der polnischen Bürger, die Angehörige nationaler Minderheiten sind, darunter auch der deutschen Minderheit, durch Beschluß Nr. 142 vom 7. September 1990 eine Kommission für nationale Minderheiten eingesetzt. Die Kommission beruft einen aus Vertretern der nationalen Minderheiten bestehenden Beirat. Zu den Hauptaufgaben der Kommission gehören

die Erarbeitung von Stellungnahmen und Vorschlägen zur Verwirklichung der Rechte und zur Befriedigung der Bedürfnisse der Angehörigen der Minderheiten,

Maßnahmen zum Schutz vor Verletzungen dieser Rechte,

Unterrichtung der polnischen Öffentlichkeit über die Probleme der nationalen Minderheiten,

Erarbeitung eines Regierungsprogramms für Maßnahmen in diesem Bereich.

In den Woiwodschaften mit nationalen Minderheiten wurde die Stelle eines Minderheitenbeauftragten eingerichtet.

Minderheitenfragen sind auch Gegenstand des ständigen Interesses der Sejm-Kommission für Fragen der nationalen und ethnischen Minderheiten.

4. Die Regierung der Republik Polen erklärt, daß sie derzeit keine Möglichkeit der Zulassung offizieller topographischer Bezeichnungen in traditionellen Siedlungsgebieten der deutschen Minderheit in der Republik Polen auch in deutscher Sprache sieht.
Unter Berücksichtigung des Interesses der Regierung der Bundesrepublik Deutschland an der Frage der topographischen Bezeichnung ist die Regierung der Republik Polen bereit, diese Frage zu gegebener Zeit zu prüfen.
5. Beide Seiten erklären übereinstimmend:
Dieser Vertrag befaßt sich nicht mit Fragen der Staatsangehörigkeit und nicht mit Vermögensfragen.

2. Anmerkungen

I. Deutsch-polnische Streitfragen

1 Wodzimierz Borodziej, Od Poczdamu do Szklarskiej Poręby. Londyn 1990, S. 314–320 (Rewizjonizm Polski, czyli sprawa Łużyc)
2 Polityka 1.2.1989
3 zitiert nach: Walter Fr. Schleser, Die deutsche Staatsangehörigkeit. Berlin 1980, S. 99f.
4 Klaus J. Bode, Neue Heimat im Westen. Vertriebene – Flüchtlinge – Aussiedler. Münster 1990; Wolf Oschlies, Polnischer „Drang nach Westen". Dynamik und Motive der jüngsten Emigrationswelle aus Polen. Köln 1989 (Berichte des Bundesinstituts für internationale und ostwissenschaftliche Studien 30.1989)

II. Vorgeschichte

1 Die deutsch-polnischen Schulbuchempfehlungen. Dokumentation, in: Aus Politik und Zeitgeschichte. Beilage zur Wochenzeitung „Das Parlament". B 47/77, 26. 11. 1977
2 Hans Roos, Geschichte der polnischen Nation. Stuttgart [4]1986, S. 57
3 Jaroslaw Macała, Stosunek kościoła katolickiego do mniejszości niemieckiej w okresie kszaltowania się diecezji katowickiej 1921–1926, in: Przegłąd Historyczny 4.1993, S. 456
4 Matthias Lempart, Michał Grażyński – der schlesische Woiwode 1926–1939, in: Dzieje Śląska w świetle badań młodych historyków z Polski, Czech i Niemiec. Pod redakcją Krzysztofa Ruchniewicza. Wrocław 1998, S. 114–123
5 Peter Aurich, Deutsch-polnischer September 1939. München 1970, S. 25ff.
6 Krzysztof Skubiszewski, Wysiedlenie Niemców po II wojny światowej. Warszawa 1968, S. 44
7 Wodzimierz Jastrzębski, Der Bromberger Blutsonntag. Legende und

Wirklichkeit. Poznań 1990; Günter Schubert, Das Unternehmen „Bromberger Blutsonntag". Tod einer Legende. Köln 1989

8 Helmut Kramsick, Hitler und die Morde in Polen, in: Vierteljahresheft für Zeitgeschichte 1. 1963, S. 207

9 Edward Kołodziej, Dzieje Polonii w zarysie 1918–1939. Warszawa 1991, S. 16ff.

10 Franciszek Antoni Marek, Tragedia górnośląska. Opole 1989, S. 23

11 Franciszek Połomski, Konwencja genewska z 1922 roku i jej wykonanie na obszarze Śląska Opolskiego, in: Niemcy wobec konfliktu narodowościowego na Górnym Ślasku po I wojnie światowej. Red. Andrzej Szefer. Poznań 1989, S. 40

12 Anna Poniatowska / Stefan Liman / Iwona Krzeżałek, Związek Polaków w Niemczech w latach 1922–1982. Warszawa 1987, S. 119ff.

13 zitiert nach: Das Dritte Reich, Bd. 2: Weltmachtanspruch und nationaler Zusammenbruch 1939–1945. Hrsg. Wolfgang Michalka. München 1985, S. 164

14 Erich Kuby, Als Polen deutsch war 1939–1945. Rastatt [2]1988, S. 311 ff.

15 Elsbieta Centkowska / Jerzy Cekowski / Janusz Osica: Historia dla klasy 8: „Droga do wolności" (1914–1994). Warszawa 1998, S. 158

16 Władysław Pobóg-Malinowski, Najnowsza historia polityczna Polski. Londyn 1960, Tom 3, Okres 1939–1945, S. 825

17 Winston Churchill, Reden. Zürich 1945, Band 5, S. 468

18 Winston Churchill, Der Zweite Weltkrieg. Bern 1948, Band VI/2, S. 39

19 Werner Marschall, Geschichte des Bistums Breslau. Stuttgart 1980, S. 180

20 Jan Misztal, Weryfikacja narodowościowa na Ziemiach Odzyskanych. Opole 1990, S. 58

21 Alfred M. de Zayas, Die Anglo-Amerikaner und die Vertreibung der Deutschen. München 1980, S. 23f.

22 Deutscher Ostdienst 29. 3. 1991

23 Słowo Polskie 10. 5. 1985

24 Jan Józef Lipski, Powiedzieć sobie wszystko... Eseje o sąsiedztwie polsko-niemieckim. Wir müssen uns alles sagen... Essays zur deutsch-polnischen Nachbarschaft. Gliwice/Warszawa 1996, S. 36 (Original: Kultura 10. 1981)

25 Maria Podlasek, Wypędzenie Niemców z terenów na wschód od Odry i Nysy Łużyckiej. Relacje świadków. Warszawa 1995; Piotr Madajczyk, Przyłączenie Śląska Opolskiego do Polski 1945–1948. Warszawa 1996; Wypędzienie, in: Karta (Warszawa) 21(1997); Przeprosić za wypędzenie? Wypowiedzi oficjalne oraz debata prasowa o wysiedleniu Niemców po II wojnie światowej. Pod redakcją Klausa Bachmanna i Jerzego Kranza. Kraków 1997; Kompleks wypędzenia. Redakcja: Włodzimierz Borodziej, Artur Hajnicz. Kraków 1998; Bernadetta Nitschke, Wysiedlenie ludności niemieckiej z Polski 1945–1949. Zielona Góra 1999; Niemcy w Polsce 1945–1950. Wybór dokumentów. Pod red.

Włodzimierza Borodzieja i Hansa Lemberga. Tom 1: Władze i instytucje centrale. Województwo olsztyńskie. Warszawa 2000

26 Gazeta Wyborcza 27. 6. 2000

27 ausführliche Darstellung in: Jan Gross, Und wehe du hoffst... Die Sowjetisierung Ostpolens nach dem Hitler-Stalin-Pakt 1939–1941. Freiburg 1988; Jerzy Węgierski, Lwów pod okupacją sowiecką 1939–1941. Warszawa 1991; Wincenty Urban, Droga krzyżowa Archidiecezji Lwowskiej w latach II wojny światowej 1939–1945. Wrocław 1983

28 ausführlich in: Leon Szulczyński, „Beeilt euch, verdammt noch mal!" Vertreibung und Umsiedlung der Polen, in: Die Vertriebenen, Hrsg. Siegfried Koglfranz. Reinbek 1985, S. 115–158 (Spiegel-Buch 63)

III. Die kommunistische Führung und die Minderheit

1 Die folgenden Ausführungen stützen sich auf: Georg Geilke, Das Staatsangehörigkeitsrecht von Polen. Frankfurt a.M. 1952; Zbigniew Kowalski, Powrót Śląska Opolskiego do Polski. Opole 1983; Nina Kracherowa, Opole rok 1945, in: Trybuna Opolska 1990, Nr. 62–94; Jan Misztal, Weryfikacja narodowościowa na Śląsku Opolskim 1945–1950. Opole 1984; ders., Weryfikacja narodowościowa na Ziemiach Odzyskanych. Opole 1990; Czesław Osękowski, Społeczeństwo Polski zachodniej i połnocnej w latach 1945–1956. Zielona Góra 1994; Leszek Belzyt, Między Polską a Niemcami. Weryfikacja narodowościowa i jej następstwa na Warmii, Mazurach i Powiślu w latach 1945–1950. Toruń 1996; Piotr Madajczyk, Przyłączenie Śląska Opolskiego do Polski 1945–1948. Warszawa 1996

2 Misztal 1990, a. a. O., S. 107

3 Misztal 1990, a.a.O., S. 123f.

4 Edmund Nowak, Cień Łambinowic. Opole 1991, S. 60

5 Misztal 1990, a. a. O., S. 218ff.

6 Alfred M. de Zayas, Die Anglo-Amerikaner und die Vertreibung der Deutschen. München 1980, S. 141

7 John Sack, Auge um Auge. Die Geschichte von Juden, die Rache für den Holocaust suchten. Hamburg 1995; Eike Geisel, Antisemitische Rohkost. Ausblick auf einen Skandal: John Sacks „Auge um Auge", in: Frankfurter Rundschau 26. 1. 1995; Dorothea Hauser, Zu heiß zum Anfassen. Zum Streit über den Gerichtsreport „Auge um Auge" von John Sack, in: Der Spiegel 11. 1995; Kurt Kister/Thomas Urban, Darf man das? Der Streit um John Sacks Buch „Auge um Auge", in: Süddeutsche Zeitung 29./30. 4. / 1. 5. 1995; Gabriele Lesser, Wie ungeheuerlich ist die zweite Ungeheuerlichkeit? Noch einmal: „Auge um Auge", in: Frankfurter Allgemeine Zeitung 30. 6. 1995

8 Heinz Esser, Lamsdorf. Dokumentation über ein Vernichtungslager. Dülmen ^{4}1974, S. 98; Edmund Nowak, Verzeichnis der Inhaftierten und Toten des Arbeitslagers Łambinowice (Juli 1945–Oktober 1946). Opole 1998

9 Die Zeit 17. 3. 1977

10 Tygodnik Powszechny 13. 3. 1990

11 Gerhard Gruschka, Zgoda – Miejsce grozy. Gliwice 1998; Helga Hirsch, Zemsta ofiar. Niemcy w obozach w Polsce 1944–1950. Warszawa 1999; Gazeta Wyborcza 25. 1. 2000

12 Jan Nielipiński, Płaćcie za obóz pracy! Pozwali skarb państwa, bo ich rodzice, którzy podpisali volkslistę, trafili do Jaworzna, in: Życie 5. 11. 1999

13 Tadeusz Panecki, Bataliony pracy i bataliony budowlane. (Nicht veröffentlichter Bericht für den Chef des Rechtsbüros des Ministeriums für Nationale Verteidigung / Szef Biura Prawnego Ministerstwa Obrony Narodowy. Az. 407/34/93 Nr. 671 vom 26. 2. 1993 S. 6–7)

14 Misztal 1990, a. a. O., S. 288 ff.

15 Andrzej Sakson, Mniejszość niemiecka na tle innych mniejszości narodowych we współczesnej Polsce, in: Przegląd Zachodni 2.1991, S. 19

16 Dokumentation der Vertreibung. Wolfenbüttel o.J., Band I/2, S. 877–899; Leszek Belzyt, Zum Verfahren der nationalen Verifikation in den Gebieten des ehemaligen Ostpeußens 1945–1950, in: Jahrbuch für die Geschichte Mittel- und Ostdeutschlands 39 (1990), S. 247–269; Bernd Martin, Masuren. Mythos und Geschichte. Karlsruhe 1998, S. 89–93; Andrzej Sakson, Tajny plan wysiedleń ludności rodzimej (mazurskiej) z 1952 roku w świetle dokumentów Archiwum Akt Nowych w Warszawie, in: Mniejszości Narodowe w Polsce. Pod red. Zbigniewa Kurcza. Wrocław 1997, S. 119–126

17 zitiert nach: Tygodnik Powszechny 10. 12. 1989; Bernard Linek, Tzw. Odniemczanie województwa śląskiego w latach 1945–1950, in: Historia Śląska w świetle badań młodych historików z Polski, Czech i Niemiec, S. 250–260; Mathias Kneip, Die deutsche Sprache in Oberschlesien. Untersuchungen zur politischen Rolle der deutschen Sprache als Minderheitensprache in den Jahren 1921–1998. Dortmund 1999, S. 190–196; Piotr Madajczyk, Kącik historyka (30): Niepokój, in: Schlesisches Wochenblatt / Tygodnik Śląski 20. 3. 1998; Hanna Kolb, „Die Spuren der Deutschen auslöschen …“ Wie Oppeln entdeutscht wurde, in: Schlesisches Wochenblatt. 24. 7. 1998

18 Polska ludność rodzima na Ziemiach Zachodnich i Północnych po II wojnie światowej. Pod red. R. Rauzińskiego i S. Senfta. Tom II. Opole 1990, S. 32

19 Nowa Kultura Nr. 42, 14. 10. 1956

20 Joachim Georg Görlich, Meine Jugend als Deutscher unter Polen, in: Schlesien heute, Hrsg. Heinrich Trierenberg. Leer 1991, S. 186–190; Christian Th. Stoll, Zur Frage der Deutschen im polnischen Hoheitsbereich, in: Osteuropa 7.1971, S. 498; Piotr Madajczyk, Kącik historyka (99–104), in: Schlesisches Wochenblatt 10.9.–8. 10. 1999

21 Bernhard Grund, Das kulturelle Leben der Deutschen in Niederschlesien unter polnischer Verwaltung 1947–1958. Bonn/Berlin 1967; Erwin

Peterek, Deutsche Kulturgruppe in Niederschlesien – 1950–1958. Schweidnitz/Świdnica 1996

22 Sakson 1990, a.a.O., S. 18f.

23 Die Welt 12. 3. 1976

24 Helmut Schmidt, Die Deutschen und ihre Nachbarn. Menschen und Mächte II. Berlin 1990, S. 543

25 Tajne dokumenty Biura Politycznego. PZPR a „Solidarność" 1980–1981. Londyn 1992

26 Słowo Polskie 10. 5. 1985

27 Elisabeth und Peter Ruge, Nicht nur die Steine sprechen deutsch ... Polens deutsche Ostgebiete. München/Wien 1985, S. 287

28 Deutscher Ostdienst 26. 6. 1992

29 Die Welt 10. 11. 1984; Teresa Kudyba, Es begann in Bienkowice. Zehn Jahre deutsche Minderheit in Schlesien, in: Dialog. Magazin für deutsch-polnische Verständigung (XIII) 1999, S. 52

30 Frankfurter Allgemeine Zeitung 18. 1. 1988

31 Ruge, a.a.O., S. 144

32 Frankfurter Allgemeine Zeitung 14. 1. 1988

33 Rzeczpospolita 21. 1. 1988

IV. Probleme seit der politischen Wende 1989

1 Polityka 24. 6. 1989; deutsche Übersetzung in: Dialog. Magazin für deutsch-polnische Verständigung 3/4.1989

2 Franciszek Antoni Marek, Tragedia górnośląska. Opole 1989

3 Süddeutsche Zeitung 7. 11. 1989

4 Süddeutsche Zeitung 14. 11. 1989

5 ausführlich in: M. Ludwig, Polen und die deutsche Frage. Bonn 1990

6 Auszüge in: Die Welt 21. 3. 1990

7 Danuta Berlińska, Procesy demokratyzacyjne w Polsce a mniejszość niemiecka na Śląsku Opolskim, in: Przegląd Zachodni 2.1991, S. 25f.

8 Gazeta Zachodnia/Westzeitung 21. 6. 1990

9 Gazeta Wyborcza 3. 4. 1990

10 Die Zeit 5. 10. 1990

11 Wprost 31. 3. 1991

12 Tygodnik Solidarność 17. 1. 1991

13 Süddeutsche Zeitung 24. 4. 1991

14 Schlesische Nachrichten 18/91

15 Oberschlesische Zeitung/Gazeta Górnośląska 15. 10. 1991

16 Süddeutsche Zeitung 27. 3. 1992

17 Die Welt 24. 6. 1992

18 Polityka 4. 12. 1992

19 Polityka 9. 1. 1993

20 Hans van der Meulen (Hrsg), Anerkannt als Minderheit. Vergangenheit und Zukunft der Deutschen in Polen. Baden-Baden 1994, S. 123

21 Alfred Czesla, Deutsche in Ermland und Masuren nach der Wende in Polen, in: Schlesisches Wochenblatt 4.–11. 12. 1998; Bożena Domagala, Mniejszość niemiecka na Warmii i Mazurach – narodziny organizacji, in: Mniejszość niemiecka w Polsce – Niemcy w rozproszeniu. Tom II. Warszawa 1999, S. 50–67

22 Gazeta Wyborcza 24. 9. 1997

23 Wprost 31. 3. 1991

24 Sack, a. a. O., S. 285

25 KOS 9. 4. 84; deutsch in: Entspannung von unten. Möglichkeiten und Grenzen des deutsch-polnischen Dialogs. Hrsg. W. Kuwaczka. Köln 1988, S. 167

26 Kontakt 1.1986; deutsch in: Entspannung von unten, a. a. O., S. 257

27 Deutscher Ostdienst 4. 5. 1990

28 Rzeczpospolita 6. 8. 1990

29 Deutscher Ostdienst 15. 11. 1991

30 Süddeutsche Zeitung 9. 12. 1996

31 Beata Ociepka, Związek Wypędzonych w systemie politycznym RFN: jego wpływ na stosunki polsko-niemieckie 1982–1992. Wrocław 1997

32 Kultura (Paryż) 9.1998; Gazeta Wyborcza 5. 10. 1998

33 Schlesisches Wochenblatt/Tygodnik Śląski 29. 10. 1999

34 Rzeczpospolita 8. 6. 2000; Gazety Wyborcza 12. 6. 2000

35 Schlesische Nachrichten 1. 8. 1992

36 Der Schlesier 6. 3. und 20. 3. 1992

37 „Akut“, SAT 1, 8. 7. 1992

38 Polska Agencja Prasowa (PAP) 4. 12. 1992

39 Nie 13. 6. 1991

40 Matthias Kneip, Die deutsche Sprache in Oberschlesien. Untersuchungen zur politischen Rolle der deutschen Sprache als Minderheitensprache in den Jahren 1921–1998. Dortmund 1999, S. 184–185

41 Kneip a. a. O., S. 196

42 Kneip a. a. O., S. 216

43 zitiert nach: Kneip a.a.O., S. 191

44 Tomasz Tosza, Kotlarnia ugaszona, in: Gazeta Wyborcza 15. 9. 1999, S. 17–18; Krzysztof Cholewa, Wie es zwischen Minderheiten so ist / Jak mniejszość z mniejszością, in: Schlesisches Wochenblatt/Tygodnik Śląski 30. 4. 1999, S. 1, 4

45 Das von deutschen Tageszeitungen sowie von dpa verwendete Nachschlagewerk „Ortsnamenverzeichnis der Ortschaften jenseits von Oder und Neiße.“ Rautenberg-Verlag, Leer (1988), gibt den Stand vom Ende der 30er Jahre wieder – nach den Umbenennungen der Nazi-Zeit.

46 Deutscher Ostdienst 6. 11. 1998

47 Süddeutsche Zeitung 26. 3. 1992

48 Nowa Trybuna Opolska 1. 3. 1994

49 Deutscher Ostdienst 6. 11. 1998

50 Süddeutsche Zeitung 26. 3. 1992
51 Tygodnik Powszechny 19. 9. 1993
52 Oberschlesische Zeitung/Gazeta Gornośląska 22. 9. 1994

V. Die Rolle der katholischen Kirche

1 Martyrologium polskiego duchowieństwa rzymsko-katolickiego pod okupacją hitlerowską w latach 1939–1945. Pod red. ks. Wiktora Jachicza i ks. Jana Wosa. Tom I-V. Warszawa 1977–1981
2 Das Schreiben der Heiligen Kongregation ist erstmals vollständig (allerdings in deutscher Übersetzung) wiedergegeben bei: Franz Scholz, Zwischen Staatsräson und Evangelium, Kardinal Hlond und die Tragödie der ostdeutschen Diözesen. Frankfurt am Main 1988, S. 95–98
3 Johannes Kaps, Bericht über die Reise eines schlesischen Priesters von Breslau nach Rom zur Berichterstattung beim Hl. Stuhl über die Verhältnisse in Breslau und Schlesien (Herbst 1945), in: Archiv für schlesische Kirchengeschichte 38.1980, S. 69
4 Kaps, a. a. O., S. 66
5 Alfred Sabisch, Dokumente zu den Reisen des Kattowitzer Bischofs Adamski im oberschlesischen Teil des Erzbistums Breslau im Mai und Juni 1945, in: Archiv für schlesische Kirchengeschichte 30.1972, S. 171–201
6 zitiert nach: Kneip a. a. O., S. 199
7 Ferdinand Piontek, Bericht des Breslauer Kapitularvikars über den Besuch des Kardinals Hlond, in: Archiv für schlesische Kirchengeschichte 39.1981, S. 27–29
8 Scholz, a. a. O., S. 63
9 Peter Raina, Karol Maria Splett. Biskup Gdański na lawie oskarzonych. Warszawa 1994; Stanisław Bogdanowicz: Carl Maria Splett. Danziger Bischof. Danzig 1996; Stefan Samerski, Schuld und Sühne? Bischof Carl Maria Splett in Krieg und Gefangenschaft. Bonn 1999
10 Kaps, a. a. O., S. 38
11 Peter Raina, Kościół w PRL. Dokumenty. Tom 1: 1945–1959. Poznań 1994, S. 46–48; deutsch in: Informationen und Berichte. Digest des Ostens. Hrsg. Albert-Magnus-Kolleg Königstein, 7/1994
12 zitiert nach: Archiv für schlesische Kirchengeschichte 39.1981, S. 91
13 Kard. August Hlond, Do ludności katolickiej ziem odzyskanych, in: Listy Pasterskie Episkopatu Polski 1945–1974. Paris 1975, S. 16f.; deutsch in: Archiv für schlesische Kirchengeschichte 39.1981, S. 76–82
14 Kneip a. a. O., S. 178–179
15 Dziennik Zachodni 15. 8. 1945; Robotnik 19. 8. 1945
16 Bericht des Hochwürdigsten Herrn Weihbischof von Breslau Exzellenz Joseph Ferche über seine Ausweisung aus Schlesien am 15. September 1946, in: Archiv für schlesische Kirchengeschichte 39.1981, S. 55–59
17 Scholz, a. a. O., S. 64f.

18 Werner Marschall, Geschichte des Bistums Breslau. Steinfurt 1980, S. 165f.
19 Marschall, a.a.O., S. 167
20 Josef Negwer, Die kirchliche Lage in der Erzdiözese Breslau am Ende des Jahres 1945, in: Archiv für schlesische Kirchengeschichte 39.1981, S. 35–36
21 Bericht über die Lage der Deutschen in Glogau und Umgebung nach der Übernahme der Zivilverwaltung durch die Polen, in: Archiv für schlesische Kirchengeschichte 39. 1981, S. 83
22 Dziennik Zachodni 20. 8. 1945
23 Bolesław Kominek, W służbie Ziem Zachodnich. Wyd. Jan Krucina. Wrocław 1977, S. 81
24 Kominek, a.a.O., S. 32
25 Franz Scholz, Das Hlondheft. Empfiehlt sich Kardinal Augustyn Hlond, Primas von Polen (†22.10.1948), als Kandidat einer Seligsprechung? Lüdenscheid 1996
26 Alfred Sabisch, Die seelsorgliche Betreuung der katholischen deutschen Restbevölkerung in Breslau und der Provinz Niederschlesien seit dem Jahre 1945, in: Archiv für schlesische Kirchengeschichte 27.1969, S. 190
27 zitiert nach: Edith Heller, Macht Kirche Politik. Der Briefwechsel zwischen den polnischen und den deutschen Bischöfen im Jahre 1965. Köln 1992, S. 211
28 Heller, a.a.O., S. 216f.
29 Trybuna Ludu 18. 4. 1966
30 Listy pasterskie, s. Anm. V, 13, a.a.O., S. 437
31 Hansjakob Stehle, Seit 1960. Der mühsame katholische Dialog über die Grenze, in: Ungewöhnliche Normalisierung, Hrsg. Werner Plum. Bonn 1984, S. 164
32 Heller, a.a.O., S. 227
33 Gazeta Wyborcza 23. 11. 1990
34 Deutscher Ostdienst 30.6.1995
35 Dariusz Jarosiński, Mazurska opowieść. Wszystko ma swój czas. Rzeczpospolita 10./11.6.2000 S. D1-D4
36 Andrzej Sakson, Mazury – społeczność pograniczna. Poznań 1990, S. 83–92; Bernd Martin, Masuren. Geschichte und Mythos. Karlsruhe 1998, S. 89–93
37 ausführlich beschrieben in: Elisabeth und Peter Ruge, s. Anm. III, 27, a.a.O., S. 194–200
38 Słowo Powszechne 17. 8. 1984
39 Frankfurter Allgemeine Zeitung 21. 8. 1984
40 Die Welt 21. 3. 1990
41 Deutscher Ostdienst 24. 7. 1992
42 Frankfurter Allgemeine Zeitung 25. 8. 1984
43 Gazeta Wyborcza 16.5.2000

3. Literaturverzeichnis

Gesamtdarstellungen

Breit, Holger: Die Deutschen in Oberschlesien. München 1998 (Diss.)

Eichenberger, Carsten: Die Deutschen in Polen: von der verleugneten Minderheit zur anerkannten Volksgruppe. Augsburg 1994

Kneip, Matthias: Die deutsche Sprache in Oberschlesien. Untersuchungen zur politischen Rolle der deutschen Sprache als Minderheitensprache in den Jahren 1921–1998. Dortmund 1999

Kotowski, A.(W.): Polens Politik gegenüber seiner Minderheit. Wiesbaden 1998

Kurcz, Zbigniew: Mniejszość niemiecka w Polsce (Die deutsche Minderheit in Polen). Wrocław 1995

Matelski, Dariusz: Niemcy w Polsce w XX wieku. (Die Deutschen in Polen im 20. Jahrhundert) Warszawa/Poznań 1999

Meulen, Hans van den (Hrsg.): Anerkannt als Minderheit. Vergangenheit und Zukunft der Deutschen in Polen. Baden-Baden 1994

Sakson, Andrzej (Hrsg).: Polska – Niemcy – mniejszość niemiecka w Wielkopolsce. Przeszlość i teraźniejszość. (Polen–Deutschland – die deutsche Minderheit in Großpolen). Poznań 1994

I. Deutsch-polnische Streitfragen

Dobbelstein, Rainer: 20 Thesen zur deutschen Minderheit in Polen, in: Magazin für Politik und Kultur in Europa (Hrsg. Verein für politische Bildung und Information Bonn) 3/91

Frysztacki, Krzysztof: Polacy, Ślązacy, Niemcy. Studia nad stosunkami społeczno-kulturowyni na Śląsku Opolskim (Polen, Schlesier, Deutsche. Studien zu den gesellschaftlich-kulturellen Beziehungen im Oppelner Schlesien). Kraków 1998

Geilke, Georg: Das Staatsangehörigkeitsrecht von Polen. Sammlung geltender Staatsangehörigkeitsgesetze. Hrsg. von der Forschungsstelle für Völkerrecht und ausländisches öffentliches Recht der Universität Hamburg. Bd. 9. Frankfurt a.M./Berlin 1952

Heffner, Krystian: Sytuacja społeczno-gospodarcza na Śląsku Opolskim w kontekscie stosunków polsko-niemieckich (Die sozialökonomische Lage im Oppelner Schlesien im Rahmen der polnisch-deutschen Beziehungen), in: Studia Śląskie 51.1992

Kokot, Józef: Problemy narodowościowe na Śląsku od X do XX wieku (Nationalitätenprobleme in Schlesien vom 10. bis zum 20. Jahrhundert). Opole 1973

Kramarz, Hans: Oberschlesien – Land der Mitte. Dülmen 1981

Kurcz, Zbigniew: Kszaltowanie się niemieckiej mniejszości narodowej na

Śląsku (Die Herausbildung der deutschen Minderheit in Schlesien), in: Kultura i Społeczeństwo 2.1991
Lipski, Jan Józef: Dwie ojczyzny, dwa patriotyzmy (uwagi o megalomanii narodowej i ksenofobii Polaków), in: Kultura 10.1981 (deutsch: Zwei Vaterländer – zwei Patriotismen. Bemerkungen zum nationalen Größenwahn und zur Xenophobie der Polen, in: Kontinent 22. 1982)
Mangoldt, Hans von: Die Staatsangehörigkeitsfragen in bezug auf die Deutschen in der Republik Polen, in: Neubestätigung und Weiterentwicklung von Menschenrechten und Volksgruppenrechten in Mitteleuropa. Bonn 1991 (Staats- und völkerrechtliche Abhandlungen der Studiengruppe für Politik und Völkerrecht. Band 10)
Olesch, Reinhold: Zur schlesischen Sprachlandschaft. Ihr slawischer Anteil, in: Zeitschrift für Ostforschung 27.1978
– Die polnische Sprache in Oberschlesien und ihr Verhältnis zur deutschen Sprache, in: Vierteljahresschrift Schlesien I.1979
Rogall, Joachim: Die Deutschen im polnischen Staat unter besonderer Berücksichtigung des sogenannten Schwebenden Volkstums, in: Aussiedlerforschung. Interdisziplinäre Studien, Hrsg. Althammer/L. Kossalopow. Köln/Weimar/Wien 1992
Szmeja, Maria: Niemcy? Polacy? Ślązacy? Rodzimi mieszkańcy Opolszczyzny w świetle analiz socjologicznych. (Deutsche? Polen? Schlesier? Die einheimische Bevölkerung des Oppelner Landes im Lichte soziologischer Analysen). Kraków 2000

II. Vorgeschichte

Bachmann, Klaus/Kranz, Jerzy: Verlorene Heimat – Die Vertreibungsdebatte in Polen. Bonn 1998 (poln. Ausgabe: Przeprosić za wypędzenie? O wysiedleniu Niemców po II wojnie światowej. Kraków 1997)
Bahlcke, Joachim: Schlesien und die Schlesier. München 1996
Bierschenk, Theodor: Die deutsche Volksgruppe in Polen 1934–1939. Kitzingen 1954
Borodziej, Włodzimierz/Hajnicz, Artur (Hrsg.): Kompleks wypędzenia. (Der Vertreibungskomplex). Kraków 1998
Encyklopedia Powstań Śląskich. (Enzyklopädie der Schlesischen Aufstände). Wydaw. Instytut Śląski w Opolu. Opole 1982
Greiner, Piotr/Kaczmarek, Ryszard: Niemcy na Górnym Śląsku w XIX i XX wieku (Die Deutschen in Oberschlesien im 19. und 20. Jahrhundert), in: Górny Śląsk na moście Europy. Red: Marek S. Szczepański. Katowice 1994
Heike, Otto: Die deutsche Minderheit in Polen bis 1939. Ihr Leben und Wirken: kulturell-gesellschaftlich-politisch. Eine historisch-dokumentarische Analyse. Leverkusen 1985
Hupka, Herbert (Hrsg): Letzte Tage in Schlesien. München 1980
Jacobsmeyer, Wolfgang: Die deutschen Minderheiten in Polen und in der

Tschechoslowakei in den dreißiger Jahren, in: Aus Politik und Zeitgeschichte. Beilage zur Wochenzeitung „Das Parlament“, 2. 8. 1986

Kellermann, Volkmar: Schwarzer Adler, weißer Adler. Die Polenpolitik der Weimarer Republik. Köln 1970

Kersten, Krystyna: Repatriacja ludności po II wojnie światowej (Die Repatriierung der Bevölkerung nach dem II. Weltkrieg). Wrocław 1974

Kołodziej, Edward: Dzieje Polonii w zarysie 1918–1939 (Die Geschichte der Polonia im Abriß 1918–1939). Warszawa 1991

Korzec, Paweł: Polen und der Minderheitenschutzvertrag (1919–1934), in: Jahrbücher für die Geschichte Osteuropas, NF Bd. 22 (1974)

Krasucki, Jerzy: Polska i Niemcy. Dzieje wzajemnych stosunków politycznych (do 1932 roku) (Polen und Deutschland. Die Geschichte ihrer politischen Beziehungen zueinander – bis 1932). Warszawa 1989

Krekeler, Norbert: Revisionsanspruch und geheime Ostpolitik der Weimarer Republik. Die Subventionierung der deutschen Minderheit in Polen 1919–1933. Stuttgart 1980

Krülle, Siegrid: Die polnischen Enteignungsmaßnahmen in den Ostgebieten des Deutschen Reiches, in Polen und der Freien Stadt Danzig, Teil 1. Bonn 1993

Krupiński, Stefan: Co się stało z Niemcami? – Europa Środkowa i Wschodnia od 1945 do 1950 roku, in: Kontakt 1.1986 (deutsche Übersetzung: Was geschah mit den Deutschen? – Mittel- und Osteuropa 1945 bis 1950, in: Entspannung von unten. Möglichkeiten und Grenzen des deutsch-polnischen Dialogs. Hrsg. Waldemar Kuwaczka. Stuttgart/Bonn 1988)

Lempart, Matthias: Michał Grażyński – der schlesische Woiwode 1926–1939, in: Dzieje Śląska w świetle badań młodych historyków z Polski, Czech i Niemiec. Pod red. Krzysztofa Ruchniewicza. Wrocław 1998

Malec-Masnyk, Bożena: Plebiscyt na Górnym Śląsku (Das Plebiszit in Oberschlesien). Opole 1991

Mauersberg, Stanislaw: Das deutsche Schulwesen im unabhängigen Polen 1918–1939, in: Nordost-Archiv 1.1992 H. 2

Mühlfenzl, Rudolf (Hrsg.): Geflohen und vertrieben. Augenzeugen berichten. Königstein/Taunus 1981

Nawratil, Heinz: Vertreibungsverbrechen an Deutschen. Tatbestand, Motive, Bewältigung. München 1982

Niemcy wobec konfliktu narodowościowego na Górnym Śląsku po I wojnie światowej (Die Deutschen angesichts des Nationalitätenkonflikts in Oberschlesien nach dem I. Weltkrieg). Pod red. Andrzeja Szefera. Poznań 1989

Orzechowski, Marian: Odra – Nysa Łużycka – Bałtyk w polskiej myśli politycznej okresu II wojny światowej (Die Oder – die Lausitzer Neiße – die Ostsee im polnischen politischen Denken während des II. Weltkriegs). Wrocław 1969

Pieciak, Wojciech: Die unterbrochene Kindheit des Gerhard Gruschka, in: Transodra. Deutsch-polnisches Informationsbulletin 18 (1998)
Podlasek, Maria: Wypędzenie Niemców z terenów na wschód od Odry i Nysy Łużyckiej. Relacje swiadków (Die Vertreibung der Deutschen aus den Gebieten östlich der Oder und der Lausitzer Neiße. Schilderungen von Zeugen). Warszawa 1995
– W skórze Niemca (In der Haut des Deutschen), in: Polityka No. 20, 15. 5. 1993
Poniatowska, Anna / Liman, Stefan / Krzeżałek, Iwona: Związek Polaków w Niemczech w latach 1922–1982 (Der Bund der Polen in Deutschland in den Jahren 1922–1982). Warszawa 1987
Rogall, Joachim: Die Deutschen im Posener Land und in Mittelpolen. München 1993
Wasylewski, Stanisław: Na Śląsku Opolskim (Im Oppelner Schlesien). Katowice 1937
Wrzesiński, Wojciech: Ruch polski na Warmii, Mazurach i Powiślu w latach 1920–1939 (Die polnische Bewegung im Ermland, in Masuren und am Unterlauf der Weichsel 1920–1939). Olsztyn 1973
Wrzosek, Mieczysław: Wojny o granice Polski Odrodzonej 1918–1921 (Die Kriege um die Grenze des Wiedererstandenen Polen 1918–1921). Warszawa 1992

III. Die kommunistische Führung und die Minderheit

Banasiak, Stefan: Działalność osadnicza Państwowego Urzędu Repatriacyjnego na Ziemach Odzyskanych w latach 1945–1947 (Die Ansiedlungspolitik des staatlichen Repatriierungsamtes in den Wiedergewonnenen Gebieten 1945–1947). Poznań 1963
Barcz, Jan: Prawno-polityczne aspekty tezy o rzekomej niemieckiej mniejszości narodowej w Polsce (Rechtspolitische Aspekte der These über die sogenannte deutsche Minderheit in Polen). Warszawa 1986
Belzyt, Leszek: Między Polską a Niemcami. Weryfikacja narodowościowa i jej następstwa na Warmii, Mazurach i Powiślu w latach 1945–1950 (Zwischen Polen und Deutschland. Die nationale Verifikation und ihre Folgen im Ermland, in Masuren und im Weichselgebiet in den Jahren 1945–1950). Toruń 1996
Berlińska, Danuta: Społeczne uwarunkowania ruchu mniejszości niemieckiej na Śląsku Opolskim (Gesellschaftliche Bedingungen für die Bewegung der deutschen Minderheit im Oppelner Schlesien). Opole 1989
Bielski, Jerzy: Emigracja z województwa opolskiego do Republiki Federalnej Niemiec w latach 1975–1979 (Die Emigration aus der Woiwodschaft Oppeln in die Bundesrepublik Deutschland 1975–1979). Opole 1986
Bohmann, Alfred: Menschen und Grenzen, Bd. I: Strukturwandel der deutschen Bevölkerung im polnischen Staats- und Verwaltungsbereich. Köln 1969

Borodziej, Włodzimierz/Lemberg, Hans (Hrsg.): Niemcy w Polsce 1945–1950. Wybór dokumentów. Tom 1: Władze i instytucje centralne. Województwo olsztyńskie. (Deutsche in Polen 1945–1950. Eine Dokumentenauswahl. Band 1: Behörden und Zentralinstitutionen. Woiwodschaft Allenstein.) Warszawa 2000

Całka, Marek: Polski rachunek sumienia. Wysiedlenie Niemców 1945–1948 (Polnische Gewissenserforschung. Die Aussiedlung der Deutschen 1945–1948), in: Przegląd Powszechny 5.1992

Chmiel, Peter: Der Aufbau der Verwaltung in Oberschlesien nach 1945, in: Beiträge zur Geschichte Schlesiens im 19. und 20. Jahrhundert. Hrsg.: Peter Chmiel, Helmut Neubach und Nikolaus Gussone. Dülmen 1987, S. 118–133

Cholewa, Beata: Migracje Niemców z Dolnego Śląska po II wojnie światowej (Die Auswanderung der Deutschen aus Niederschlesien nach dem II. Weltkrieg), in: Przegląd Zachodni 2.1990

– Niemcy na Dolnym Śląsku (Die Deutschen in Niederschlesien), in: Zbliżenia 1.1991

Choroś, Monika/Jarczak, Lucja: Veränderungen von Orts- und Personennamen in Schlesien vor und nach dem Zweiten Weltkrieg, in: Wach auf mein Herz und denke. Zur Geschichte der Beziehungen zwischen Schlesien und Berlin-Brandenburg von 1740 bis heute. Hrsg: Gesellschaft für interregionalen Kulturaustausch. Berlin/Opole 1995

Czapliński, Władysław: Obywatelstwo polskie na ziemiach zachodnich i północnych (Die polnische Staatsbürgerschaft in den West- und Nordgebieten), in: Historyczne, polityczne i prawne aspekty tez RFN o niemieckiej mniejszości narodowej w Polsce. pod. red. J. Barcza, Warszawa 1988

Esser, Heinz: Lamsdorf. Dokumentation über ein polnisches Vernichtungslager. Dülmen ^{4}1974

Gebhardt, Manfred/Küttner, Joachim: Deutsche in Polen nach 1945 – Gefangene und Fremde. Bearbeitet von Dieter Bingen. München 1997

Grund, Bernhard: Das kulturelle Leben der Deutschen in Niederschlesien unter polnischer Verwaltung 1947–1958. Bonn/Berlin 1967

Gruschka, Gerhard: Zgoda – ein Ort des Schreckens. Als Vierzehnjähriger in einem polnischen Nachkriegskonzentrationslager. Neuried 1996 (polnische Ausgabe: Zgoda – miejsce grozy. Gliwice 1998)

Guhra, Iris: Die Deutschen in Polen – Spielball der Systempolitik in den 50er Jahren, in: Inter Finitimos (Dortmund/Kraków) 3.1993

Hirsch, Helga: Die Rache der Opfer. Deutsche in polnischen Lagern 1944–1950. Berlin 1998 (polnische Ausgabe: Zemsta ofiar. Niemcy w obozach w Polsce 1944–1950. Warszawa 1999)

Kaps, Johannes (Hrsg.): Die Tragödie Schlesiens, dtv-Dokumente. München 1962

Koglfranz, Siegfried (Hrsg.): Die Vertriebenen, Spiegelbuch 63. Reinbek 1985

Kokot, Józef/Rysiak, Gwidon: Die polnische Staatsangehörigkeit. Grund-

sätze, Erwerb und Verlust, in: Staatsangehörigkeit, soziale Grundrechte, wirtschaftliche Zusammenarbeit nach dem Recht der Bundesrepublik Deutschland und der Volksrepublik Polen, Opole 1976
Kolacki, Jerzy: Die Vertriebenen in der polnischen Geschichtsschreibung 1945–1979, in: Deutsche Studien 32 (1995) 126/127
Korbel, Jan: Z badań nad akcją łączenia rodzin 1957–1958 (Forschungen zur Aktion „Familienzusammenführung"), in: Studia Śląskie 22 (1972)
– Akcja łączenia rodzin 1957–1958 (Die Aktion „Familienzusammenführung" 1957–1958), in: Studia Śląskie 24 (1973)
– Wyjazdy i powroty. Migracje ludności w procesie normalizacji stosunków między Polską i RFN (Reisen und Rückreisen. Bevölkerungsbewegungen im Prozeß der Normalisierung zwischen Polen und der BRD). Opole 1977
– Emigracja z Polski do RFN. Wybrane problemy (Emigration aus Polen in die BRD. Ausgewählte Probleme). Opole 1983
– Polska ludność rodzima. Migracje w przeszlości i w perspektywie – analiza uwarunkowań (Die autochthone polnische Bevölkerung. Bisherige und zu erwartende Bevölkerungsbewegungen – eine Analyse der Rahmenbedingungen). Opole 1986
– Polska – Górny Śląsk – Niemcy. Polityczny bilans 50-lecia Poczdamu (Polen – Oberschlesien – Deutschland). Opole 1995
Körber, Hans-Joachim: Die Bevölkerung der deutschen Ostgebiete unter polnischer Verwaltung. Berlin 1958
Kowalski, Zbigniew: Powrót Śląska Opolskiego do Polski (Die Rückkehr des Oppelner Schlesien nach Polen). Opole 1988
Kracherowa, Nina: Opole rok 1945 (Oppeln im Jahr 1945), in: Trybuna Opolska 1990, Nr. 62–90
Kreuzthaler, Walter: „Vereinigung der Deutschen in Polen". Vor einer Wende in der polnischen Minderheitenpolitik, in: Kulturpolitische Korrespondenz (Bonn) 5. 4. 1985
Kwaśniewski, Krzysztof: Adaptacja i integracja kulturowa ludności Śląska po II wojnie światowej (Kulturelle Anpassung und Integration der schlesischen Bevölkerung nach dem II. Weltkrieg). Wrocław 1969
Linek, Bernard: „Odniemczanie" województwa śląskiego w latach 1945–1950 (Die „Entdeutschung" der Schlesischen Woiwodschaft 1945–1950). Opole 1997
Lis, Michał (Hrsg.): Polityka Republiki Federalnej Niemiec wobec polskiej ludności rodzimej na Śląsku w latach 1949–1990/91 (Die Politik der Bundesrepublik Deutschland gegenüber der einheimischen Bevölkerung Schlesiens in den Jahren 1949–1990/91). Opole 1992
– Ludność rodzima na Śląsku Opolskim po II wojnie światowej – 1945–1993 (Die einheimische Bevölkerung im Oppelner Schlesien nach dem Zweiten Weltkrieg – 1945–1993). Opole 1993
Madajczyk, Piotr: O wysiedleniach inaczej (Die Aussiedlungen anders betrachtet), in: Tygodnik Powszechny 21. 10. 1990

– Mniejszość niemiecka w Polsce w polityce wewnętrznej w Polsce i w RFN oraz w stosunkach między obydwu państwami (Die deutsche Minderheit in der Innenpolitik Polens und der Bundesrepublik sowie in den Beziehungen zwischen beiden Staaten), in: Rocznik Polsko-Niemiecki 1 (1992)
– Mniejszości narodowe w Polsce a polski październik (Die nationalen Minderheiten in Polen und der polnische Oktober), in: Rocznik Polsko-Niemiecki 3 (1994)
– Przyłączenie Śląska Opolskiego do Polski 1945–1948 (Der Anschluß des Oppelner Schlesien an Polen 1945–1948). Warszawa 1996
Męclewski, Edward: Sprawa rzekomej mniejszości niemieckiej w PRL (Die Frage der angeblichen deutschen Minderheit in der Volksrepublik Polen). Warszawa 1984
Misztal, Jan: Weryfikacja narodowościowa na Śląsku Opolskim 1945–1950 (Die ethnische Verifizierung im Oppelner Schlesien 1945–1950). Opole 1984
– Werifykacja narodowościowa na Ziemiach Odzyskanych (Die ethnische Verifizierung in den Wiedergewonnenen Gebieten). Opole 1990
Nitschke, Bernadetta: Wysiedlenie ludności niemieckiej z Polski w latach 1945–1949 (Die Aussiedlung der deutschen Bevölkerung in den Jahren 1945–1949). Zielona Góra 1999
Nowak, Edmund: Schatten von Łambinowice: Versuch einer Rekonstruktion der Geschichte des Arbeitslagers in Lambinowice in den Jahren 1945–1946. Aus dem Polnischen von Piotr Żwak. Opole 1994 (polnische Ausgabe: Cień Łambinowic. Opole 1991)
Ociepka, Beata: Die Vertriebenen in der polnischen Geschichtsschreibung 1980 bis heute, in: Deutsche Studien 32(1945) 126/127
Osękowski, Czesław: Społeczeństwo Polski zachodniej i polnocnej w latach 1945–1956. (Die Gesellschaft West- und Nordpolens 1945–1956). Zielona Góra 1994
Peterek, Erwin: Deutsche Kulturgruppe in Niederschlesien 1950–1958. Schweidnitz/Swidnica 1996
Podlasek, Maria: Wypędzenie Niemców w świadomości Polaków (Die Vertreibung der Deutschen im Bewußtsein der Polen), in: Polska w Europie. Zeszyt Specjalny 1995
Rasmus, Hugo: Schattenjahre in Potulitz 1945 – Deutsches Schicksal in polnischen Lagern. Dokumentation. Münster 1995
Rautenberg, Hans-Werner: Deutsche und Deutschstämmige in Polen – eine nicht anerkannte Volksgruppe, in: Aus Politik und Zeitgeschichte. Beilage zur Wochenzeitung „Das Parlament" B 50, 9. 12. 1988
Reichling, Gerhard: Die deutschen Vertriebenen in Zahlen. Teil I: Umsiedler, Verschleppte, Vertriebene, Aussiedler 1940–1985. Bonn 1985
Ruge, Elisabeth und Peter: Nicht nur die Steine sprechen deutsch ... Polens deutsche Ostgebiete. München/Wien 1985
Sack, John: Auge um Auge. Die Geschichte von Juden, die Rache für den Holocaust suchten. Aus dem Amerikanischen von Barbara Schaden.

Hamburg 1995 (polnische Ausgabe: Oko za oko. Przemilczana historia Zydów, którzy w 1945 r. mscili się na Niemcach. Gliwice 1995)
Sakson, Andrzej: Mazury. Społeczność pograniczna (Die Masuren. Gesellschaft eines Grenzlandes). Poznań 1990
– Polityka władz wobec ludności rodzimej Warmii i Mazur w okresie stalinizmu 1945–1955 (Die Politik der Behörden gegenüber der eingeborenen Bevölkerung Ermlands und Masurens während des Stalinismus 1945–1955), in: Przegląd Zachodni 2.1990
– Wyjazdy z Polski do RFN (Ausreisen aus Polen in die BRD), in: Fakty 26 (1984) 23.
Senft, Stanisław: Problem tzw. rewizionizmu wsród ludności rodzimej Śląska Opolskiego w latach 1956–1960 w opinii władz wojewódzkich (Das Problem des sogenannten Revisionismus unter der einheimischen Bevölkerung Schlesiens 1956–1960 in den Augen der Woiwodschaftsbehörden), in: Studia Śląskie 50.1992
– Nationale Verifikation und Repolonisierung in Schlesien 1945–1950, in: Wach auf mein Herz und singe. Zur Geschichte der Beziehungen zwischen Schlesien und Berlin-Brandenburg von 1740 bis heute. Hrsg: Gesellschaft für überregionalen Kulturaustausch. Berlin/Opole 1995
Skubiszewski, Krzysztof: Wysiedlienie Niemców po II wojnie światowej (Die Aussiedlung der Deutschen nach dem II. Weltkrieg). Warszawa 1968
Stoll, Christian Th.: Die Rechtsstellung der deutschen Staatsangehörigen in den polnisch verwalteten Gebieten. Zur Integration der sogenannten Autochthonen in die polnische Nation. Frankfurt a. M./Berlin 1968
– Zur Frage der Deutschen im polnischen Hoheitsbereich, in: Osteuropa 7/71
– Die Deutschen im polnischen Herrschaftsbereich nach 1945. Wien 1986
Strauchold, Grzegorz: Kim byli Mazurzy w 1945 roku? (Was waren die Masuren 1945?), in: Borussia 1.1991
Tomaszewski, Jerzy: Mniejszości narodowe w Polsce w XX wieku (Nationale Minderheiten in Polen im 20. Jahrhundert). Warszawa 1991
Vogelgesang, Edward: Der lange Kampf um „Unsere Muttersprache“. Wie die polnischen Behörden eine deutsche Zeitschrift verhinderten, in: Frankfurter Allgemeine Zeitung 18. 1. 1988
Warszawski, Dawid: Niemcy i kwestia polska, in: KOS 9. 4. 1984 (deutsche Übersetzung in: Entspannung von unten. Möglichkeiten und Grenzen des deutsch-polnischen Dialogs. Hrsg. Waldemar Kuwaczka. Stuttgart/Bonn 1988)
Wojnowski, Edmund: Warmia i Mazury w latach 1945–1947. Kształtowanie się stosunków politycznych (Das Ermland und Masuren 1945–1947. Die Herausbildung politischer Beziehungen). Olsztyn 1968
de Zayas, Alfred M.: Nemesis at Potsdam. The Anglo-Americans and the Expulsion of the Germans. Background, Execution, Consequences. London 1977 (deutsch: Die Anglo-Amerikaner und die Vertreibung der Deutschen. Vorgeschichte, Verlauf, Folgen. München 1977)

Żyromski, Stanisław: Procesy migracyjne w województwie olsztynskim w latach 1945–1949 (Migrationsprozesse in der Woiwodschaft Allenstein 1945–1949). Olsztyn 1971

IV. Probleme seit der politischen Wende 1989

Auslandskurier. Zeitschrift für internationale Zusammenarbeit / Czasopismo Wspólpracy Międzynarodowej. Spezial / Wydanie specialne 11.1991 und 6.1992

Berlińska, Danuta: Ślązacy jako wspólnota regionalna w świetle badań socjologicznych na Śląsku Opolskim (Die Schlesier als Regionalgemeinschaft im Lichte soziologischer Untersuchungen im Oppelner Schlesien), in: Przegląd Zachodni 2.1990

– Procesy demokratyzacyjne w Polsce a mniejszość niemiecka na Śląsku Opolskim (Die Prozesse der Demokratisierung und die deutsche Minderheit im Oppelner Schlesien), in: Przegłąd Zachodni 2.1991

– Die deutsche Minderheit im Oppelner Schlesien, in: Begegnungen (Mülheim/Ruhr) 2.1994

Bingen, Dieter: Die oberschlesischen Minderheiten aus deutscher Sicht, in: Begegnungen (Mülheim/Ruhr) 2.1994

Dialog. Magazin für deutsch-polnische Verständigung. Nr. 3/4 Dez. 1991

Dziaduł, Jan: W Śląskim kotle (Im schlesischen Kessel), in: Polityka No. 40, 3. 10. 1992

Gwizdek, Danuta: Nauczanie języka niemieckiego na Opolszczyznie (Der Deutschunterricht im Oppelner Land), in: Śląsk Opolski 2.1993

Hartmann, Karl: Polen und die Unabhängigkeit Litauens, in: Osteuropa 4.1992

Jacher, Władysław (Hrsg.): Sytuacja społeczno-kulturowa mniejszości niemieckiej na Górnym Śląsku. (Die gesellschaftlich-kulturelle Situation der deutschen Minderheit in Oberschlesien). Kielce 1993

Jarczak, Lucja/Choros, Monika: Zmiany w nazewnictwie miejscowym i osobowym na Śląsku przed i po drugiej wojnie światowej (Die Änderung von Orts- und Eigennamen in Schlesien vor und nach dem II. Weltkrieg), in: Śląsk Opolski 1.1993

Kalicki, Włodzimierz: Jestem Ślązakiem i Niemcem. Rozmowa z Janem Krollem (Ich bin Schlesier und Deutscher. Gespräch mit Jan Kroll), in: Res Publica 6.1990

– Przed burzą. Mniejszości niemieckiej znów udało się zaskoczyć i zaniepokoić polityków oraz opinię publiczną (Vor dem Sturm. Der deutschen Minderheit gelang es erneut, die Politiker wie die öffentliche Meinung zu überraschen und zu beunruhigen), in: Gazeta Wyborcza 9. 10. 1991

Kleine-Brockhoff, Thomas: Der schleichende Anschluß. Oberschlesien ist deutscher als die Politik erlaubt, in: Die Zeit 5. 10. 1990

Kossath, Werner: Was geschieht in Oberschlesien?, in: Ost-West-Informationsdienst Nr. 1177/1993

Kurcz, Zbigniew: Mniejszość niemiecka w wyborach parlamentarnych, samorządowych i prezydenckich w latach 1989–1991 (Die deutsche Minderheit bei den Parlaments-, Kommunal- und Präsidentschaftswahlen 1989–1991), in: Przegład Zachodni 1.1993
Kurcz, Zbigniew/Misiak, Władysław (Hrsg.): Mniejszość niemiecka w Polsce i Polacy w Niemczech (Die deutsche Minderheit in Polen und Polen in Deutschland). Wrocław 1994
Lesiuk, Wiesław (Hrsg.): Mniejszości na Górnym Śląsku. Pomost czy przeszkoda w stosunkach polsko-niemieckich? (Minderheiten in Oberschlesien. Brücke oder Hindernis in den deutsch-polnischen Beziehungen?). Opole 1994
Madajczyk, Piotr: Polityka kulturalna RFN wobec mniejszości niemieckiej w Polsce w świetle polsko-niemieckiego układu granicznego (Die Kulturpolitik der BRD gegenüber der deutschen Minderheit in Polen im Licht des deutsch-polnischen Grenzvertrags), in: Przeglad Zachodni 1.1993
Marek, Franciszek Antoni: Tragedia górnośląska. Opole 1989
Mniejszość niemiecka w Polsce. Tom I: Historia i teraźniejszość (Die deutsche Minderheit in Polen. Band I: Geschichte und Gegenwart). Warszawa 1995
– Tom II: Niemcy w rozproszeniu. (Die deutsche Minderheit in Polen. Band II: Die Deutschen in der Diaspora). Warszawa 1999
Ociepka, Beata: Związek Wypędzonych w systemie politycznym RFN i jego wpływ na stosunki polsko-niemieckie 1982–1992. (Der Bund der Vertriebenen im politischen System der BRD und sein Einfluß auf die deutsch-polnischen Beziehungen 1982–1992). Wrocław 1997
Pacek, Małgorzata: Niemieccy Mazury dzisiaj (Die deutschen Masuren heute), in: Borussia (Olsztyn) 1.1992
Polska, Niemcy, Europa. Mniejszość niemiecka w Polsce. (Polen, Deutschland, Europa. Die deutsche Minderheit in Polen). Przegląd Zachodni 2.1991
Prawda, Marek: Borussia znaczy Prusy (Borussia heißt Preußen), in: Res Publica 1–2.1992
Rogall, Joachim: Aktuelle Probleme und Bedürfnisse des Deutschunterrichts im Oppelner Schlesien, in: Nordost-Archiv 1.1992 H. 2
– Die deutschen Minderheiten in Polen heute, in: Das Parlament 26.11.1993, Beilage B 48
Sakson, Andrzej: Die deutsche Minderheit im heutigen Polen, in: Deutsche Studien 115 (1991)
Schikora, Friedrich: Der Beitrag der Vertriebenen zur Verständigung mit Polen aus der Sicht eines Vertreters der deutschen Volksgruppe in Polen, in: Verständigung der deutschen Vertriebenen mit den östlichen Nachbarn. Bonn 1992
Szczygielski, Kazimierz/Rauzinski, Robert: Współczesna sytuacja demograficzna w województwie opolskim (Die demographische Lage in der Woiwodschaft Oppeln). Opole 1992

Brzoska, Emil: Das christliche Oberschlesien. Bonn 1964
Dialog Episkopatów Polski i Niemiec: Oceny i odgłosy na Zachodzie (Dialog der Episkopate Polens und Deutschlands: Bewertungen und Reaktionen im Westen). W opracowaniu Michała Czerskiego i Andrzeja Walickiego. Londyn 1966
Heller, Edith: Macht Kirche Politik. Der Briefwechsel zwischen den polnischen und deutschen Bischöfen im Jahre 1965. Köln 1992
Jarosch, Siegmund: Religiöse Sprache im nationalen Dienst. Die Rolle des polnischen Klerus im Prozeß der Inbesitznahme der Verwaltungsgebiete nach 1945, in: Archiv für schlesische Kirchengeschichte, 51/52 (1994)
Kaps, Johannes: Handbuch für das katholische Schlesien. München 1951
– Die katholische Kirchenverwaltung in den deutschen Diözesen östlich der Oder/Neiße (1945–1955), in: Archiv für schlesische Kirchengeschichte 13.1955
Karp, Hans-Jürgen: Die Seelsorge an den katholischen Deutschen in Polen nach 1945, in: Polacy Niemcy. Przeszlość – teraźniejszość – przyszlość. Pod red. Zygmunta Zielińskiego. Katowice 1993
Köhler, Joachim (Hrsg.): Die Romberichte des Breslauer Konsistorialrats Dr. Johannes Kaps aus dem Jahr 1945, in: Archiv für schlesische Kirchengeschichte 38 (1980) und 39 (1981)
Kominek, Bolesław Kardynał: W służbie „Ziem Zachodnich". Z teki pośmiertnej wybrał i przygotował do druku Ks. Jan Krucina (Im Dienst der „Westgebiete". Aus dem Nachlaß ausgewählt und zum Druck vorbereitet von Pfr. Jan Krucina). Wrocław 1977
König, Winfried (Hrsg.): Versöhnung in Wahrheit und Liebe. Zwei Hirtenworte von Bischof Alfons Nossol, Oppeln, und weitere Materialien zum Verhältnis Deutsche und Polen. Schriftenreihe der Apostolischen Visitatur Breslau (Münster) 3.1991
Kopiec, Jan: Dzieje Kościoła katolickiego na Śląsku Opolskim (Geschichte der katholischen Kirche im Oppelner Schlesien). Opole 1991
Kościół na Ziemiach Zachodnich. Ćwierćwiecze Polskiej organizacji kościelnej (Die Kirche in den Westgebieten. Ein Vierteljahrhundert polnischer Kirchenorganisation). Pod red. Ks. Jana Kruciny. Wrocław 1971
Madajczyk, Piotr: Na drodze do pojednania. Wokół orzędzia biskupów polskich do biskupów niemieckich z 1965 roku. (Auf dem Weg zur Versöhnung. Zur Botschaft der polnischen Bischöfe an die deutschen Bischöfe im Jahr 1965). Warszawa 1994
Marschall, Werner: Geschichte des Bistums Breslau. Stuttgart 1980
– Kirche zwischen Politik und Seelsorge am Beispiel des Breslauer Erzbischofs Adolf Kardinal Bertram, in: Deutsche und Polen. Beiträge zu einer schwierigen Nachbarschaft. Bearb. v. Christoph Dahm und Hans Jakob Tebarth. Bonn 1994
Oblak, Jan: Dzieje diecezji warmińskiej w okresie dwudziestolecia

1945–1965 (Die Geschichte der Diözese Ermland in den beiden Jahrzehnten 1945–1965), in: Nasza przeszłość 13.1965

Pietrzak, Jan: Działalność Kardynała Augusta Hlonda jako wysłannika Papieskiego na Ziemiach Odzyskanych w 1945r. (Die Tätigkeit Kardinal August Hlonds als Päpstlicher Gesandter in den Wiedergewonnenen Gebieten 1945), in: Nasza przeszłość 42 (1974)

Sabisch, Alfred: Die seelsorgerische Betreuung der katholischen deutschen Restbevölkerung in Breslau und in der Provinz Niederschlesien seit dem Jahre 1945, in: Archiv für schlesische Kirchengeschichte 27 (1969)

– Dokumente zu den Reisen des Kattowitzer Bischofs Adamski im oberschlesischen Teil des Erzbistums Breslau im Mai und Juni 1945, in: Archiv für schlesische Kirchengeschichte 30 (1972)

– Die kirchlichen Verhältnisse in Oberschlesien 1945–1951, in: Archiv für schlesische Kirchengeschichte 31 (1973)

Scholz, Franz: Zwischen Staatsräson und Evangelium – Kardinal Hlond und die Tragödie der ostdeutschen Diözesen. Frankfurt am Main 1988

Sitek, Alojzy: Organizacja i kierunki działalności Kurii Administracji Apostolskiej Śląska Opolskiego w latach 1945–1956 (Organisation und Richtungen der Tätigkeiten der Kurie der Apostolischen Administration des Oppelner Schlesien in den Jahren 1945–1956). Wrocław 1986

– Problem przejmowania kościołow ewangelickich przez katolików po II wojnie światowej (Das Problem der Übernahme evangelischer Kirchen durch Katholiken nach dem II. Weltkrieg). Opole 1985

Smigiel, Kazimierz: Die katholische Kirche im Reichsgau Wartheland 1939–1945. Dortmund 1984

Stehle, Hansjakob: Seit 1960: Der mühsame katholische Dialog über die Grenze, in: Beziehungen der Bundesrepublik Deutschland zu Polen. Hrsg. Werner Plum. Bonn 1984

Strobel, Georg W.: Chauvinismus und Verstrickung. Die Haltung der katholischen Kirche Polens gegenüber Deutschen und Deutschland, insbesondere nach 1945. Der besondere Vortrag. Schriftenreihe des Hauses des Deutschen Ostens München. Heft 2 (1999)

4. Abkürzungen

AK	Armia Krajowa (Heimatarmee)
BdV	Bund der Vertriebenen
DFK	Deutscher Freundschaftskreis
DKV	Deutsche Katholische Volkspartei
DOD	Deutscher Ostdienst
DVV	Deutscher Volksverband
IKRK	Internationales Komitee vom Roten Kreuz
KPD	Kommunistische Partei Deutschlands
NKWD	Narodnyj Komissariat Wnutrennich Del (Volkskommissariat für Innere Angelegenheiten)
NSDAP	Nationalsozialistische Deutsche Arbeiterpartei
NTSK	Niemieckie Towarzystwo Społeczno-Kulturalne (Deutsche Sozialkulturelle Gesellschaft)
OKOP	Obywatelski Komitet Obrony Polaków (Bürgerkomitee zur Verteidigung der Polen)
PAP	Polska Agencja Prasowa (Polnische Presse-Agentur)
PPR	Polska Partia Robotnicza (Polnische Arbeiterpartei)
PPS	Polska Partia Socjalistyczna (Polnische Sozialistische Partei)
PZPR	Polska Zjednoczona Partia Robotnicza (Polnische Vereinigte Arbeiterpartei PVAP)
PZZ	Polski Związek Zachodni (Polnischer Westbund)
SA	Sturmabteilungen
SB	Służba Bezpieczeństwa (Sicherheitsdienst)
SD	Sicherheitsdienst
SdRP	Socjaldemokracja Rzeczypospolitej Polskiej (Sozialdemokratie der Republik Polen)
SED	Sozialistische Einheitspartei Deutschlands
SKGD	Sozialkulturelle Gesellschaft der deutschen Minderheit
SS	Schutzstaffeln
TSKMN	Towarzystwo Socjalno-Kulturalne Mniejszości Niemieckiej (Sozialkulturelle Gesellschaft der deutschen Minderheit)
UB	Urząd Bezpieczeństwa (Sicherheitsamt)
UD	Unia Demokratyczna (Demokratische Union)
VdG	Verband der deutschen sozialkulturellen Gesellschaften in der Republik Polen
ZChN	Zjednoczenie Chrześcijańsko-Narodowe (Christlich-Nationale Vereinigung)
ZK	Zentralkomitee

5. Personenregister

6. Karten

1. Polen 1918–1939

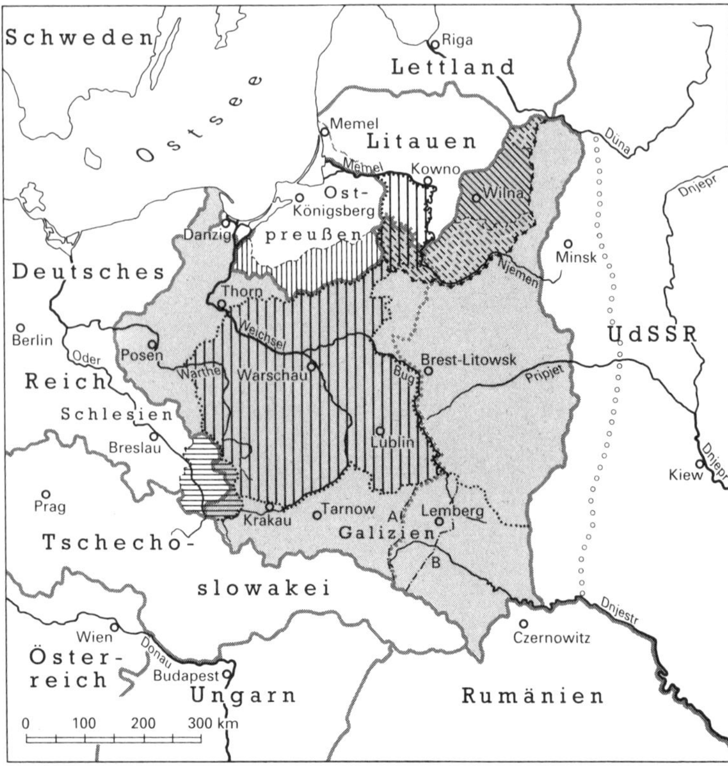

Polen 1914	Grenze n. d. russ.-lit. Friedensvertrag von Moskau vom 12. 7. 1920
Grenze Polens u. österr.-russische Grenze von 1914	Polnisch-litauisches Gebiet von Wilna, Sept. 1921/6. 4. 1922 an Polen
Staatsgrenzen (Ostgrenze Polens nach dem Frieden von Riga vom 18. 3. 1921)	Deutsch-polnisches Abstimmungsgebiet in Ostpreußen (11. 7. 1920)
Ostgrenzlinie Polens vom 8. 12. 1919 (sog. Curzon-Linie)	Deutsch-polnisches Abstimmungsgebiet in Oberschlesien (20. 3. 1921)
Grenzlinien A und B der Teilung Galiziens vom 17. 6. 1919	Polen 1939
Russischer Vorschlag zur Ostgrenze Polens vom 28. 1. 1920	

Entwurf u. Kartographie: W. Kreft, J. G. Herder-Institut, Marburg 1990.

2. Polen 1939–1945

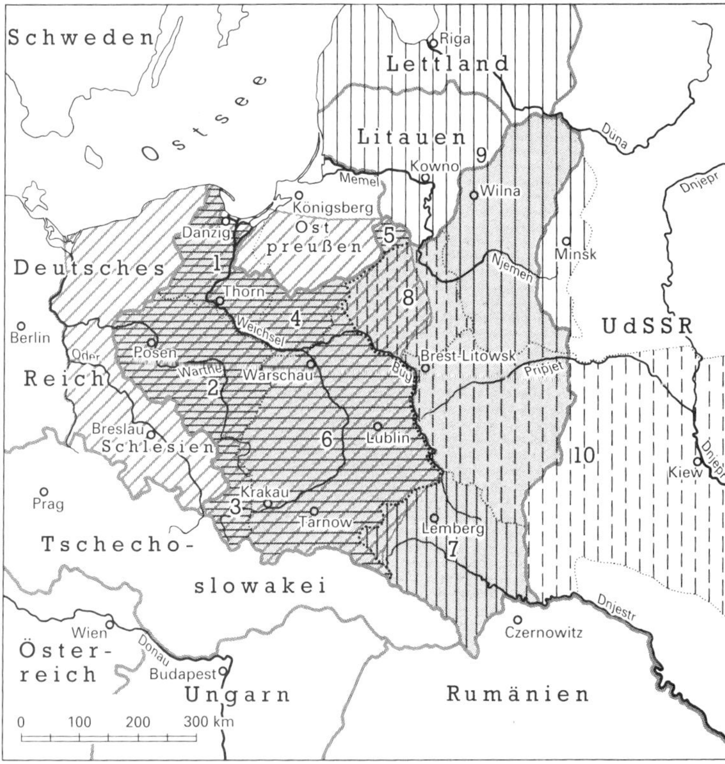

Staatsgrenzen 1939

Polen 1939

Deutsch-sowjetische Interessensgrenze vom 20. 9./1. 10. 1939

Eingliederung ins Großdeutsche Reich am 26. 10. 1939
1 Reichsgau Danzig-Westpreußen
2 Reichsgau Wartheland
3 Ost-Oberschlesien
4 Reg.-Bez. Zichenau
5 Kreis Sudauen

6 „Generalgouvernement", ab 26. 11. 1939 unter deutscher Zivilverwaltung

7 Distrikt Galizien, ab 1. 8. 1941 zum „Generalgouvernement"

8 Bezirk Białystok, ab 1. 8. 1941 unter deutscher Zivilverwaltung

9 Reichskommissariat Ostland, ab 1. 9. 1941 unter deutscher Zivilverwaltung

10 Reichskommissariat Ukraine, ab 1. 9. 1941 unter deutscher Zivilverwaltung

Polen nach 1945

Entwurf u. Kartographie: W. Kreft, J. G. Herder-Institut, Marburg 1990.

3. Woiwodschaft Oppeln

Die schraffierten Flächen zeigen die Gemeinden mit mehrheitlich deutschstämmiger Bevölkerung an (deutsche Ortsnamen nach der „Germanisierung“ während der Nazi-Zeit).

Quelle: Schlesische Nachrichten 10/90